上海助力打赢脱贫攻坚战口述系列丛书

金山的责任

中共上海市金山区委党史研究室 编

上海人民出版社　学林出版社

编委会

前　言

2020 年是全面建成小康社会之年，对口支援工作在全面建成小康社会中发挥着举足轻重的作用。全面小康和总体小康同属小康范畴，但全面小康有更高的标准、更丰富的内涵、更全面的要求，即经济更加发展、民主更加健全、科教更加进步、文化更加繁荣、社会更加和谐、人民生活更加殷实。20 世纪末我们已经实现总体小康，2020 年要全面建成小康社会，表明自古以来中华民族孜孜以求的"小康"社会理想在当代中国变为现实，这在中华民族发展史上将是浓墨重彩的一个篇章。同时，全面建成小康社会也标志着我们跨过了实现现代化建设第三步战略目标必经的承上启下的重要发展阶段，标志着我们党实现了对人民、对历史作出的庄严承诺，也标志着对口支援工作取得了巨大的成就。

习近平总书记强调："全面建成小康社会、实现第一个百年奋斗目标，农村贫困人口全部脱贫是一个标志性指标。"坚决打赢脱贫攻坚战，巩固脱贫攻坚成果，让贫困人口和贫困地区同全国一道进入全面小康社会，是我们党的庄严承诺。全面建成小康社会，离不开东西部扶贫协作和对口支援工作，这是推动区域协调发展、协同发展、共同发展的大战略。东西部扶贫协作、对口支援，是以习近平同志为核心的党中央作出的精准扶贫、精准脱贫的重大战略部署，是全面建成小康社会的重要政治任务。

金山把做好对口支援工作当作义不容辞的政治责任和历史使命。自中央提出并实施对口支援以来，金山区（县）在市委、市政府的领导下，勇担历史责任，积极开展对西藏、新疆、云南的援建工作，从 1995 年开始选派干部援藏，至 2016 年选派援藏干部七批次共 14 人，赴西藏日喀则地区及亚东县开展援藏工作。2002 年至 2010 年，三批援疆干部 6 人赴新疆阿克苏地区及温宿县开展援疆工作。1997 年至 2016 年，金山区对口支援云南省普洱市宁洱县、江城县；2017 年，根据东西部扶贫协作工作统一安排，金山区与云南省普洱市宁洱县、墨江县、景东县、镇沅县四县开展东西部扶贫协作工作。1997 年至今，选派援滇干部十一批次 17 人。截至 2019 年，金山区 9 镇、各街道（工业区社区）、9 家国企、86 家民企等与对口县 29 个乡镇、99 个村开展结对精准帮扶，市、区两级及社会帮扶资金 49167 万元。

多年来，金山援建干部把握大局，把他乡当成故乡来热爱和建设，扎根在援建区，以习近平总书记扶贫开发重要战略思想为指导，牢记职责使命，在推动援建项目、搭建援建平台、促成干部人才培养、推动经济社会发展等方面做了大量实实在在、富有成效的工作，赢得了援建地区广大干部群众的欢迎和赞许。同时，他们严于律己，注重团结，服从管理，坚守岗位，慎独慎微，做到了"特别能吃苦、特别能战斗、特别能奉献、特别能团结、特别能忍耐"，树立了援建干部的良好形象，与当地干部群众手拉手、肩并肩，结下了深厚情谊，留下了一个个生动的援建故事。

现将金山干部的援建故事结集成册，以集中体现在全面建成小康社会中金山的责任和援建者的贡献。

目 录

难忘的岁月

徐建国，1953年6月生，现已退休。1995年6月至1998年6月，担任西藏亚东县副县长。

口述：徐建国

采访：潘　犇

整理：潘　犇

时间：2020 年 3 月 31 日

　　1994 年 7 月，中央召开第三次西藏工作座谈会，会议提出了"分片负责、对口支援、定期轮换"的援藏工作方针，要求中央有关部委和 15 个省市对口支援西藏。其中，上海对口支援日喀则地区。1995 年，全国轰轰烈烈地开展了向孔繁森同志学习的活动。孔繁森两次进藏，代表了老进藏干部"特别能吃苦、特别能战斗、特别能忍耐、特别能奉献"的精神，人们都为孔繁森的事迹而深深感动，同时也对西藏的艰苦条件有了更具体的了解。祖国西藏，有着一望无际的旷野，有着连绵起伏的群山，有着蓝天白云的美丽自然景色，更有着"十里不同天，一日有四季"的独特气象景观。西藏独特的自然环境及气象地理条件，对人的生存是极大的挑战，对人的意志有着无情的磨炼。就在这年的3 月，组织上确定了我为金山两名援藏干部之一，作为上海市第一批援藏干部赴西藏开展为期三年的援藏工作。我当时既为自己能被组织选去援藏而感到无比光荣，又为自己虚弱的体质是否能在雪域高原为人民继续服务而深感担忧。家人和亲朋好友也都担心西藏环境恶劣，怕我难以适应。但作为一名共产党员，我还是坚决服从了组织的挑选和安排，义无反顾地踏上了奔赴雪域高原的征途。

援藏之前，市委组织部在市委党校为我们49名援藏干部举办了为期3天的培训班。时任市委书记黄菊同志对我们提出了"经受新锻炼，接受新考验，作出新贡献"的要求，之后的解放日报头版刊登了"学习孔繁森，援藏决心更坚定"的报道。根据援藏方案，上海49名援藏干部除21位留在日喀则地区各个部门，另外28名干部分别在江孜、亚东、拉孜、定日4个县，每个县7名同志。5月17日上午，市委在上海展览中心为我们举行了隆重的欢送仪式。临行前，市委主要领导和我们一一握手以示鼓励，之后我们的车一路直奔虹桥机场。在去机场的车上，上海多家新闻媒体记者随车采访。到西藏工作不到两个月，东方电视台又派出采访小组赴藏现场采访。当时，东方电视台以《高原情思》为题四集连播上海49位援藏干部在藏风采，援藏干部当时都抱着"情系浦江，做上海人民的优秀儿子；建功高原，做西藏人民的忠实公仆"的共同心愿。因为是第一批援藏，媒体的宣传力度也很大，使上海人民对援藏干部这一称呼的知晓度提升了不少。直到今日，上了年纪的人提起援藏干部4个字仍肃然起敬。

我当时在亚东县任副县长，分管工业经济、工商税务、邮电、粮食等工作。但在那个年代，亚东县几乎没有什么工业基础，整体经济水平比较落后，当地以农牧业为主，农牧民的生活水平之低也是难以想象的。进藏之前我在地图上查找亚东的位置，它在地图上是一个不起眼的小地方，属于边境地区，亚东县城下司马镇距日喀则市区309公里，距拉萨市区580公里。亚东县人民政府于1960年6月正式成立，全县辖堆纳乡、吉汝乡、帕里镇、康布乡、上亚东乡、下亚东乡、下司马镇（为县城驻地）7个乡（镇），25个行政村（居），67个自然村。全县总面积4240平方公里，其中耕地面积1.2万亩，森林面积24万亩，平均海拔3400米，海拔最高的地区是堆纳乡——4500米。

刚到亚东时，我被神奇的山地植被垂直风光带迷住了，它与西藏大部分地区的景观迥然不同。乘车翻越喜马拉雅山脉海拔5000多米的唐古拉山口往南，沿着陡峭的山路盘旋而下，海拔高度迅速变化，到了亚东县城感觉完全不一样，亚东县城坐落于山沟河谷之中，山清水秀，一派江南风光。县城下司马镇老街上，两层楼的藏南地区木结构民居，屋顶上飘扬着鲜艳的五星红旗。这就

◀ 刚进藏时在县委
书记家做客，左二
为县委书记次仁塔
杰，右二为徐建国

是我要生活、工作三年的祖国西南边陲的一座小城——亚东。

亚东县境内蕴藏着丰富的旅游资源，主要有亚东沟自然风光及"一泉两寺，一湖一山，一草一木"即康布温泉、东嘎寺、居嘎寺、多庆湖、卓木拉日雪山、帕里草原、下亚东原始森林。亚东县境内还有为数不多的珍贵药材——冬虫夏草。1995年5月刚到亚东时正逢冬虫夏草采挖季节，藏民们把山上挖的虫草卖给我们，有的是10条，有的是20条，反正数量不多，每条价格在2—3元不等，与现在的价格有天壤之别。

我们初到西藏时，组织上没有明确资金及项目的援助，纯粹是干部的援助。援藏不久，闵行区率先提出援助50万元资金造希望工程，之后又有一些区县提出援建的设想，时任我们总领队的徐麟同志提出每个援藏干部要向派出单位争取资金的要求。我清楚地记得他说："争取援藏资金一万二万不算少，十万二十万不算多。"这给我们金山出了一个很大的难题，当时金山财政经济是比较困难的。因为援藏前，组织上并没有明确过要给亚东援助多少资金（后来在市委、市政府的高度重视下，经过实践和探索，形成了一种新的资金援助机制），我也没有理由向金山县委、县政府提出资金的要求。过后不久，一起援藏的青浦、宝山、杨浦都逐渐明确了30万元—50万元不等的资金援助，唯

◀ 1996 年春在上亚
东乡与乡领导一起
考察建养殖场地
形，左三为徐建
国

独金山没有明确。情急之下，我只好给县委、县政府领导写信。信中说，为了资金我现在是寝食难安，没有大后方的支持，我再努力工作也是无济于事，我也深知自己家乡的财力，但请领导一定要尽力而为。也许是信的作用，也许是兄弟区县都在资金上进行援助的消息起了作用，当我在第一次受命回金山争取资金时，领导明确了一次性解决 30 万元的援藏资金。当时我的心情激动得无法形容：能为亚东、为藏族人民做一点事了！回到亚东，同事们得知我落实了援藏资金，都为我高兴。我用 30 万元中的一部分改善了机关的办公条件，剩下的为边境村——阿桑村通上了电，两件事情均得到了亚东干部群众的认可，我也有了一种久违的自豪感和成就感。

弹指一挥间，22 年过去了。回顾这三年的援藏经历，往事至今还历历在目，弥足珍贵。岁月无情，记忆依旧，隆重的迎送仪式、阿桑村通上了电、夜宿帕里等几件往事令我终生难忘。

隆重的迎送仪式

西藏迎送仪式之隆重和热烈在内地是无法想象的，印象最深的是我们进藏第一天和离开西藏的最后一天。

1995 年 5 月 20 日，是我们踏上雪域高原的第一天，天气格外晴朗，西藏自治区在拉萨贡嘎机场举行了隆重的欢迎仪式：美丽的藏族少女手捧朝苏切玛彩灯，用精致的银碗敬上青稞酒，节日盛装的青年男女，唱起高亢的藏族歌谣，跳起欢乐的锅庄舞蹈。在一片载歌载舞中，西藏自治区党政军领导向我们献上了洁白如雪的哈达。出了机场，我们分别乘越野车，沿着雅鲁藏布江浩浩荡荡向日喀则进发。车窗外，漫漫戈壁滩上稀稀拉拉地长着杂草，迎风飘荡的经幡，给我们一种苍凉感和神秘感。

我们进入西藏面临的第一件事就是高原反应，高原给我的第一印象是那么深刻：蓝蓝的天空上飘着几朵白云，空气清爽，五月的阳光有点刺眼，我和大家一样戴着墨镜以防阳光刺伤眼睛，人站在机场上，两只脚有点飘飘然。在赶往日喀则地区的路上，大家都兴高采烈地欣赏着高原特有的风景，但随着时间缓缓过去，有的同志开始轻度缺氧，呼吸开始加深加快。随着缺氧程度的加重，呼吸频率也进一步加快，感到胸闷气短，大多数人都不同程度地出现了高原反应，这对我们初进西藏的上海人来说，像是一种将适应环境的严峻的提示。经过四个多小时的长途跋涉，我们终于到达日喀则地区，又有数千名当地群众夹道来欢迎我们。淳朴热情的藏族人民给我们献上了一条又一条哈达，这是我们从未经历过的场面，我们不禁眼眶湿润，潸然泪下。

1998 年 6 月 4 日，是我们圆满完成三年援藏任务在西藏的最后一天，日喀则万人相送的场面至今如在眼前，令人激动不已、终生难忘，那是我们从未经历过的情感震撼。那天，日喀则万人空巷，涌上街头，依依送别，每一位援藏干部的脖子上挂满了无数条哈达。目睹此情此景，我们都已泪流满面。这是藏族同胞的真情流露，也是对我们三年援藏工作的真诚认可。

在藏工作三年收到最多的礼物是哈达。没到西藏之前，从书籍、画册、影视剧里见识过、听闻过。在我的印象中，献哈达是藏族特有的风俗礼仪。在藏工作三年，和藏族同胞朝夕相处，我对哈达在不同语境和状态下的含义有了更深的领悟。献哈达是藏族同胞最普通也是最崇高的一种礼节，我回到上海后把哈达送给亲朋好友也是一种礼节，很受大家的欢迎。

阿桑村通上了电

在喜马拉雅山南麓的一侧，有一个小村，住着那么一群人，默默无闻，甘于奉献，几代人扎根边陲，捍卫着祖国的领土。这个小村名叫阿桑村，是亚东县下亚东乡仁青岗村的一个自然村。阿桑村面积 109 平方公里，与印度、不丹两国接壤，全村 26 户 90 人。西藏和平解放初期，阿桑村只有两户 8 个人。20 世纪 80 年代，改革开放的春风吹到了阿桑村，阿桑村面貌随之发生了变化，但由于地处偏远又未通电，阿桑村人民的生活很是艰难。当地人这样描述他们的生活：冬天一身雪，夏天一身泥，饿了吞糌粑，渴了喝泉水。尽管生活如此艰苦，但唯一不变的是他们始终将五星红旗插在自家的屋顶，因为这是中国的领土，必须做到卫国戍边、守土尽责。

阿桑村地处边境，是西藏有名的边境村，人口稀少，资源也一般，但它的地理位置十分独特，时任亚东县委书记次仁塔杰为阿桑村的通电问题牵肠挂肚，多次在县四套班子会上提及此事。得知我争取到了一点资金，他很客气地征询我，能否帮助解决阿桑村的通电问题，我也深知"边境无小事"，当即立下军令状，一定将此事办好。但光有满腔热情和雄心壮志还是远远不够的，因为我争取到的资金有限，与阿桑村通电的资金需求尚有差距，阿桑村要通电必然得从县城下司马镇接电，但两地之间有一定的距离，施工有很大的难度。我在塔杰书记的支持下有序地开展工作，多次与县供电部门同志深入现场勘查地形，设计方案，尽可能少花钱办成事。在大家的齐心协力下，我们发挥各自的聪明智慧，克服种种困难，终于使边境小村有史以来第一次通上了电。

通电那天，县委、县政府在阿桑村举行了通电仪式。阿桑村的村民载歌载舞，献哈达，敬青稞酒，像过节一样欢欣鼓舞。后来县委的藏族干部告诉我，阿桑村的老百姓很感激共产党，感谢上海的援藏干部，我也为能给西藏人民尽一份力而感到无比欣慰。

夜宿帕里

进藏的第一个冬天是在亚东县遭受百年未遇的雪灾之中度过的。1996 年春节前夕，我为办理亚东神峰商贸公司与县养殖场项目去拉萨出差。当我们圆满完成任务，满怀喜悦回亚东过春节时，在距县城50多公里的帕里镇遇到了意想不到的麻烦。当时，我们的小车正离开帕里镇匆匆向前行驶，两位藏族同胞突然拦住了我们的车子，并用藏语与我们同行的藏族干部焦急地谈着，意思是说前面唯一的通道已被山上刮下来的大雪淹没，而且风势越刮越猛，若贸然前进，后果不堪设想。因为在这之前，有两名边防战士夜间在雪地行走迷失方向，被活活冻死，另两名边防战士也严重冻伤，不得不做了高位截肢手术。面对这些情况怎么办？同行的10人意见不统一：藏族干部因已出差10多天，急于回家过年，可谓归心似箭；汉族干部则担心帕里镇海拔高，气候恶劣，住宿帕里太难受，但又不愿冒险回县城。于是，我召集大家在镇政府招待所就进留问题开个紧急会议进行商量，最后形成统一的意见：设法摸清通往县城的道路情况，确保人车安全。

当时亚东县的电话是手摇电话，我们花了很长时间才打通了县委书记家的电话。50多岁的老县委书记对我们汇报的情况十分重视，也对我们当时的处境十分担心，并明确指示：这是人命关天的大事，千万别冒险前进。晚上11点多，县城方面来电告知：道路情况不明，盲目前进十分危险。此时此刻，我们只能选择一条路——夜宿帕里。

帕里海拔4350米，是世界上海拔最高的建制镇。中央电视台曾在这里拍摄过专题电视片《距太阳最近的镇》。这天晚上气温零下30多度。当我们决定夜宿帕里镇时，镇领导也已接到县委书记的电话，用最高规格接待了我们：一包方便面权作晚饭，一袋干牛粪用作烤火取暖，一盏汽油灯用以照明，伴我们度过难忘的长夜。由于晚上气温太低和高海拔缺氧，我们的脑袋在发胀，身子在发抖，可能是不习惯喝奶茶及一路上着凉的原因，许多人都拉肚子了。我冒着严寒，拖着疲惫不堪的身子多次往返雪地，望着鹅毛般的雪花，想了很多很多，想到此时的上海，有多少人家沉浸在阖家团圆的幸福之中，有多少人家正在为欢度新春佳节而忙碌，想到远在万里之外的父母妻女……我不禁潸然泪下，但转而想到身上肩负着家乡父老援藏的重托，肩负着光荣而又艰巨的使命，在藏工作本身就是一种奉献，恶劣的自然环境和艰苦的工作环境对自己也

◀ 1996 年冬在亚东县政府前留影

是一种考验和锻炼，也是一次成长。成长是一种喜悦，是一种痛苦，也是一种奋斗。

第二天雪还在不停地下，风还在不停地刮，但白天行车总比晚上要好一些。今天能否安全抵达县城，这是我们一行共同担心和焦虑的问题，因为通往县城的唯一道路根本没有车子调头的余地，若不能前进则也无法后退，况且许多路段已被雪灾所毁坏。那天正好驻亚东的边防部队有两辆拉年货的车也被堵在帕里镇，所以部队一大早就派来了铲雪的推土机。我们的小车跟在推土机后面缓缓行驶，但是推土机只能推掉表面的雪，而积雪下是坚硬的冰。为了安全，我们不得不经常停下用铁锹铲除路面的结冰。在茫茫的高原雪地里，不要说体力劳动，就是站着呼吸都十分困难。我们凭着坚强的毅力，经过大家的团结拼搏，尽管行驶的速度缓慢，但总是在前进的。车子在蜿蜒陡峭的山路上来回盘旋，随时都有因雪崩而车毁人亡的危险，平时只用一个小时就能到达县城的路程足足行驶了 10 多个小时。当夕阳西下时，我们总算平安抵达县城。

三年的西藏经历对我来说，是一种磨炼，也是一笔宝贵的财富。三年的韶华，是人生一段金不换的岁月；三年的磨炼，是人生享用不尽的财富；三年的西藏情结是忘不了、剪不断的情缘。三年援藏后，我依然心系那一方高天厚土，依然关注着亚东的发展和变化，依然牵挂着三年朝夕相处的藏族同胞。2005 年 8 月，我有幸参加由时任金山区委书记李毓毅同志带队的金山区党政代表团赴亚东县慰问上海市第四批援藏干部。到了亚东，当我见到曾经一起风雨同舟的藏族干部时已是热泪盈眶，两双手紧紧地握在一起。当我看到亚东县这几年巨大变化时不由得肃然起敬、百感交集，因为这也倾注了我们一批批援藏干部的智慧和心血。我们之后的援藏干部，他们的援藏工作是那么有力，效果是那么显著。

由于援藏工作经历，回沪 20 多年来，我总是喜欢看西藏卫视，了解西藏的发展和变化，尤其是看到亚东的节目，更有一种亲切感。从电视中我感到变化最大的是西藏的贡嘎机场。贡嘎机场位于拉萨市西南方向的山南市贡嘎县，是世界上海拔最高的机场之一。我们初到西藏时，机场上仅停放两架飞机，每天一次航班往返于拉萨与成都之间，遇到大雾天气经常误点。有一次我们回沪，由于气候原因，早上的航班直到下午 5 点才起航。1995 年的时候在机场根本感觉不到这里是机场，没有一点热闹的气氛。现在的机场已是今非昔比，是西藏自治区第一大航空枢纽。贡嘎机场的发展和变化是西藏在党的领导下，各民族齐心协力大发展的一个缩影，我由衷地为西藏这些年来日新月异的巨大变化而高兴和自豪。

如今，我早已退休在家享受天伦之乐，离开魂牵梦萦的西藏已有近 22 个年头，赋闲之余，仍会回想起在亚东艰苦而又光荣的岁月，时常梦见藏族同胞相送时的锅庄舞和捧上的青稞酒，梦见看到电灯时泪流满面的阿桑村藏族老阿妈，梦见帕里之夜摇曳的炉火……

难忘的援藏之行，
无悔的青春岁月

金志兵，1970 年 1 月生，现任金山区亭林镇副镇长。1998 年 5 月至 2001 年 3 月，担任西藏亚东县乡镇企业管理局局长。

口述：金志兵
采访：张　洁　黄卫佳
整理：黄卫佳
时间：2020 年 4 月 10 日

1994 年 7 月，中央召开第三次西藏工作座谈会，确定了全国支援西藏的方针，上海承担起对口支援西藏自治区日喀则地区江孜县、拉孜县、亚东县、定日县 4 个县的任务。我是上海市第二批 50 名援藏干部中的一名。

当时，我是一名预备党员，在区科委任团支部书记。听闻市委组织部鼓励广大干部参与，我马上报了名。当时的人员招募是根据 1∶3 的比例配备，后来我通过了金山区中心医院和中山医院两次体检，经过组织把关、挑选，成为金山区两名援藏干部之一。我当时只有 28 岁，是同批次援藏干部中年纪最小的，但组织选上了我，我就一定会服从组织安排，做好组织交付的任务。经过市委党校的统一培训，1998 年 5 月我走上了光荣的援藏之路。

这里还有个插曲，我当时向家里人表达了援藏的意愿，父亲和岳父都很支持，但是妻子和岳母考虑到我的孩子还小，刚开始是有顾虑的。其实我能理解她们的顾虑，因为我和其他援藏干部相比还是比较年轻的，家里还有一对刚满周岁的龙凤胎，正是需要父母亲照顾的时候。但我当时援藏支边的信念坚定，幸好有父亲和岳父一起帮忙做思想工作。我的父亲是一位乡贤，我的岳父是转业干部，所以他们都十分理解我，也愿意帮我劝解家里人。最终，全家人都同意我去西藏了，而且还十分支持，让我深受感动。

亚东县是个 "下乡" 要 "上山" 的地方

去之前我对西藏知之甚少，做了最坏的打算。去时的路上就在想，那边会不会都是铁皮房？是不是都没有通信设备？没有娱乐设施？但总归还是那句话，不管情况如何，我都不能给咱们上海丢了面子。其实真正到亚东县的时候，实际情况比我想象中要好很多。我们当时住的是一个小院子，并不是我想象中的 "铁皮房"。刚开始的时候确实没有程控电话，只能到附近的电信局排将近一个小时的队伍打电话，后来 1999 年通了程控电话后就方便多了。当地也没有娱乐休闲设施、场所。

抵达后，我们先到地委招待所休整，主要是尽快适应当地的气候，事实上大家都出现了不同程度的高原反应。我的高原反应很严重，连续多日出现头胀、胸闷、气急等症状，全身没有力气，严重失眠。随队的中山医院医生说，高原反应只能靠时间来适应，只有靠自己咬紧牙关渡过这个难关。临行前，组织上帮助我们在金山区中心医院统一配了安眠药和其他药品，就是为了缓解我们进藏后失眠等症状。我听从医生的要求，先自主睡觉，实在睡不着了再吃安眠药。同时，也吃了保心丸、康泰克等，后来才慢慢舒缓过来。

我们一行有 7 人，其中两位来自青浦，两位来自杨浦，两位来自金山，一位来自宝山。我们所在的亚东县是西藏自治区日喀则地区（现已改为市）辖县，位于喜马拉雅山脉中段南麓，是西藏自治区边境县之一，辖下司马镇、帕里镇、上亚东乡、下亚东乡、康布乡、堆纳乡、吉汝乡 2 镇 5 乡。亚东，藏语叫 "卓木"，意思是 "急流的深谷"，和名字一样，这里有很多自然灾害，常见的灾害有地震、洪水、暴风雨、泥石流、滑坡、干旱、冰雹等。康布乡海拔 4500 多米，吉汝乡海拔 5000 多米。车子沿山下乡，要绕 70 多道弯，上到 4000 多米的山上，地势十分险恶，我们出发时都要做好万全的准备，每次下乡的路途都让我印象深刻。

走遍七个乡镇，确定"六大工程"

没有调查就没有发言权。为了使援藏项目发挥最大的作用，我们从一开始就积极慎重地做好项目的确立、论证和实施工作。来亚东县不到半年，我们走遍了全县7个乡镇及县直机关单位，累计行程4000多公里。我们通过实地听取报告和广泛交流，掌握了大量第一手资料，把提高人口素质和为民办实事作为工作重点，以亚东人民高兴不高兴、满意不满意、赞成不赞成作为衡量我们对口支援工作的根本标准，坚持"政治、经济、社会三位一体、三位并举"，发展农牧区经济和提高农牧民收入，最终确定了"六大工程"（形象工程、实事工程、健康工程、造血工程、希望工程、培训工程）。

有一件事让我感触颇深。我们到农牧民家中走访的时候，了解到他们的生活水平较低、医疗条件差、居住环境也不好，走进他们的家中都看不到多少家具。有一次，我们为一户农牧民组织了捐款，一组7个队员分别捐了100元，共计700元，当我们把这700元交给该户农牧民的时候，他们竟然向我们下跪感谢……我们很受触动，又有些忧心。我们明白，只有从改善人民的生活条件入手，让他们从心中爱国爱党，才能将大家的心团结起来。所以我们主要从基层项目出发，希望能全面提高城镇建设和生活水平，这才确定了六大工程。

我首先想到的是康布温泉招待所项目，这是"造血工程"的项目之一。"康布"，意思是"仙桃"。康布温泉位于亚东县康布乡的上康布村一条狭窄的山沟里，距帕里镇约27公里，距亚东县城47公里，海拔3700多米。康布温泉区域约5万平方米，分布有14个泉眼，已经开发利用的有12个泉眼，其泉水含有多种丰富的矿物质，可治疗风湿病、腰腿痛、关节病、骨折、卒中后遗症及皮肤病、妇科病等30余种疾病。康布温泉的知名度很高，区内外大量游客和患者慕名而来，但是由于设施普遍陈旧老化，影响到企业的经济效益。我们第二批援藏干部到亚东后，经过调查研究，为进一步发挥温泉的资源优势，对已有的设施进行改造，又建造了上下两层、面积数百平方米的新招待所。通过我们与金山区领导的协调，决定由金山区出资援建，总投资约80万元。招待所的建成，不仅改善了住宿条件，也为企业注入了新的活力，每年给县财政增收

▶ 1999 年 8 月，亚东鲑养殖实验站竣工揭牌

约 10 万元，这一做法得到了自治区和地区领导的肯定，《西藏日报》也进行报道并给予了高度评价。

我们努力抓好改制工作，提高企业经济效益。亚东县地处偏远，交通不便，发展乡镇企业相对困难。作为乡镇企业管理局的局长，为了了解掌握全县乡镇企业的发展状况，进藏几天后，我就带领局里的几位同志深入企业进行调查研究，分析企业存在的问题和困难，制定乡镇企业发展规划，进一步明确乡镇企业发展方向，并积极探索发展新路子。上亚东养鸡场是一家具有一定规模的养殖企业，为丰富居民的菜篮子做出了一定的贡献。由于当时企业管理已经跟不上市场经济发展的需要，企业效益下滑，所以我们组织有关人员对养鸡场进行会诊，仔细分析原因。一方面积极争取政策优惠，为企业发展创造宽松环境；另一方面在做好企业清理整顿工作的同时，对企业进行改制，完善企业经营机制。此前，由于西藏本地的地域环境等，仅有少数的鸡能够成功存活。后来，我们将四川的鸡引种到西藏，顺利完成了育苗和孵化，走出了一条适应西藏养殖业发展的新路子，极大地满足了亚东本地的市场供应。

三年来，为了发展和壮大亚东县的乡镇企业，拓宽农牧民的就业渠道，增加农牧民的收入，我与其他援藏干部一起，积极争取资金，援助亚东县乡镇企业及其主管部门的资金达 125 万元，有些项目已经产生客观的经济效益。亚东鲑鱼养殖场建设也是我们乡镇企业管理局的工作之一。该鱼种是二级保护鱼种，但是存在乱捕现象，执法力量薄弱。为了同时满足生态保护和市场需求，我们向西藏日喀则农牧局积极争取，成立了鱼种保护项目，将饲养区域从河里转变为池子里，成功进行了饲养和孵化。这个项目大大提高了藏族人民对生态的保护意识，影响了西藏的干部群众，受到了领导的认可，从生态保护和市场供应两方面提升了社会和经济影响力。目前，这种经济价值极高的鱼类已经实现商品化生产，供应拉萨的大宾馆，当时我们想做的事现在已成为现实。

我们注重为亚东人民排忧解难，兴建了一批有实效、看得见、花钱少、受欢迎的"实事工程"，赢得了亚东人民的信赖。我们为上亚东乡岗古村、珠居村和下司马镇春培村解决了村民饮水难的实际困难。亚东县下司马镇春培村是全镇最大的行政村，人口较多，祖祖辈辈依靠村旁的小河得以繁衍生息。可近年来，一直信赖的"母亲河"水源受到不同程度的污染，直接影响了村民的正常生活，甚至危及身体健康。对此，我们心里极为不安，因为这不是一件小事，而是一件关系到群众生产生活和社会稳定的大事。于是，我们马上深入该村实地查看，在完成选址、测算及可行性报告后，我们随即和上海方面取得联系，很快得到支持，更增强了我们工作的信心。消息一传出，当地干部群众热情高涨，大家自发组织起来，本着"少投入、多办事"的原则，用最快的时间完成了施工，总共投入了 15.6 万元。当他们重新喝到干净的自来水时，大家都欢呼雀跃，用藏族特有的舞蹈表达了他们的心声"感谢上海'奔布拉'（藏语：干部）"。

照明项目也是实事工程之一。由于吉汝乡是一个牧区，那里的游牧民没有固定的房屋，只搭着帐篷，随着夏、冬季牧场的转移，他们也就随时转移帐篷，因而照明成了一个难题。我们通过太阳能发电解决了他们的照明难题，总共为堆纳乡和吉汝乡投资 62 万元，为 620 户牧民群众提供了太阳能发电器，该乡牧民常说的一句话是"上海援藏干部为我们带来了光明"。我们还在县城建造了 10 个标准化垃圾池；在上亚东、堆纳两乡修建了两条乡村道路；为帕里镇居民安装闭路电视，为实现全县村村通广播电视工程提供了配套资金，全县广播电视覆盖率达 85% 以上，1998 年底被评为"全国电视先进县"；为公安、法院、武警部门解决了设备更新问题；为亚东县电视台、县文化馆大楼进行了维修和改造；提供 10 万元救灾物资，等等。这些具体的行动受到了群众的好评，也树立起了我们第二批援藏干部的良好形象。

我们通过人才培养和业务培训，加强软件工程建设。在深入调研的过程中，我们耳闻目睹了亚东的现状，深感当地的发展离不开人才的作用。我们在调研中发现，亚东县医务室普遍缺医少药，甚至还有过期药物。基于这个发现，我们一方面实施"健康工程"，对县医院进行改建、维修和设备更新，在县城中心地段设立医疗门诊部解决广大农牧民群众和个体商户就医买药难的问题，在亚东县最偏僻、海拔最高、交通最为不便的吉汝、康布两乡建起崭新的中心乡卫生院，为偏远地区农牧民提供医疗保障。另一方面，我们紧抓"培训工程"，从城镇的医院开始培训医生，逐步向下延伸，分期分批培训，提高队伍素质。

我作为小组中主抓"培训工程"的成员，在充分调研的基础上，根据亚东县经济和社会发展的需要，侧重于人才相对集中的卫生、教育和机关事业单位，详细了解和分析了这些部门的技术力量与人才结构，以突出紧缺人才和

◀ 1999 年 9 月，慰问亚东县乡镇企业管理局老干部

关键岗位为重点，结合实际制定了《亚东县三年培训工作计划》并逐步付诸实施，开展人才培养和干部培训。1999 年底，亚东县派出 6 名干部到上海 4 个区进行为期 25 天的考察和学习；同年，亚东县吉汝乡选派 1 名高中生到西藏中医学院进行为期 3 年的大专班培训；2000 年，选派 12 名教师到日喀则地区，由上海派出的教授进行为期半个月的教学示范讲课等。通过各种培训，努力改变亚东县干部职工、教师和医疗卫生队伍的现状，为亚东县的经济建设和社会发展服务。

此外，我们还参与到了亚东县的未来规划之中。为了搞好参与实施西部大开发战略的启动工作，亚东县成立了领导小组及其办事机构，我们 7 名援藏干部积极献计献策，把亚东县"十五"计划和国民经济与社会发展远景规划纳入实施国家西部大开发战略中，制定了亚东县的发展规划。从 2000 年到 2020 年项目建设共计 35 项，主要涉及农牧业基础设施建设、科技、卫生、文教、通信、水利、交通等，总投资 1.35 亿元。我们对各项目进行了仔细调研、论证和分析，阐明了每个项目建设的必要性和重要性，项目建设的具体地点、规模、投资估算、效益分析等情况。同时，完成了亚东县扶贫开发"十五"计划和 2020 年长期发展规划调查报告。

当然，仅靠我们三年的援藏，不能完全改善当地农牧民的生活状况，各个项目都需要一代代的延续。就像六大工程之一的"希望工程"，我们是在第一批的基础上，对希望工程加以巩固、完善和提高，为县职业技术学校的开办配备了 12 台电脑等配套设备，对部分高海拔乡村小学进行了维修，投资 10 万元在下亚东扶贫搬迁基地盖起了希望小学，也为亚东县 2001 年率先"普九"这一目标奠定了基础。我们都清楚地知道，改变不会一蹴而就，只有通过一代一代的援藏干部，一批一批的物资投入，将发达地区的工作方法和先进理念带给他们，再结合当地的实际情况，才能让亚东走出一条属于自己的发展道路。我们不怕完不成，因为下一批乃至再下一批的援藏干部会继续干下去。

我们都是一个妈妈的女儿

《一个妈妈的女儿》这首歌，是我们第二批援藏干部经常会唱起的一首歌，有句歌词是这样的："藏族和汉族是一个妈妈的女儿，我们的妈妈叫中国。"在和藏族同胞的工作、生活和交流过程中，我充分感受到了民族之间的团结和情感。

到达西藏的那一刻，我们就深刻感受到了当地农牧民的热情、奔放、好客，以及对于家乡发展的渴望。我手头还存着一张照片，里面是一个藏族的孩子。我还记得那是在帕里镇，我正凝望远方，突然有一个小男孩走进了我的视线，他的眼神天真无邪，又带着对我们的亲近。他和其他的藏族同胞们一样，知道我们是援藏干部，是来帮助他们的。我们不懂藏语，出去的时候还需要带着藏族干部做翻译，但有时感情不需要用语言来解释，我从他们的脸上、眼神中感受到了渴望与热情。那一刻我被触动了，感受到了中华民族大家庭的温暖，更有一种被需要的感动。

亚东县已经连续多年被评为"全国双拥模范县"，军地双方保持着良好的沟通交流，因此，我们和部队官兵之间也有很多的交流。尤其是"八一"建军节期间，我们每年都要看望和慰问边防部队官兵，与官兵们一起举行联欢活动，增进团结和友谊。同时，他们那种无私奉献、艰苦奋斗的精神也深深打动和感染了我。2000年4月，为了解决亚东县武警部队缺乏书籍的问题，我主

◀ 2000 年 4 月，向亚东县武警部队捐赠书籍

动与家乡联系，争取到一批书籍并无偿捐赠给中队，充实了他们的书架，丰富了他们的业余文化生活。当我看到他们捧着新书开心的样子，我的心中异常满足。

离开亚东县的那天，全城出动。我们在县政府门口站成两行，把接力棒交到了第三批援藏干部的手中。当地政府没有组织，没有指挥，但是当地群众都自发来欢送我们，一个个排着队地向我们献哈达。他们是在用行动感谢我们为亚东所做的贡献。由于哈达实在是太多，挡住了我的视线，我就拿手拼命往下压，再接受新一批的哈达，没过多久又得抬手往下压，反复了好几次。回想当时，不由得笑中带泪，大家拥抱时还舍不得放开，才发觉在不知不觉中，我们之间的感情竟已这样深了。后来亚东的领导把我们送出亚东，又喝了几口青稞酒，有的同志还念了几首诗，依依不舍地告了别，这才算是真的告别了亚东。后来从第三批援藏干部口中得知，当地农牧民对我们的评价非常高，这是对我们努力的认可。

往事历历在目，转眼已是 20 年。2009 年，金山区领导慰问第五批援藏干部，我随团回过一次西藏。几年过去了，我感觉到了很大的变化，当地的基础设施、干部群众的精神面貌都有很大的提升，援藏的深度、广度、强度更大了，这充分说明中央对口援藏的决策是正确的，我也相信西藏一定会越来越好。那是我唯一一次回到我的"第二故乡"。有机会的话，我还是想再回去看看，更希望能带我的儿女去一次我曾经工作过的地方，让他们看看西藏发展的前景，感受国家的繁荣富强。

借着这次口述援藏经历的契机，我翻开了以前的日记和相册，回忆起我在西藏的点点滴滴。三年的援藏生涯，让我经历了很多，也得到了很多，人就是在这一次次的经历和磨炼中成长起来的，这些宝贵的回忆对于我日后的人生观、价值观都有着很深刻的影响。

既种"自留地"，
又耕"责任田"

朱喜林，1964年5月生，现任金山区人大常委会党组副书记、副主任，金山区总工会党组书记、主席。2001年5月至2004年6月，先后担任西藏自治区日喀则地区亚东县委副书记、县人民政府常务副县长。

口述：朱喜林
采访：雷　霆
整理：雷　霆
时间：2020 年 2 月 24 日

　　1994 年 7 月，中央召开第三次西藏工作座谈会，确定了全国支援西藏"分片负责，对口支援，定期轮换"的方针。据此，上海承担起对口支援西藏自治区日喀则地区江孜、拉孜、亚东、定日 4 个县的任务。2001 年 5 月 27 日，我作为上海市第三批 50 名援藏干部的一员，在时任上海市第三批援藏干部联络组组长、中共日喀则地委副书记尹弘同志的带领下，辞别领导和家人，踏上了雪域高原的三年援藏之路。离开上海时，市委、市政府在世贸商城举行了简单而隆重的欢送仪式，时任市委副书记、副市长等领导都到会场送行，市委组织部副部长亲自担任陪送团团长送我们进藏。到岗后，我们与第二批援藏干部进行了工作交接，正式开启了对口支援生涯。

　　都说初赴西藏高原反应剧烈，在我们刚刚抵达日喀则时，就得到了印证。我们上海 50 位援藏干部在市委组织部领导的陪同下，在拉萨贡嘎机场与山东的援藏干部会合后，一同向日喀则地区进发。车队浩浩荡荡，一路前行。我车上一位上海援藏干部的"高反"是肚子疼，真为他捏把汗，好在晚饭时他精神还算振作。但是，上海陪送团随队的两名医生一同倒下了，又是吸氧又是输液，第二天就不得不回上海去了。

就在我们进藏不久后，2001 年 6 月，中央召开了第四次西藏工作座谈会，会议确立了"实现西藏经济跨越式发展和社会局势长治久安"的战略目标。这在当时很振奋人心，是切合西藏经济社会和局势稳定实际的战略。我们第三批援藏干部既为身处这样的大好形势之下而欢欣鼓舞，也深知肩头的使命异常艰巨。因为，西藏新世纪跨越式发展的战略目标对对口支援工作提出了更高的要求。三年间，我们发扬"特别能吃苦、特别能战斗、特别能忍耐、特别能团结、特别能奉献"的老西藏精神，始终牢记两地组织的嘱托，开展了广泛的调查研究，制订了三年援藏规划，加强自身队伍建设，实施了总量近 1800 万元的援藏项目，为亚东县的经济发展、社会进步、局势稳定、民族团结和边防巩固发挥了积极作用。

树立形象，做好援藏项目

对口支援工作是援藏干部的"自留地"。在有限的三年时间里，实施好援藏项目是每一位援藏干部的主责主业，且又是重中之重的任务。我们按照地区联络组的统一部署，抓住高原施工的有限时机，紧紧围绕规划，加快项目施工，全面完成了各类援藏项目 24 个，总投资 1700 多万元。

亚东，是西藏自治区日喀则地区（现已改为市）下辖县，位于喜马拉雅山脉中段南麓，是西藏自治区边境县之一。亚东县地理位置特殊，反分裂斗争形势严峻。亚东县海拔不高，印度洋暖湿气流和沙漠性气流交汇于此，雨量充沛、植被丰富，素有西藏"小江南"之称。

对口亚东县的是来自青浦、杨浦、金山、宝山的 7 名援藏干部，金山派出的是我和徐永华同志（时任亚东县城建局局长），我们组成了亚东联络小组，在组长韦明（时任亚东县人民政府县长）同志的率领下，以调查研究为先导，以队伍建设为根本，以项目实施为关键，有序推动对口支援工作的开展。

我们克服初到西藏"高反"严重的困难，深入机关、乡镇、村（居）、学校，到实地、察实情，掌握了关于亚东政治、经济、社会情况的大量第一手资料，初步摸清了亚东县的经济社会发展现状和干部群众的思想状况，为我们有针对性地开展援藏工作奠定了良好的基础。在征求县委主要领导意见后，我们

◀ 视察援藏项目——
亚东林下资源加
工厂

很快制订形成了三年援藏规划，确定了援藏项目和资金投向，力求援藏工作在稳定中求突破，在开拓中求发展。

我们遵循"授之以鱼，不如授之以渔"的理念，按计划实施了一批热点项目和重点项目。以援藏项目为抓手，利用援藏地区的社会资金、技术、管理和信息优势，我们引进内地成熟的市场理念，积极培育当地的市场意识与经济意识，为亚东经济发展服务，把当地的发展优势转化为经济效益，增强当地自身发展能力，从而推动和加快自身经济发展。比如，中央第三次援藏工作座谈会确定的"亚东县康布温泉项目"，总投资600万元，有效解决了康布温泉设施简陋、供需不平的矛盾。

又如，经过前期调研，我们认为西藏的产业链本身很脆弱，特别需要发挥当地优势，产业发展一定要因地制宜。亚东海拔3000米，有不少种类的药材，如虫草、雪莲花、党参、红景天等中草药，还有蘑菇、松茸、蕨菜、木耳、枸杞、野生莴笋等食材，林下资源特别丰富。那个年代，在拉萨、成都、上海等地市场上，一斤亚东干木耳价格约450元，一斤干蕨菜500多元，一盘七色花约400元，一斤人工饲养的亚东鱼更是天价……虽然如此，但在很长一段时间里，当地农牧民却靠砍伐树木为生，与这些毫无关系。我们投资50万元建成的"亚东县林下资源加工厂"，充分利用亚东县林下资源丰富的优势，遵循统一收购、统一销售、分类加工的原则，通过收购、加工、包装，将优质藏药材推向市场，承诺绝不打一张白条，使农牧民手中的各种"存货"很快变成了现金，有效增加了他们的收入，也增加了县政府的财政收入。上海的援藏工作还形成这样一个不成文的规定，即"不给下批留尾巴"。因此，在三年援藏行将结束的时候，我们通过招商引资，及时将"亚东林下资源加工厂"进行了企业改制，该企业至今仍然产销两旺。第三批援藏干部联络组领导同志曾评价此举"作了开创性工作"。

在做好援建工作的同时，我们按照上海市委"建设一支政治坚定、作风过硬、工作扎实、形象良好的上海援藏干部队伍"的总要求，多次开展思想务虚和学习交流，制订了学习、文体、经费统筹等各类计划，严格执行《援藏干部守则》《援藏干部内部管理规定》《财务报销制度》《援藏资金使用办法》等规定，遵守有关工作程序和请销假制度等，特别是援藏干部联络组领导再三重申的"三个不准"，即不准接受与自己业务相关的商界人士的请吃和馈赠，不得进入歌舞厅、夜总会等营业性娱乐场所，不能以工作需要等名义驾车外出。我们积极参加援藏干部的组织生活会、民主生活会、专题活动和其他活动，交流思想、交融感情，形成心往一处想、劲往一处使的团队氛围，切实做到了加强学习、团结协作、廉洁自律、扎实工作，真正做到了耐得住寂寞、挡得住诱惑、守得住清贫、管得住小节，充分展示了上海第三批援藏干部的良好形象。

务实的工作作风也使我们经受住了一次次严峻考验。时任亚东县委书记是第一代翻身农奴次仁塔杰同志，他长年在高海拔地区工作，得了严重的糖尿病，在我们工作的第二年，他因并发症病故在县委书记的任上。在治丧期间，我们在韦明县长带领下，按西藏当地习俗妥善处理他的后事，同时又确保亚东社会整体稳定，保证全县工作不断不乱。这是对我们援藏干部的一次考验。之后，我们又经历了不少重大事件，但我们凭着过硬的政治智慧和严谨的工作作风，进行了稳妥处理，赢得了当地干部群众的交口称赞。

履行职责，助力亚东发展

岗位分管工作是援藏干部的"责任田"。进藏后，我先后担任亚东县委副书记、县人民政府常务副县长，分管党的政法工作、乡镇企业发展以及城乡建设管理等。我在县委、县政府的坚强领导下，充分履行岗位职责，为亚东的民族团结、社会稳定、边防巩固、经济发展、城乡建设管理等做出了积极努力。

记得在我们进藏后参加的第一次县委常委会上，县委对我们几位援藏干部的岗位工作进行了分工。也就是在这次会议上，组织上明确由我分管政法工作。这是亚东第一次由援藏干部分管这项工作，因为亚东地处边界，反分裂斗争形势十分复杂，我顿时感到压力倍增，深知肩负的职责和使命重大。此后，我们全面加强政法工作。针对亚东地处反分裂斗争前沿的特点，我组织政法部门加强情报收集、强化边境管理、积极"封边稳内"、开展严打整治、加强矛盾调处、及时化解信访，有效地维护了亚东的社会稳定。我们还积极为驻军部队解决实际困难，顺利实现亚东"全国双拥模范县"五连冠。事实证明，我成功地将压力转化为促进工作的动力，最终不负众望、不辱使命。

我们加大对于中央财政项目和资金的争取力度。针对亚东经济发展水平较

◀ 陪同上海市旅游委员会进藏代表团拜访亚东县委书记次仁塔杰同志

低、城乡任务建设艰巨的特点，我组织政府相关部门积极备选项目，争取上级支持，甚至直接找到了时任西藏自治区党委领导帮助协调。三年间，我多次造访西藏自治区政府、自治区发改委、自治区财政厅和农牧厅等单位，在自治区台办领导的关心下，先后争取到帕里草场建设项目、亚东县城防洪坝工程、亚东鱼扶贫式开发一期项目、拉亚公路帕里镇区段道路工程等 4 个项目，总投资超过 2700 万元，大大超过了上海 4 个区对口支援亚东援藏资金的总和。此外，我们还通过上海城市规划设计院，为"世界海拔最高镇——帕里镇"编制了总体规划，最终通过评审和终审，加快了亚东城镇化的建设步伐。

我们改善投资环境，助推经济发展。我们针对亚东"半农半牧"、第一产业比重较高的特点，明确了农畜产品体系建设实行"一乡一强品、多品齐发展"的产业结构布局；我们针对亚东气候宜人、有利发展的优势，制订形成了亚东县招商引资的优惠政策和奖励政策，鼓励各类企业家前来亚东投资兴业。因为适逢"十五"规划编制，按照班子分工，我还组织马庆（杨浦区援藏干部、时任亚东县乡镇企业局局长）和发改委负责同志编制了"亚东县十五规划纲要"，为亚东县的中长期发展注入了上海援藏干部的工作理念。

三年援藏期间，许多援藏干部都经历了令人难以忘怀的家庭变故。亚东的两位援藏干部进藏不久后，家中两位亲人不幸染上重病。我个人遭遇了祖父病故、爱人车祸等，也算是经受了人生磨难。但是，我们也充分感受到了组织的温暖和厚爱。三年里，时任金山区委、区府相关领导先后赴藏看望我们。我爱人遭遇车祸，组织上也是第一时间派人将她送至上海市第六人民医院，六院医生早早做好了抢救的准备；恢复过程中，尹弘同志和爱人还专程前往家里探望。组织的关心关爱给了我无尽的动力，让我在亚东大地心无旁骛，专注工作。

高原烙印，值得终生珍藏

2004 年 6 月，我们结束三年援藏生涯回到上海。临行前，我们在日喀则与第四批援藏干部顺利完成轮换交接，西藏自治区日喀则地委为我们举行了热烈、隆重的欢送仪式。在 6 月 15 日下午的虹桥机场欢迎仪式上，市委领导充

▲ 走访亚东县牧区，
慰问基层农牧民

分肯定了我们牢记宗旨、不畏艰难，虚心向西藏各族干部群众学习，大力弘扬"老西藏"精神，为维护边疆稳定、促进民族团结、改善藏族同胞生活、巩固沪藏两地人民的传统友谊做出的积极贡献，我们深受鼓舞、倍感振奋。此后，我曾于2006年随时任区长率领的金山党政代表团考察亚东并慰问援藏干部顾志雄和方浩；于2012年随时任区委书记率领的金山区党政代表团考察日喀则地区并慰问援藏干部闵卫星和金健；又于2018年8月趁个人休假之机，与徐永华等组织"家庭亚东行"。三次返回这个战斗和生活过的第二故乡，亚东县的经济发展、社会进步和城乡面貌已今非昔比，发生了翻天覆地的变化。我由衷地为西藏和亚东人民感到欣慰，也为自己能亲身参与亚东人民脱贫奔小康的伟大事业而自豪。

"咱援藏的人，就是不一样，头枕着边关的明月，身披着雪雨风霜；咱援藏的人，就是不一样，为了西藏的建设，我们战斗在高原上……"多年以来，这首由我们第三批援藏干部新填词的歌曲《咱援藏的人》不时在我心中唱响。回首这段如歌岁月，由衷感谢组织给我这样一个磨砺人生的机会，为我留下了一枚雪域高原的生命烙印。

红旗飘扬在高原
青春无悔在西藏

徐永华，1974 年 12 月生，现任中共上海金山市场有限公司委员会书记、董事长。2001 年 5 月至 2004 年 6 月，担任西藏日喀则地区亚东县城建局局长。

口述：徐永华
采访：黄　餍
整理：黄　餍
时间：2020 年 3 月 9 日

我从 2001 年 5 月 27 日到 2004 年 6 月 15 日对口支援西藏三年，那时我还不到 27 周岁，是所有上海市第三批援藏干部中年龄最小的三人之一。

意外入选：是起点是机遇更是挑战

没有报名援藏之前，我对西藏的认识就是路途遥远，非常贫穷，也听说过风景很美，都是雪山，不过没有直观的感受。直到被组织挑中之前，我都没想到自己会来到西藏。

2001 年初，区政府酝酿金山湾围海公司体制改革，我被安排到朝华公司任副总，有一天领导问我报名西藏去不去，我说试试吧，就这样报了名。

报名对口的岗位是亚东县建设局局长，我是学理工科的，估计组织上看中的是我的专业技术和业务能力，所以成了三位候选人中的一位。恰巧我的体检没有问题，另两位却查出有问题，这样我就成为唯一的人选了。知道后，喜忧参半，喜的是自己要出去闯闯了，去一个新的地方，有新的工作、新的挑战，又是上海市派出的干部，虽然被说成好中选优、优中挑强的干部，但我知道自己年龄不大、阅历不深。忧的是要离家很久、很远，一切未知。女儿龙龙那时才 13 个月大，还不会叫爸爸，也没有学会走路，我母亲也是心事重重，还偷偷抹眼泪。但我是坚决服从组织决定的，没有二话，坚决开拔。5 月 27 日出发，市领导欢送，家里人送到上海展览中心，之后，直接飞成都。在成都休整了两天后，我们踏上了雪域高原，越野车队直接开向日喀则，三年的援藏之旅开始了。

三年援建：是吃苦是奉献更是真情融入

我任职的亚东县，地处喜马拉雅山南麓，平均海拔 3500 米。气候温和，雨量充沛，植被茂密，境内山清水秀、气候温和，风光秀美、神奇圣洁，特产丰富、民风淳朴，有西藏的"小江南"之称，是一块美丽富饶的宝地。县城所在地下司马镇山上有树，林间有草，还有亚东河奔腾不息，这样的西藏和我印象中的西藏是完全不同的。

初到西藏，高天厚土，感觉离天特别得近，天特别亮。路上遇到的人们都特别热情，看到车队经过会停下来敬礼。一开始我还挺纳闷，后来在藏工作的三年中，我时时都能感受到老百姓对干部的尊敬，不是虚伪的，是朴素的。

看见藏族同胞，感觉很亲切，和我们没什么不一样。亚东的人，脸上都有

▲ 援藏期间在亚东县政府门口留影

一种微笑，看见我们也点头示意，非常客气。我们平时上班拎个包，人家一看就是"奔波拉"（藏语：干部），于是更加客气。

在西藏三年，完全颠覆了我一开始认为西藏是蛮荒之地的想法。藏族同胞很客气，你敬他一尺，他敬你一丈。从恒香斋小吃店买了包子、油条慰问扫地的保洁人员，他们会感激万分。给日喀则中考出车祸的亚东遇难家庭送去慰问金，他们百般推辞。林场搬沙子的一群妇女每天只有7元工资，可是她们脸上的笑容和收入完全没有任何关系，笑语盈盈的，我给她们拍了照片，并托人转交给她们。

这里还要说一个老革命，他是原来亚东县委书记次仁塔杰。他热爱祖国，对党忠诚，对我们援藏干部关爱有加。书记每逢节假日会派他的通信员尼多给我们送虫草鸭或贝母鸡，让我们改善生活。他非常关心我们的工作，要求藏族干部全力配合，积极支持。所以我们在亚东的工作很顺手，一切按援藏联络组、县委、县政府的工作意图干，一张蓝图干到底。但是书记非常操劳，患有糖尿病、高血压等慢性病，于2002年夏季病逝在亚东，那时他还没有退休。失去了这样一位好书记，援藏干部和亚东人民都倍感悲痛。

还有一个老革命，也是我们援藏干部的好大姐：次仁曲珍，亚东县委副书记。曲珍书记和前四批亚东援藏干部结下了深厚的感情，她从工作、生活、家庭全方位无微不至地关心上海来的干部，被我们集体认定为"一号大姐"，也就是独一无二的、最好的。每年夏天，她会派小儿子给我们送蔬菜、水果，特别是她家的李子，又大又甜。大姐在亚东县很有威望，一言九鼎，公道正派，人人赞誉。她的爱人和第一批援藏干部熟悉，好像叫扎西书记，原来也是亚东县委副书记，是亚东县的一个好干部，后来去康步、吉汝乡抗雪灾，劳累过度，回来后查出患有肝癌，很快就去世了。

亚东的老百姓非常纯朴，我们到亚东时、离开亚东时都是万人空巷，他们自发地出来欢迎、欢送我们，给我们献哈达。哈达一层又一层，太多了，拿下来放在车子上，又是一层又一层，满车都是哈达。那情那景，历历在目，终生难忘。

初到西藏，落地生根。先是送走第二批援藏干部，他们在亚东做了大量工

◄ 2001 年 6 月 1 日，金山区第二批、第三批援藏干部在日喀则合影，左起：徐永华、朱喜林、陶勇、金志兵

作，经济社会有序发展，为百姓解决了很多难题，群众口碑很好。我们到了亚东，就下定决心学习第二批援藏干部，一定为群众做好事，为亚东人民谋幸福。我们首先了解当地的情况，按联络小组的分工，进岗到位。

从 2001 年 6 月至 8 月，不到 3 个月的时间里，我们做调查研究跑遍了亚东所有的乡镇和单位，了解他们的需求。他们的需求绝大多数是合理的，有生产、生活方面的，有解决历史遗留问题、扶贫济困方面的，还有提高造血功能方面的。县长韦明同志亲自带队，援藏干部全部参加，白天调研、晚上整理，梳理出了第一轮的援藏需求。

就这样，在联络大组（组长尹弘同志）的同意下，我们几易其稿，制定了三年援藏规划（计划），包含了民生、基建、造血、济困、平安、"双拥"等方面，得到了亚东各族百姓、干部的好评。

在计划中，我们重点对亚东医院、学校的必需设施进行建设，采购一流的设备。扶贫不忘扶智，将亚东的老师、医生、机关工作人员送去上海培训，同时请上海的专家到亚东来帮助解决一系列问题。帕里镇的小城镇规划请的是上海城市规划院设计，原来的副院长张长兔亲自把关；亚东县康步温泉请的是青浦建筑设计院设计，区政协副主席叶肇凯院长亲自把关；我们还改建了水毁道

2002 年 8 月 9 日，陪同时任市委副书记刘云耕、人大常委会副主任龚学平一行视察亚东县林下资源加工厂，左起：许峰、韦明、龚学平、刘云耕、朱喜林、马庆、徐永华

路，新建了科教大楼，维修保护了帕里镇的小城镇风貌。

扶贫济困也是我们的重要工作。我们给吉汝的群众送去了太阳能发电，牧场是移动的，有了太阳能发电，牧民的生活会更加舒适；拿出资金教藏族同志种蔬菜、搞养殖、搞销售；牵头新办了县林下资源加工厂，收购老百姓手中的中草药材，让群众有了更大的实惠（部分中草药材的价格得以提升）；拿出一部分资金送给群众，解决他们生活的困苦；同时支持部队建设。这支部队是边境部队，承担了守土有责、守土尽责的责任。

援藏期间也遇到不少困难。一是高原海拔高、缺氧。亚东县城还好，不到 3000 米，但是我们要去拉萨和日喀则出差、开会，车子一发动就开始爬坡，到帕里时是海拔 4300 多米，到堆纳乡已经是 4500 多米了，中间还要越过山口。这些山口其实就是喜马拉雅山脉南坡和北坡的分界点，向南有印度洋暖湿气流，但是向北就是高寒缺氧。所以，亚东县堆纳、吉汝、康布、帕里的气候条件非常差，只有上亚东、下司马和下亚东气候条件好一点。二是下乡进村。县城以外有很多村，我们要了解情况，去搞基本建设和扶贫扶智，就必须下乡工作。三是语言关。县城的很多干部会说普通话，也讲得蛮好，但是走乡进村必须带上"翻译"，很多老百姓不会说普通话，带上翻译才能沟通。四是工作习惯。每逢放假一回来，白珍就对我说：领导，我们想吃个"收心饭"，喝个"收心酒"。我就好奇地问："什么叫收心饭、收心酒？"他们说："放假时间长了，心思一下子收不回来，需要吃个饭、喝个酒才能收得回来。"那我就请客，让他们收心回来，安心工作。五是每个人都要学会"独处"。在上海，上班有同事，下班有家人，24小时都有人陪伴。在西藏，下了班就是自己一个人了，从第二年开始我们援藏干部有个小食堂，韦明县长把自己的通信员培养成厨师，给我们做饭。那时没有宽带、微信，只有通过电话线上网，下载电影是不可能的，连上一个"猫"，可以用QQ。六是边境情况比较复杂。七是饮食关。进藏时，水土不服，海拔太高，几个援藏干部都睡不着，靠吃安眠药入睡，伙食也不适应。八是向上积极争取。援藏干部除了做好援建工作，还要做好本职工作，就是职务工作。我们要积极向地区、自治区争取政策和资金的支持。

援藏收获：有良师，有益友，更有藏区百姓的满满情谊

三年援藏，结交了很多良师益友。一是朱喜林同志。金山派出干部就我们两个人，他大我10岁，属龙，带着我进藏，处处关心我。同时他也是小组中岁数最大的，我们都亲切地叫他"大哥"。喜林为人谦逊，有很强的经济工作经验，进藏后很快增补为常务副县长（原来是县委副书记）。我进藏时只有27岁，喜林同志一路帮助我成长，教我在工作中如何和藏族同志相处，教我如何应对各种复杂、疑难问题。在藏3年，回沪16年，他一直是我尊敬的好领导、好朋友。二是韦明同志，是亚东联络组组长。他是1969年生的，少年老成，自制力极强，在亚东任县长（主持县委工作）和县委书记期间，为全县做了大量卓有成效的工作，深得亚东干部群众喜欢和爱戴。他对我们援藏小组的同志也非常关心。韦明同志大局意识强，从来不以援藏干部自居，也提醒我们，援藏是个历程，而不是资本。我在亚东的援藏战友还有马庆、郁林、李友钟、朱顺军、许峰、庄惠元等。

当然还有很多当地的好朋友，每一个名字的后面都有一堆故事和美好的回忆。比如王平、赵建平、黄富成、胡钰隆、仓多、杨家良、范吕贵、于大姐（老范的爱人）、林业局巴桑、赵云、王仕香、王仕光兄弟，等等，这里不一一

枚举，由衷表示感谢。特别感谢我在西藏的驾驶员格桑师傅，每一次回西藏都能碰碰头、说说话、叙叙情。

离开西藏已经 16 载，其间回去过 4 次，一是 2008 年金山区党政代表团看望第五批援藏干部，二是市水务局组织考察，三是陪妻子张薇去看过一次，四是 2018 年带着两个女儿去看看西藏。每去一次，都心潮澎湃，毕竟这里是自己战斗过、工作过的地方。

我对西藏、对亚东的热爱源于我朴素的情感。在我年轻的时候，有机会在西藏工作 3 年，奉献过青春，为亚东、为百姓努力工作过，我非常自豪。我无时不在想念亚东的山山水水、草草木木和热情的人民。刚刚返沪的前几年，经常在梦境中回到亚东，魂牵梦绕。我甚至考虑过退休后每年去常住一段时间（亚东非常适合避暑，年最高气温大概在 23—25 度，基本不穿短袖）。

离别那一天，白云（白玛玉珍）咬着耳朵对我说："局长，待会大部队送行找不到我们不要急，我们会碰面的。"车队开到多庆湖，我们被拦了下来。我一看眼泪就下来了，全局的同事都在，全部藏装，格桑师傅用一件军大衣将吃的东西包住（保温）。白珍、白云、边巴、晓芬看见我已是泪流满面，大家排队给我们敬献哈达、敬青稞酒，一群人簇拥着我，格桑、索朗达娃、小彭几个男同事也是眼泪汪汪。我无法控制自己的情感，面对着多庆湖跪了下来，手抓两把黄土，号啕大哭。大部队要启程了，他们还是舍不得放开我的手，直到曲珍书记相劝才松手。此情此景，终生不忘。

西藏，亚东，我的第二故乡，祝愿越来越好，繁荣、富裕、美丽！

在西藏的那些人、那些事

顾志雄，1966年11月生，现任金山区民防办公室党组书记、主任，金山区人防办主任。2004年6月至2007年6月，任西藏亚东县委常委、常务副县长，西藏亚东仁青岗边境贸易市场管理委员会副主任。

口述：顾志雄
访谈：姚　盛
整理：姚　盛
时间：2020 年 4 月 20 日

　　西藏，被称为人类世界最后的"净土"。由于其特殊的自然条件，被披上了神秘的面纱。中央第三次西藏工作座谈会后，中央和国家机关以及全国各省市拉开了选派干部支援西藏的序幕。从 1995 年起，援藏干部三年一轮，主要在地市、县级党政机关任职工作。1998 年 4 月，在上海第一批援藏干部任期届满轮换前夕，我作为上海市委组织部考核组一员来到西藏日喀则地区，参加了第一批援藏干部考核工作。虽然这次进藏只有短短的 10 天时间，但青藏高原特有的民族风情给我留下了极其深刻的印象，援藏干部特有的"老西藏精神"（特别能吃苦、特别能战斗、特别能团结、特别能奉献）给我留下了极其深刻的印象。也正是这一次的西藏行，感受到了藏族同胞们的热情，也看到了藏区发展较慢的现状，让我萌发了接力前辈脚步参加援藏的祈愿。我还清晰记得考核结束离开西藏前夕，当时的西藏自治区政协副主席兼地委书记平措同志亲自为我们送行，平措书记亲切地对我说："你还很年轻，欢迎有机会来西藏工作。"2004 年，我的愿望终于成真，开始了为期三年的援藏之行。

"上山下乡" 的日子里

我曾经在金山区委组织部从事干部工作，当然也包括选派援建干部。在选派援藏、援疆、援滇等干部工作中，我不仅被援建干部的牺牲精神、奉献精神所感动，而且也一直希望自己能成为一名援建干部，经受艰苦环境的考验和锻炼，丰富自己的阅历和经历。所以当被组织选派援藏时，我就做好了充分的思想准备。2004 年 6 月 4 日，我们上海第四批援藏干部带着上海人民的嘱托，踏上了援藏的征程。

进藏第一天的情形还历历在目。6 月 5 日中午，我们到达西藏拉萨贡嘎机场，一下飞机，就受到了西藏自治区党委、政府的热情迎接。我们当时是和山东援藏干部同时抵达，稍事休整后，就直奔日喀则。拉萨距离日喀则 300 多公里，越野车也要开 4 个多小时。记得大约开了两个小时，整个车队停了下来，在路边开阔的草地上，地委行署干部给每个人分发糌粑、酥油茶、鸡蛋等干粮点心，我们当时还坐在车上，有的同志在欣赏沿途的美丽风景，有的同志晕晕乎乎，开始高原反应。哦，午餐时间到了，这是我们进藏后的第一顿午餐——路餐（后来才知道，路餐是西藏当地干部群众最常见的用餐方式）。下午 5 点左右，我们一到日喀则地界，就受到了当地干部群众的热烈欢迎，一路上载歌载舞，敬献哈达，几乎是倾城出动，令我们每一位援藏干部深受感动，更激发了我们不辱使命，做好援藏工作的信心和决心。

弹指一挥六年间，当我再次踏上这片土地时，西藏已经有了很大的变化，到达援藏工作地亚东县后，我处处体会到当地藏族同胞们对来自上海援助的感激。我经常告诫自己：援藏工作，组织寄予厚望，人民寄予厚爱，我们要对得起这一切。

按照工作安排，我们上海的青浦、杨浦和金山对口支援日喀则地区亚东县。2004 年 6 月，日喀则地委任命我为亚东县委常委，经亚东县人大常委会讨论决定，任命我为亚东县人民政府常务副县长。金山另一位援藏干部方浩同志在地区农牧局任副局长。为了尽快进入角色，一到亚东县，我就和其他 4 位援藏干部一起克服剧烈的高原缺氧反应，把考察基层政权建设情况和经济发展

◀ 下乡调研

现状，掌握群众的生活环境和生产情况，作为自己开展工作的第一步。我用了一个多月时间"上山下乡"，深入乡镇农村了解县情民俗，走访边防哨所感受军民友谊，查阅文件资料熟悉政策法规。这一个月让我收获颇丰，了解了亚东的基本情况，掌握了大量的第一手资料，为自己做好三年援藏工作奠定了扎实的基础。

亚东县地处西藏南部、喜马拉雅山脉中段南麓，平均海拔3500米以上，县城处于山下的河谷地带，海拔大约3000米（俗称亚东沟），而乡镇则在山上，山上山下的落差极大，对心肺功能的影响比较大，所以每次去乡镇走访或是开展工作，都要经历一次"磨炼"。记得自己第一次去吉汝乡调研（亚东海拔最高的乡，4500米以上，终年积雪，含氧量不足50%），坐在烤着牛粪取暖的帐篷里听书记、乡长汇报工作，寒冷加上高原反应，才5分钟就感觉缺氧严重，歇了一段时间才慢慢缓过神来。当时我在县里主要负责经济发展、城市建设和政法等工作。通过调研、深入分析，从历史维度来看，亚东是商贾云集的经贸集散地，群众的文明意识、开放程度较高，接受新思想、新观念的意识较强；从环境地域来看，亚东与印度、不丹接壤，有着独特的自然环境和战略地位，被称为"最具战略地位的边疆名城"，特别是恰逢亚东口岸恢复开放的发

◀ 开展招商引资工作

展机遇，会为亚东的经济发展带来巨大利益，而且对西藏乃至祖国西南地区外贸发展都将有巨大的经济和战略意义。因此，在充分调研的基础上，我提出了"大力加强招商引资，重点扶持龙头企业，着力改善基础设施，确保维护社会稳定"等工作思路，通过依法行政、提高效率、转变职能、强化服务、降低成本等一系列措施形成"小政府、大服务"的良性运行机制。

在县委、县政府领导的大力支持下，我与其他同志一起积极招商引资，争取和利用有限资金逐步改善亚东的城市面貌，加强城市管理的软件建设。三年里，我们援建了亚东县的上海花园大酒店，这座酒店是当初上海十年援助亚东的最大项目，于2006年7月建成开业，不仅增添了城市建设的亮点，而且极大改善了投资环境。酒店虽然只有三星级，放在内地不算什么，但在亚东已经成为当地发展旅游经济的重要一站。酒店总投资1100多万元，其中300多万元属于社会资本投入，可以说探索了一条上海援藏资金同民间资本相结合的发展新路。我积极协调，妥善解决了帕里边贸公司经营机制问题，通过土地出让和承包经营，从原来亏本经营变为每年正常上缴财政承包费。通过招商引资，吸引民间资本改建闲置多年的老亚东宾馆，盘活了存量资产，并从2007年起实现了财政增收。在招商引资工作中，我深刻感受到那几年招商引资工作之所以能够取得较大突破，其中的一项关键因素还在于亚东迎来了难得的发展机遇，即将成为西藏发展的热土，也就是边贸、口岸恢复开放，作为当地政府，就是要敢于抓机遇，善于抓机遇，以诚信赢得客户，打造诚信政府。

世人瞩目的乃堆拉

一个国家对外开放的落脚点在于参与世界分工，扩大对外贸易顺差。我所提到的边贸口岸，就是西藏亚东乃堆拉口岸，历史上就是中印陆路边境最大的通商口岸，也是世界上海拔最高的陆路贸易通道。

20世纪30年代，英国地质学家伊斯顿在《穿过锡金和西藏到珠穆朗玛峰的一条少人问津的大道》中描绘了中国通向印度的边界关口，那里冰雪覆盖，须有一头驴在前开道，才能知道路在哪儿。旅行者"一次又一次鼓起勇气希望最后一个山峰已经过去，却看到前面总是出现另外一个……山外有山，沟外有沟，黄色秃顶的山脉延伸……它们后面，涌现出一座万丈高的雄伟尖锥冲刺蓝色的天空，多么难以形容的、终年积雪的珠穆朗玛——群山的圣母"。

乃堆拉山口海拔4500多米，藏语里"乃堆拉"的意思是"风雪最大的山口"，但"高处不胜寒"却并不适合用来描述它。两国边民在乃堆拉山口互市贸易由来已久，由于交往频繁，不少边民语言互通，风俗习惯相近。1962年后中断贸易和通行，一断就是40多年。

进入21世纪，随着中印两国关系的改善，重启乃堆拉口岸和边境贸易被提上议事日程。看好边贸的前景，还因为我希望当地农牧民的日子真正好起来。当年亚东县农牧民的年人均收入2700多元，虽超过全国平均水平，但还是低。边贸发展起来可能就不一样了，农牧民能从外贸、旅游、餐饮等第三产业中得到真正的实惠。当年我也做过测算，预计到"十一五"末，亚东县的GDP至少有一半能由边贸贡献。乃堆拉边贸市场的设立，不仅会造福两国边境地区人民、促进本地区的开放与发展，更将为中印经贸关系注入新的活力，开辟新的渠道。

2005年，中印两国政府决定，恢复开放亚东边境贸易，为口岸开放打好基础。作为这一重大事件的参与者和见证者，我深感使命光荣、责任重大。承

◀ 在乃堆拉山口迎接中国驻印度大使

蒙组织信任，当时我在县里主持县政府工作（县长在海关总署挂职），全程参与了这项重大工程。2005 年 10 月，根据上级指示，由西藏自治区人民政府副秘书长孟扬同志为团长，由自治区商务厅、商检局、海关、日喀则行署、亚东县政府 6 名同志组成代表团赴印度洽谈开放事宜。后来我经常跟同志们打趣说：虽然我在县政府的办公室距离边境只有数十公里，但因边境未开放，就只能从亚东坐车到拉萨，从拉萨飞北京，在北京坐国际航班飞印度，再经由印度首都新德里—加尔各答—甘托克抵达印度边境一侧，辗转一万余公里（真正体会到了"外事无小事"的含义）。我们与印度政府商工部、海关、地方政府、军方进行了多次谈判，确定了开放总体框架、贸易清单。回到北京后，在孟扬团长的亲自指导下，我起草了关于西藏亚东开放边境贸易的报告上报中央有关部门，不久获得批准。

2006 年 7 月 6 日，中国和印度重新开放乃堆拉山口，恢复了两国中断 44 年的边贸通道。当时，沿山腰临时搭建的仁青岗市场总占地面积约 6400 平方米，共 100 多间商铺和摊位。附近边防、海关、银行、邮政、停车场、招待所，一应俱全。记得有一位江苏商人告诉我，他手提两大包国产新款遮阳帽，前往印方边贸区，两包货两小时就被抢光了，原本 10 元一顶的帽子最后卖到了 50 元一顶。你可以想象，印度那边对中国商品的需求其实是很旺盛的。而一些印度商人告诉我，大多数印度商人看好乃堆拉山口这条昔日的"黄金通道"。国内的商人们大都在亚东租房子，到市场十几公里路，算是十分近的。为了方便没车的商人，县城和市场之间还开通了大巴。那时候的亚东县城，一改往日的静谧安逸，变得车水马龙、一铺难求。

随着中印重开边贸通道，44 年来横亘乃堆拉山口的铁丝网被双方合力剪断，这条中国通往南亚的"丝绸之路"开始重新焕发光彩。虽然开业初期规模不大，但其象征意义令全世界关注。有媒体以赞赏的口气写道，从此，中国的丝绸可以途经这里进入印度，为印度妇女的纱丽增一份亮丽；印度的咖啡可以途经这里进入中国，为中国人的餐桌上添一杯浓香。当时我也有幸接受了中央电视台、《环球时报》《解放日报》等新闻媒体的采访。

亚东的边贸恢复开放已过了 15 个年头，从现在的视角看历史，我感到亚东的边境贸易前途是光明的，但道路还是曲折的。两国外交关系起伏，交易清单短时期内无法拉长，贸易量还无法快速增长。我还记得 2006 年 7 月 5 日，那是开关边贸开放的前一天，我作为亚东县代表与印方代表磋商，希望将互市范围扩大到除了国家禁止进出口的货物，其余都可交易。可惜，磋商没有成功。好在双方都已注意到了这个问题，磋商还在继续。我相信，随着时间的推移，乃堆拉边境贸易一定会有大的突破，成为中印友谊、合作和共同繁荣的纽带。

时常惦记的亲人们

在西藏工作期间，我深深感受到亚东人民对上海援藏干部的感激之情，也想尽一点绵薄之力，为藏族同胞献一份爱心。我请镇上同志牵线，与一对生活困难的藏族老夫妇结对帮困。阿香格桑是下司马镇（亚东县政府驻地）的普通居民，老夫妇有两个孩子，书念得都很好，分别考上了北京和天津的大学。但也正因为两个孩子很有出息，在大城市念书开销比较大，老夫妻俩的生活就有些拮据了。我时不时就会去阿桑家里坐坐，塞点生活费，聊聊家常，虽然语言不是很通，需要当地干部翻译，不时还要做做手势，但时间长了，大家心贴着心，相互牵挂着，算是真正亲了起来。记得我援藏结束回上海的那天，阿香格桑一个人特地来送我，由于语言不通，什么都没讲，只是硬要把手里提着的鸡蛋、青稞、糖果塞给我，对他们来说，这些是最好的礼物。握手分别的那一刻，我和阿桑都饱含着泪水……

在和藏族同胞一起过藏历新年、一起工作和生活的三年里还有很多美好的回忆。我参加援藏工作时，女儿正是上初中的年纪，因此每当看到藏族小朋友，我总会想起远在家乡的女儿而倍感亲切。在走访乡镇工作中，我也了解到有一些藏族学生的家庭很贫困，但光靠我们几个援藏干部，力量又十分有限，于是我就萌生了为家乡"好心人"牵线搭桥的想法。2004 年冬季，我回上海休假期间，专门拜访了时任金山区工商联主席的倪向军同志、副主席张定良同志，得到了两位领导的大力支持，他们动员金山的企业家资助西藏贫困孩子，许多朋友热烈响应，短短几天，就有金山区的 28 名企业家和志愿者与亚东帕里镇小学的 28 名小学生结对帮扶，为期三年（2005—2007 年）。2005 年春天，由时任金山区工商联党组书记的江海平同志带队，20 多位企业家专程赴西藏亚东帕里镇小学，举行了隆重的结对帮扶仪式，受到了帕里全镇人民的热烈欢迎。尽管每年给予孩子们经济上的资助并不太多，也大大改善了他们的生活。援藏回来 10 多年了，我依旧保留着这 28 名孩子的名单和联系方式，有些企业家还和孩子们一直保持着联系，听说前几年有人组织去西藏看过孩子们的近况，我因工作繁忙没能参加，真是挺遗憾的。2019 年底，碰到其中一位当年结对的企业家时，她提议 2020 年能否搞个活动，看看 15 年后孩子们的发展。听到这个提议，我很感动和感慨：一朝结对，一生牵挂！希望能成行圆梦。

如果说三年是人生长河中的一瞬间，那么援藏的三年虽然短暂，却是令人终生难忘的瞬间。在这三年中，在日喀则地委和行署、亚东县委以及上海援藏干部联络组的正确领导下，在上海市金山区委、区政府的大力支持下，按照援藏工作的总体目标和要求，我和当地干部群众一起，发扬"特别能吃苦、特别能战斗、特别能奉献、特别能团结、特别能忍耐"的老西藏精神，努力工作、艰苦创业，扎扎实实地为群众办了一些实事，为建设亚东、服务百姓做了一些工作，为巩固边疆稳定、增进民族团结、促进边境县经济和社会发展发挥了一定的作用。直到现在，我还会经常收看西藏电视新闻，经常浏览亚东县政府网站，时常会想起在西藏的那些人、那些事⋯⋯

在回忆援藏工作的时刻，我要特别感谢市、区各级领导的关心关爱。援藏期间，母亲住院开刀，2007年2月不幸病逝，市委组织部、第四批援藏联络组、金山区委领导第一时间给予关心慰问。援藏工作期间，时任区委书记李毓毅同志、时任区长郝铁川同志、时任区政协主席沈效良同志分别率代表团专程赴西藏看望慰问我们援藏干部，时任区人大常委会主任李金生同志带队专程上门慰问家属，送来组织的关心和关爱。

最后，我还是引用离开西藏时的临别赠言作为结束语：

漫漫援藏路，悠悠沪藏情，三载献高原，无怨亦无悔！

我对这片土地爱得深沉

方浩，1968年2月生，现任金山区民政局党组书记、局长，区社会组织管理局局长。2004年6月至2007年6月，担任西藏日喀则地区农牧局党组成员、副局长。

口述：方　浩
采访：顾诗意
整理：顾诗意
时间：2020 年 2 月 15 日

　　1994 年，中央第三次西藏工作座谈会制定了"分片负责、对口支援、定期轮换"的援藏工作方针，确定上海作为对口支援西藏日喀则地区的省市之一。根据中央的战略部署，上海市委自 1995 年 5 月起向西藏日喀则地区的江孜县、亚东县、拉孜县、定日县、萨迦县以及地区机关、直属单位输送中青年干部作为援藏干部。2004 年 6 月 5 日，我们第四批援藏干部带着市、区领导和家乡人民的嘱托，从遥远的黄浦江畔来到雪域高原雅鲁藏布江源头的日喀则，开始新一轮的三年对口支援工作。

"日喀则，我来了！"

　　2004 年，我从原单位——金山区检察院被借调至区委组织部干部科工作，当时我负责的就是第四批援藏干部的选录工作。那一年我 36 岁，年纪比较轻，身体素质也不错，在看到招录通知发布以后那么多同志报名时，我自己也心痒痒的。都说那里条件非常艰苦，究竟是怎么样的情况？我们上海的干部到了那边，能为当地的群众带来多少福利和变化？为什么援藏回来的干部都对那边充满了留恋与不舍？那个地方究竟有什么迷人之处？这样想着，我越发想去西藏看一看、闯一闯，于是我也报了名。当时有两个岗位，一个是亚东县委常委、常务副县长，我报名的是另一个即日喀则地区农牧局党组成员、副局长，都需要先体检，再面试，面录比是三比一。由于第一批体检很多同志没通过，与我一起面试的同志换了一批，其中有一位同志是学农出身的。我想，自己被选上的概率估计不大。正巧这个时候检察院通知我在 4 月底的时候去参加疗休养。结果到海南的第二天，区委组织部的电话就过来了，让我马上回来参加市委组织部对援藏干部的面试。我赶紧与当时疗休养带队组长请假，买了机票连夜赶回了上海，所以当时的面试准备得比较匆忙。4 月底，我接到通知说面试过了，悬了好久的心终于落地了：西藏，我终于要来了！我马上就开始着手准备进藏物资，因已是 4 月底，冬季御寒衣物在金山都买不到了，我特地赶去市百一店买羽绒大衣、羽绒背心和羽绒裤。

6 月 4 日，我们从上海展览中心出发了。当时上海到拉萨还没有直飞的飞机，我们先去了成都，再转机飞拉萨。刚下飞机，我的第一感觉是：这儿的阳光，可真刺眼！使劲儿挤了挤眼睛，我才看清迎接我们的群众。载歌载舞的藏族同胞，满眼的白色哈达，一长溜停在那儿接我们的汽车……原本还有些许忐忑和不安的我，因为眼前这番热闹的景象，负面情绪马上就一扫而空，取而代之的是想要在这片天地大干一场的想法！"日喀则，我来了！"血气方刚的我大声喊出了这句豪言壮语，既是为自己加油鼓劲，也是向大家言明志向。

在简短的欢迎仪式之后，乘坐的汽车一路开出了机场。在来之前，我所看到的关于西藏的介绍和图片，都是一望无际的蓝天白云，风景绝美的冈仁波齐，充满人文气息的布达拉宫和大昭寺……可是一边走，我一边发现，这路越来越荒凉，越来越不好走，和我想象中的"岁月静好"完全是两码事。当时318 国道正在修缮，我们车队走的是另一条 304 省道，一路上连个休息、吃饭的地方都没有。一直到下午一两点，车才停下。司机师傅从后备厢里拿出来了早就准备好的酱油蛋和面包，每人 2 个酱油蛋、1 个面包，我们就站在车外开始了西藏的第一顿午饭，匆匆吃完，继续赶路。

感叹！

一路过来，我感到当地群众对我的欢迎是真心的，那种发自肺腑的感谢之语和欢迎之词，让我感受到了肩上的责任重大，也对未来的援藏生活充满了期许。可不多一会儿，"理想是美好的，现实是骨感的"，当地条件之艰苦，就给了我一个下马威。

我的宿舍在单位的小院里。刚进屋的时候，我还奇怪：床怎么是放在中间的，没有靠墙呢？原来这屋下雨的时候，四面漏水，要是靠墙，床就会全部湿透；五斗橱也特别破旧，看着就像是谁搬家时扔了的家具。我记得，我是几个援藏干部里最晚被安顿入住的，因为就是这样的条件，也是他们修缮和准备了好久的。后来，领导还特地到我的宿舍来看过，摸过墙壁和被褥，语重心长地说：小方，东西倒都是新的，他们也是踮起脚来做了最大努力了。领导时刻关心我们援藏干部，让我感到特别温暖。我心想：苦就苦点！本来我也没打算到这里来享福。组织这么关心我、相信我，我一定要好好干出一番事业。

9月，全国基本农田大检查的时候，由自治区农牧厅、国土厅两个副厅长带队，集合拉萨市、日喀则、山南、林芝、那曲等四地一市组成了一个检查

◀ 亚东县下乡途中

组，历时一个半月，去检查基本农田保护，我也有幸走过了有生以来最颠、最差的路。记得当时有一段路，整整 12 个小时，我们才走了 400 多公里，与其说是路，不如说是泥坑，根本没有什么东西铺路。我记得最危险的路，是到林芝的朗县，雅鲁藏布江的中段，越野车过去以后要倒一倒才能拐弯，否则根本过不去。我就这样深入了西藏最一线、最基层的区域去考察基本农田保护工作，现在回想起来，仍然忍不住感叹当时条件之艰苦、工作之不易。

除了客观条件的艰苦，所有援藏干部还要面临的一个难题就是高原反应。一直自认身体还不错的我，到了那边仍是觉得影响不小。最大的感受是，没有办法爬楼梯了，只要走上半层楼，就要扶着扶手大口喘气，不然就觉得透不过气来；开会时候发言、作报告，也是没法儿大段陈述，讲上一会儿，就得停下来休息一下，不然就会觉得脑缺血。大家为了适应当地的环境，都吃了不少苦头，有些甚至在回来之后还落下了病根。

"靠山吃山，靠水吃水"，这话说得真是不错。西藏风景秀丽、人杰地灵，但农用土地在这里实在是珍贵且稀有。很小的一块土地，当地农民好不容易开垦起来，都要用石头垒上围墙，怕牲口把青苗给吃了；湿的地方种上青稞，干的地方种上玉米，把能利用的角角落落都用上了，可看天吃饭的西藏农民有时候一年的收成都还没有种子多。我不禁感叹：在这里讨生活的农民，实在是太不容易了！一个多月下来，日喀则的 18 个地县我们都跑遍了，每天这样颠簸，晚上浑身酸疼得简直无法入睡，躺在床上时，甚至觉得天花板都是晃的，整个人昏昏沉沉的。但即使如此，我也没有和同事们说过苦、喊过累，生怕他们考虑要照顾我而放慢行程，影响我们整个组的工作进度。现在回想起来，这段经历真是我人生中的一笔宝贵财富。在这之后就没有什么困难会让我觉得自己过不去了，也没有什么问题会让我觉得解决不了了。迎难而上、知行合一，成了我往后工作生活中的行事准则。

授人以渔

当时跟我们一起去的有一位南汇区（现划归浦东新区）农委的干部，他把南汇的 8424 西瓜和哈密瓜引进到了那边，不仅如此，他把上海的瓜农都带过去了。拉孜那个地方干燥，昼夜温差大，砂性土，种出来的瓜好吃，特别的甘甜。没想到西藏种出来的瓜竟然比我们上海种的还要好吃。2005年第一批瓜出来了，我兴致勃勃地带着拉孜的8424瓜去拉萨展示，卖8元一斤，这在当时算是天价了吧？我们也挺没有底气，生怕滞销。没想到"酒香不怕价格贵"，我们切了一点给大家试吃，由于西瓜在拉萨算是稀有品，而且这个瓜的口味真的是清甜甘洌、清脆爽口，大家尝过以后，没有一个不夸好吃的。最后居然供不应求，卖到脱销。现如今，拉孜的8424西瓜已经发展成了当地的产业，成为当地农民创收的一个重要途径。这可以算是我参加的第一个为西藏人民留下宝贵财富的援藏项目，也给我留下了十分深刻的印象。

当时我带到西藏的援藏资金有110万。受到南汇这位干部的启发，我觉得"授人以鱼不如授人以渔"，一定要给当地带来长久收益。基于这样的想法，我牵头建立了一个亚东县花开种植基地，专种绣球花。它喜温暖、湿润和半阴环境，生长适宜温度是18—28摄氏度，西藏条件适宜。"正是红稀绿暗时，花如圆玉莹无疵"，歌咏的正是绣球花。这种花比较好养，盛开的时候特别绚烂，像玉球一样饱满无瑕，符合西藏人民的审美，广受喜爱。当时这花便宜的一盆卖100元，贵的可以卖到300元，在日喀则、拉萨都特别畅销。这个亚东特色

► 亚东县下乡途中

花卉种植暖棚项目还被评为优良工程，也是组织对我工作的一种肯定。

原本没有农业相关工作经验的我，在日喀则工作了一段时间以后，算是对三农工作有了基本的概念和粗浅的了解。一直长在城市里的我，对农民的辛苦和农业工作的繁重有了更加直观和深入的认识。我们农牧局有一个4000亩的种植基地，专种紫花苜蓿。农牧局有员工常驻在那边工作，十分艰苦。有次去那边考察时我看到了他们正在使用的拖拉机，其破旧程度超出我的想象——那还是我们国家第一批生产出大型拖拉机的时候，内地支援给西藏的。用了好几十年，很多零部件坏后都找不到了，是工人师傅自己琢磨以后，手工打造零件，维持着机器的运转。我跟那里的员工聊天得知，这台拖拉机在整个基地都是十分重要的物资了。于是回来后，我左思右想，积极向上海争取，最终给基地换了两台新的拖拉机。记得新的拖拉机刚运到基地的时候，工作人员的喜悦之情溢于言表，他们小心翼翼地摩挲着机身，一边感叹最新工艺的精巧和先进，一边畅想未来农耕工作的方便和高效，那种发自内心的快乐也把我深深感染了。那是一种对工作的热爱和执着，驱使着他们坚守在这片土地上，不畏困苦、不畏艰难；那是一种对家乡的深情和眷恋，鼓舞着他们耕耘在这片土地上，奉献热血、奉献青春。

◀ 举办先进性教育活动

此后，为配合地区农牧局新建办公大楼，援藏项目资金还被用于购买车辆、办公用电脑等办公设施，大大改善了全局系统的办公条件。另外，我还想方设法从其他渠道努力争取援藏资金和物资。其中，从金山区另外争取到捐款 30 万元；从金山区农委争取到电脑 1 台；从上海市援藏物资中除了之前争取到大型拖拉机 2 台外，又添置了电脑 1 台，电视机 1 台。物资总价值 17 万余元。

2005 年，在全党开展保持共产党员先进性教育活动期间，局里又安排我担任了全局系统第一、第二批先进性教育活动领导小组副组长兼先教办主任，具体负责全局系统的先进性教育活动。我局是自治区先进性教育活动的联系点，各项工作要求都很高，材料多、汇报多、检查多、现场多、接待多。在近一年的时间里，我几乎放弃了所有的双休日，全身心地投入到了这些工作中去，安排好所有大大小小的会议和接待，批改每一份简报，起草所有文件和汇报材料，安排、督促和检查下属各事业单位活动开展的进度和效果。在这次先进性教育过程中，我对西藏的干部也有了更为深刻的认识。我发现他们是非常讲政治、讲原则、讲党性的，对先进性教育活动开展的方式方法，都很有自己的思路；而在教育以后的所思所想，他们也是言之有物、言之有情。这让我感受到，不只是我们援藏干部在把先进的技术和援助的资金送去西藏，他们也在用自己的工作态度与为民服务的敬业精神感染着我们，也使得我先进性教育的文字材料更为丰满和生动。可以说，这次教育的成果丰硕，多项工作得到了自治区领导、自治区督导组领导和巡视组的肯定和表扬，一些好的创造性做法还在全自治区得到推广。先进性教育活动结束后，我局党组被评为先进集体，并有两名同志被评为先进个人。

午夜梦回之地

三年援藏，三年奉献；三年付出，三年收获。我把一生中最美好、最有价值的三年献给了西藏，献给了日喀则。我相信每一位援藏干部都会有一份特殊的情怀，不仅仅因为那是一段珍贵而难忘的人生经历，更是因为在那片土地上，我们用心战斗过、用心付出过，我们把那里视作第二故乡。

　　三年援藏收获颇多。首先是吃苦耐劳的精神得到深层锤炼，西藏的生活和工作条件跟上海是没法比的。经过三年的磨炼，面对高原生活的各种不适应，我最终圆满完成了援藏任务。我想：今后还有什么艰难困苦是我不能战胜的呢？其次是对少数民族的感情更深刻了，民族大团结的意识更加浓厚了。在来到西藏以前，民族大团结还仅仅停留在我的理论层面，但是到了这里以后，我切身感受到少数民族群众的淳朴、热情、勤劳、好客，我被深深感动着，也对他们投以最真挚的感情。

　　离开西藏已经十多年了，可是在午夜梦回间还常常能想起那里的人、那里的事。我仍然喜欢在闲暇时听一听西藏的歌、看一看西藏的画，和朋友及孩子讲讲我当年在日喀则的所见所闻，聊起那片神秘且遥远的土地上的人和事。2018年10月，我跟儿子自驾去了一趟西藏，我当年援藏的时候他还小，现在他已长大成人，我很想带着他去看看当年我战斗过的地方。到了日喀则，看到那里天翻地覆的变化，就像看到自己的孩子健康成长，我心中是震惊而兴奋的。震惊于它的变化之大，欣喜于它的变化之好。感谢组织给了我这样一段难忘的人生经历，让我有机会参与西藏发展，为西藏人民贡献微薄力量。我会将雪域高原留给我的美好回忆珍藏心底，继续砥砺前行。

高天厚土寄深情

　　罗华品，1976 年 11 月生，现任上海市绿化和市容管理局野生动植物保护处（湿地和自然保护地管理处）处长。2007 年 6 月至 2010 年 5 月，担任西藏亚东县委常委、常务副县长。

口述：罗华品
访谈：曹建坤　王樱茜
整理：曹建坤　王樱茜
时间：2020 年 3 月 20 日

　　我是大约 2007 年 5 月接到组织正式通知援藏的。那时候，我到廊下工作时间还不到一年，一开始主动报名，说实话，根本没想过组织会选中自己，对西藏也是完全没有了解，只是单纯地觉得自己符合援藏条件，应该响应组织的号召。所以，接到正式通知，我几乎完全没有心理准备。我爱人知道消息后，其实是有一点顾虑的。当时我女儿只有 2 岁多一点，照顾孩子的压力还是蛮大的。但是，我爱人没有过多地表现出来，还是默默地帮我准备着去西藏需要的所有东西。

　　2007 年 6 月 7 日，是离开上海的日子。市委在上海展览中心为我们组织了隆重的欢送仪式，我们所有援藏干部家属和单位的领导也都前去送行。欢送仪式结束后，大家分批坐上前往浦东机场的大巴士。其实那天早上出发的时候，我和我爱人都说好了，大家都不能哭，但是当时大巴士启动的那一刻，想着就要去一个陌生的环境度过漫长的三年，充满着太多的未知，加上现场许多家属都忍不住掉下眼泪，自己终究也没有忍住。在浦东机场简单吃了点东西后，在陪送团的陪伴下，我们就乘机到成都了，当天晚上我们住在成都西藏大厦，那里也是西藏驻成都办事处的地方。在成都休整一晚后，第二天我们就直飞拉萨。从拉萨下飞机后，来接我们的地区和县的领导已经等候在机场，没做过多的停留，我们一行就直奔日喀则。几十辆越野车排成长队，一路上浩浩荡荡去往日喀则。日喀则的欢迎场面也是十分隆重，从进入日喀则市区开始一直到住地山东大厦酒店，沿街两边全是身穿藏服藏袍、挥舞鲜花来欢迎我们的藏族同胞，那么宏大的场面，难以用语言来形容。感动之余，我也暗暗下定决心，一定要努力克服困难，全身心投入援藏事业，绝不能辜负沪藏两地各级组织和藏族同胞的期待。我们在日喀则停留了两天，然后就在各自县领导的带领下到了县城，开始了三年援藏生活。

缺氧不缺精神

我在援藏期间担任的是亚东县委常委、常务副县长，在党委班子中分管城建和商贸，在政府班子中协助联系稳定、公安工作。同时，在联络小组中，我主要负责援藏项目。按惯例，落实好三年的援藏项目是主要工作内容。为了尽早推动项目实施，我们和第四批援藏干部交接好后，克服进入高原的种种不适，就迅速投入到了调研工作中去。我们当时的调研，其实是两条线同步展开的。一条线是我们新一批援藏干部到了以后，要到各个部门、乡镇走访，了解面上的大体情况，听取对援藏工作的意见和建议，也尽快熟悉当地的风土人情。另一条线就是做项目调研，这项工作要求比较高。按照当时中央西藏工作会议精神，援藏资金要做到"两个倾斜"，所以，我们调研的目的地大多都在农牧区、乡村。对我们来说，考验最大的就是到村里面去调研，特别是堆纳和吉汝那边的几个自然村，海拔高、路途远而险。我记得第一次下乡调研的时候，车子开在半山腰，我感觉车子的半个轮子都是悬空的，全程提心吊胆，不敢睡觉也不敢睁开眼睛。由于我在小组中主要负责援藏项目，为了把情况搞清楚，我在不到半年的时间里，把全县所有的行政村和80%的自然村都跑遍了，这也为后来能够顺利完成项目规划编制和第一个启动援藏项目打下了坚实的基础。

从农牧民最急需解决的问题入手

在确定项目的时候，县里已经有一个大的项目库，这些项目也是当地干部经过精心调研筛选、急需实施的项目。但是中央对于援藏项目有明确的要求，就是要做到"两个倾斜"，即向农牧区倾斜、向农牧民倾斜。当时，援藏资金的数额已经有了显著增加，但是在上海对口支援日喀则地区的 5 个县之间不是平均分配的。上海对口的江孜、亚东、萨迦、定日、拉孜 5 个县中，亚东人口比较少，经济条件相对比较好，所以分到亚东的援藏资金不多，不能满足所有的项目需求。考虑到上述因素，我们需要对项目做进一步的筛选比对。为了尽快确定项目，我们在进藏大概两个多月的时间里就跑遍了全县所有的乡镇和行政村，对清单内的项目进行了全面考证。经广泛听取县领导和部门、乡镇的意见，我们最后确定了 4 大类 16 个项目，并在此基础上编制形成三年援藏工作规划。

按照当时上海市合作交流办的要求，我们必须完成项目规划编制和年度项目计划安排，上报当年的项目建议书后，才能申请相应的项目资金。为了尽快启动相关援藏项目，我们援藏小组一边调研一边着手安排编制项目建议书，把

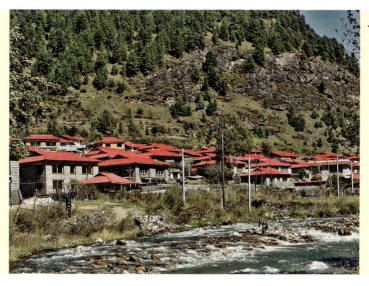

▲ 下司马镇珠居村新农村改造工程

新农村建设中农牧民安居工程建设作为工作突破口，率先完成了项目规划方案编制工作，得到联络组组长赵卫星同志的充分肯定。当时我们充分发动当地群众的积极性，鼓励他们以工代赈，用援藏资金购置建筑材料特别是屋面彩钢板，农牧民自己出工出力，自己负责翻修。由于我们选择的屋面材料色彩比较鲜艳，在青山绿水的映衬下显得格外漂亮，深受当地农牧民的欢迎，距离县城最近的上亚东乡珠居村成为每次领导视察的必到点。

在项目建设过程中，我们也碰到过难以取舍、意见不一致的情况。当时在安排农牧区人畜饮水工程的时候，涉及吉汝乡的一个饮水项目，投资体量比较大。由于海拔很高，施工难度也很大，而且当地的牧民一年中有几个月要到夏季牧场，并不是全年都有饮水需求。因此，当时有的同志不同意，认为投入与产出不成比例，建议调整为其他项目。但是，我们到吉汝乡实地考察，征求乡干部的想法以及到牧民家中听取意见，大家最迫切希望解决的就是饮水问题。由于之前扶贫项目实施的打深井取水水量太小，根本无法满足生活用水需要，农牧民只能到很远的河道中取水，水质和水量都得不到保障。已经安排过扶贫项目，就无法再申请当地财政安排类似项目支持。因此，援藏资金是唯一的渠道。经过反复论证，最终我们还是下决心实施吉汝乡饮水工程。现在我还清晰地记得，项目竣工通水的那天，我到村里每一个取水房都进行了检查，看到当地农牧民脸上洋溢的喜悦，听到那一声声发自肺腑的"拉托吉"，我想再多的投入也是值得的。

一张蓝图干到底

援藏工作是一个系统工程，要一张蓝图干到底。每批援藏干部既要做好援藏期间的阶段性重点工作，也要注重维护好前面历年援藏项目，同时要为后面援藏工作做好铺垫。自从对口援藏工作开展以来，金山、青浦和杨浦就一直是对口支援亚东，两地之间干部往来比较频繁，项目的延续性也保持得很好。特别是金山，援藏工作衔接得非常好。我记得我刚刚接到援藏任务的时候，时任朱泾镇镇长的朱喜林同志就主动约我到他办公室，以一个老援藏干部的身份向我介绍西藏的各方面情况，尤其是亚东的有关情况以及在藏期间的注意事项等，帮助我们解除后顾之忧。到了亚东，也有惊喜。我接任的上一批金山援藏干部是顾志雄，他当时也是亚东县委常委、常务副县长，我住的宿舍也是之前他住的。他离开亚东之前，专门帮我配置了新的沙发、茶几以及电脑等用品，这在其他地方的援藏干部交接中还不曾听说有过。

在项目衔接方面，我们本着"一茬接着一茬干"的宗旨，对需要延续推进的项目接续努力。对已经完工的项目，我们注重后期维护。比如之前援建的项目，有的时间比较长，设施设备比较陈旧，有的受到建设时的环境制约，与新的要求不够匹配。我们在安排项目的时候，就专门挤出一部分资金用于历年援藏项目的维护和整修（当时有东申大酒店、康布温泉、建设局大楼等援藏项目）。印象特别深的就是亚东上海花园大酒店项目。该项目是第四批援藏干部实施的重点项目之一，也是当时创造性引入社会资本参与亚东开发建设的典范，为改善提升亚东的旅游接待能力和水平起到了积极的作用。但第四批援藏干部回沪后，由于合作方经营不善等，亚东县政府成了被告。

为了维护援藏干部的整体形象，也为了维护县国有资产的保值增值，根据时任县长王平同志的委托，由我代表县政府全权负责应诉事宜。接到任务后，我一方面全面收集梳理了当时项目引进的有关材料，走访了有关当事人，特别是多次电话联系当时具体负责项目的梁海虹（第四批青浦区选派的援藏干部，时任亚东县委书记）、顾志雄（第四批金山区选派的援藏干部，时任亚东县委常委、常务副县长），详细了解合作过程中的有关问题，为出庭应诉做好充分的准备。另一方面，也通过律师积极联系原告，了解原告诉求以及庭外调解的路径。在反复确认对方的庭外调解诉求后，我们认为原告要求过高，完全超出我们的预料，因此，只能通过法院判决。但是，我们在收集资料的过程中，发现原始凭证有缺失，相关证据链不够完整，存在败诉的风险。这时候，我想到之前听对方律师提过的一个关键证据，也就是当时的一张收款凭证，对方将此作为合作的证据提交，但我觉得这个证据更加有利于支持我们的诉求。因此，我再次联系梁海虹同志，询问签收凭证事宜。幸运的是，第四批援藏干部完整地保存了原始签收凭证。据此，我们在亚东法院的初审中胜诉。一审过后，原告向自治区高级人民法院提出上诉请求。应诉过程中，我还专门到日喀则地委，找地委副书记、上海市政府驻西藏办事处主任、市第五批援藏干部联络组组长赵卫星同志汇报相关工作，赵卫星同志肯定了我们的应诉策略，并明确要求我要全力做好应诉准备，维护好援藏干部整体形象。

2009 年休假期间，差不多是在元旦前后，我接到王平县长电话，法院要开庭审理，要求我尽快返回西藏。我们去过西藏的同志都知道，每次进出西藏都要有一个适应期，回到上海需要适应，返回西藏同样需要适应。那时我刚回到上海没多久，还没能完全调整过来，又要返回西藏，而且元旦前后，西藏气温非常低，含氧量也低。但为了顺利出庭应诉，我还是匆忙收拾好行李，踏上了返回西藏的飞机。经过激烈的庭审辩论，最终我们获得了法庭的支持，赢得了诉讼，在为亚东县政府挽回经济损失 500 万元的同时，也维护了援藏干部的整体形象。至此，我也成了第一个代表地方政府站在被告席上的援藏干部。

特殊的考验

在亚东的三年，各方面工作应该来说都是比较顺利的，但我们也经历过一些考验。2008 年 3 月 14 日，西藏拉萨发生打砸抢烧事件。2009 年 5 月山洪暴发，导致山体滑坡和泥石流灾害。这两件事，都在我心中留下了挥之不去的

◀ 下亚东乡吉林村排
水工程

烙印。

2009 年 5 月 25 日、26 日，亚东连续两天下了大暴雨，从而导致切马沟、春丕沟、加热沟、唐嘎布沟发生大型山洪。北部吉汝、堆纳、帕里、康布四乡镇遭受强降雪袭击，尤其是帕里镇和堆纳乡积雪厚度达 50 厘米，造成严重雪灾，多处道路交通中断，牲畜大量死亡。全县多个乡镇遭受洪水、泥石流与暴雪叠加的灾害袭击。这是我们在西藏遇到的最为严重的自然灾害事件。当时，我是作为县抗洪抢险救灾指挥部副指挥长全程参与抢险救灾工作。在这次洪灾中，我们第五批援藏干部亚东小组的第一个援建项目，下亚东乡仁青岗村建的一个村民活动中心被冲垮了。

2007 年 6 月，当我们第五批援藏干部带着上海人民的嘱托和西藏人民的期盼来到亚东后，立即着手考虑三年援藏规划。在深入调查研究的基础上，我们把仁青岗村的道路和基层政权建设工程排在了第一位。一方面考虑到仁青岗村是边民互市贸易所在地，另一方面也考虑到这两个项目体量相对比较小，容易实施。这正好能够为我们探索援藏项目建设经验提供实践基础。这个项目是我一手负责建起来的，又眼睁睁看着被冲垮。当时确实是有一种深深的无力感，欲哭无泪，既感觉到人在大自然面前的渺小，更感到难过，因为这个活动中心凝聚了我们太多的心血，承载了仁青岗村民太多的期盼。作为最早开工的项目，那时整体援藏规划尚未获批，建设初期，能否得到市合作交流办的认可尚未可知；初到亚东，建设及配置标准能否满足当地百姓需求尚存疑虑；资金如何调度、材料如何把关等等，一切都是在探索中走过来的。但建好后还没有好好发挥作用，就被肆虐的洪水无情地摧毁了，确实非常遗憾。

洪灾过后，渔场设施的损毁，可以重建。可亚东鱼繁殖不易，鱼苗、鱼种的损失短期内却难以挽回。为了尽可能地挽救鱼苗，确保日后正常生产，必须尽快对鱼塘进行清淤。作为亚东的特色产业，广大干部群众对亚东鱼充满感情，知道亚东渔场损失惨重后，纷纷自发加入清淤队伍。然而，渔场清淤工作远比想象中艰难。大量的泥石几乎填满了每一个鱼塘，来不及逃走的鱼苗和成鱼，在强大的冲击和挤压下面目全非。暴雨过后，艳阳高照，气温攀升，空气中充斥着腐烂的气味，令人作呕。而每一锄、每一铲的沙石里面，必然夹带着死鱼，为防止次生灾害，需要逐条拣出后予以集中处置。这不仅是对体力的考验，更是对意志的考验。幸运的是，在灾难面前，参与清淤的干部群众没有一人临时退缩，中途还不断有新的队伍加入。我想这不仅仅是出于对亚东鱼的特殊感情，更是亚东人民坚韧性格的体现。经过一天半的连续奋战，鱼塘重新恢复了清洁，幸免于难的鱼儿在鱼塘里追逐着、嬉戏着，仿佛什么都没有发生，只是我心里清楚，渔场想要恢复到灾前规模，起码得再等三年。不过这已经不再重要，重要的是，挽回了这些鱼苗，明天就会有希望。

2010 年，结束三年援藏返沪后，我有机会又回去亚东两次，一次是随队去西藏慰问第六批援藏干部。最近一次是 2019 年 8 月，我利用假期，再次踏上了雪域高原，去亚东看望了当年的老同事。走在街头，看到日新月异的亚东，心中感慨万千。寒来暑往，春去秋来，亚东的三年只是时间长河的一瞬间，我们也终将是亚东的过客，但曾经战斗过的地方，心中那份牵挂，却始终依然，犹如亚东河之水流，虽时急时缓，却永无止息。

高原雪域结深情
碧海青天夜夜心

　　朱瑞军，1975 年 8 月生，现任金山区城市管理行政执法局党组成员、副局长，区城市管理行政执法局执法大队副大队长。2007 年 6 月至 2010 年 6 月，担任西藏日喀则亚东县建设局局长。

口述：朱瑞军
采访：周　欢
整理：周　欢
时间：2020 年 3 月 20 日

我于 2007 年 6 月至 2010 年 6 月，作为上海市第五批援藏干部对口支援日喀则市亚东县。刚参加援藏时，我三十出头，岁月不居，时节如流，一晃十几年过去了。

平凡的日子与不平凡的决定

2007 年，我 32 岁，当时在金山区市政工程管理署任办公室主任。每天工作虽然紧张忙碌，却也平淡幸福，本以为生活或许就这样沿着一条平行线慢慢向前，但未曾想到，报纸上的一则通告彻底改变了我的人生历程。以至于多年后每每想起，体内的热血仍为之喷薄，心跳仍为之加速，那点点滴滴的回忆仍如泉水般涌流，一副副笑脸、一个个瞬间仿佛是夜空中最亮的星，在内心深处闪耀着温暖的光。

那天是 3 月 6 日，当时我正在读《解放日报》，不经意间突然瞥到一则市委组织部关于选派第五批援藏干部的通知，马上心头一紧。其实，不知道是命中注定还是家中"老西藏"潜移默化的影响，我一直有援藏的梦想。父亲是西藏老兵，曾在拉萨空军指挥所亚东县帕里镇雷达站服役 8 年，从小一直听他说西藏"风吹石头跑，人比野羊少"，听他讲述当年服役期间有趣的故事。所以，支援西藏、建设西藏的念头可能很早就在我心里扎下了根。从第二批援藏选派开始，我就坚持报名，但几次下来都没能如愿。当看到第五批选派的消息时，"条件反射"式地马上又报了名。

第五批援藏干部选派通知是第一次好像也是唯一一次刊登在报纸上并通过网上报名的批次。当时，我迅速完成网上信息填报、点击确认提交。一静下来，一些犹豫和顾虑却如彤云般涌上心头。与前几次报名相比，这次心中的顾虑好像多了几重。父母年事渐高，家中孩子尚小，去，还是不去？去，难舍自己的小家；不去，难灭心中的热火。当天晚饭时分，我向父母、妻子说出了自己的犹豫。本以为家人会劝我慎重，让再考虑考虑，没想到父亲说："去吧，有机会去一定去，家里的事情你放心，有我们在，怕什么！我在西藏待过，去跟不去，（人）不一样。"我看向母亲、妻子，灯光斑驳，她们没有开口，但眼神里却满是对父亲话语的肯定与赞成。一瞬间，我怔在了原地。我朴实的家人们，平时沉默寡言，关键时刻话语间却有山海一样的情怀，给我支撑、给我动力。

时间过得飞快，援藏干部选派的工作也推进得很快。递交完申请后，我一边正常上班，一边焦急地等待消息。3月下旬的一天，我参加完金山区第一届人民陪审员业务培训，正在乘车回家的路上，突然接到时任区建交委党工委书记赵从云同志的电话，她说区委组织部副部长陈士康同志明天找我谈话，聊一聊情况。第二天，陈部长到单位跟我确认了援藏报名的情况，让我谈了关于报名的一些想法。谈话时间不长，但比我想象中的简单却也更真诚、严肃。又过了两周，我作为同一岗位的第二候选人到市委组织部谈话。

4月初，我接到通知，经综合考虑，组织部门最终选择了我，并要求做好准备，参加市委组织部举办的培训班。就这样，我开启了一段新的人生旅程。

海上的风与高原的光

6月7日，市委、市政府在上海展览中心为第五批援藏干部举行欢送会，华灯璀璨、群情激昂，欢送仪式简单而隆重。我坐在会场里，仔细聆听着领导们的致辞。清风徐来，窗外不时飘来上海春末夏初特有的香樟味，我心潮澎湃又五味杂陈，兴奋紧张又不知如何是好。当时的一幕幕仿如昨日。暂别了，杭州湾温柔的海浪！暂别了，我的海上家乡！

会后，时任陪送团团长肖贵玉同志全程陪同送行。其实，出发如此迅速，是与市、区两级组织部门的周密安排、细致部署分不开的。早在出发前，区委组织部已提前通知我们"兵马未动、粮草先行"，将三年要带的必需品收拾好，然后一大包一大包地先行发往西藏。因此当我到达亚东县政府招待所的时候，包裹已经静悄悄地在那里等我了。当天下午先到成都。经短暂修整后，6月8日凌晨4点，我们又匆匆赶往机场，经过两小时飞行，终于降落拉萨。出了机场，几十辆越野车已经在等着我们。我拿着飞机上发的"相关说明"，在出口处刚好看到一个师傅使劲探头向里看，就上前询问："师傅，33号车是哪一辆？"没想到这个皮肤黝黑的西藏汉子露出一排洁白的牙齿，笑着说："我就是！"缘分就是奇妙，这个汉子就是后来在亚东帮我开了三年车的格桑。

从拉萨到日喀则，再到亚东县，凡落脚之处，"哈达"处处，载歌载舞，无不体现着当地干部群众对上海援藏干部发自内心的热情与欢迎。但初到西藏，首先要面对这几个难题。

第一是高原反应。6月8日下午，我们先到日喀则，入住山东大厦，当时我与时任亚东县委办主任沈纪国同志住同一宿舍。可能因为长途跋涉，当晚，我们两个人都出现了高原反应。头昏头痛、胸闷胸痛，沈纪国比我还要严重，躺在床上下不来，我把组织部门发的止痛片、"吸氧卡"给了他，自己硬抗着撑过了前几个晚上。

6月12日，终于到达最终目的地——亚东。亚东县城海拔约3000米，在西藏算"小个子"，是"小江南"。按说高反应该不那么厉害，但是后来想想，可能与经常提水有关。那时候我住在县政府安排的周转房里，条件比较简陋，屋子里经常断水，时不时还停电。每天用水都是到周转房楼下广场上的蓄水池里打满，再提到三楼。每次提完水，都是眼冒金星、头皮发麻、恶心、上气不接下气，饭也吃不下，那滋味一天尝一遍，绝对不想尝第二遍。所以我每天体力的极限是打两桶水，烧水、洗衣服、冲厕所都要"掰着指头算"，也是"惨"

到了一定程度。

第二是饮食习惯。援藏期间一直在政府食堂（当地叫中灶）吃饭，口味不太习惯。藏族师傅烧的基本上都是四川菜，炒青菜特别喜欢放大把的辣椒、花椒，重麻辣的滋味跟上海相对清淡的口味差太多，一口下去感觉嘴里要"喷火"。上海不怎么吃鲤鱼，但是中灶每个月好不容易有一两次做生鲜类菜肴，却基本上都是红烧鲤鱼。

第三是语言问题。我不懂藏语，许多藏族老百姓也不懂汉语。不能沟通，怎么工作？当时我摸索出了两个"武器"。一个是学一些简单的藏语，下乡走基层，到藏民家里先用藏语问候，作一些简单的询问，说一些藏族"吉祥语"，与群众的关系自然也就热络了几分。另一个"武器"就是格桑，格桑是我的驾驶员兼藏语翻译。与藏族群众交流的时候，一般我先问，格桑翻译过去，群众说了之后，格桑再转译过来，有时遇到一些当地话一时间找不到对应汉语词汇的，大家还要"你来比画我来猜"，用手势、肢体甚至从现场拿点"道具"来补充说明。好在时间长了，我跟格桑的默契度越来越高，翻译也越来越顺畅了，有时候与群众沟通，差点忘了翻译的存在。

总之，面对初到之时陌生、艰苦的环境，在当地干部群众的关心和支持下，靠着援藏干部的互帮互助，我很快适应了环境，投入到工作中。

走过的路与藏民阿妈的眼泪

按照组织安排，我任亚东县建设局局长。后来根据机构改革需要，我又转任亚东县住房和城乡建设局第一任局长。三年间，我按照上海市第五批援藏干部"建功立业、历练人生，树援藏干部新形象"主题实践活动的要求，扎根亚东、奉献西藏，三年光阴，不放过一点一滴的时间，将个人一分一毫的力量写在卓木拉日雪山下。

调查研究是共产党干部的基本功，摸不清情况再努力也是白用功。为了尽快摸清楚亚东建设情况，在与第四批援藏干部做好"无缝交接"后，我便马不停蹄地投入到调查研究工作中。2007 年下半年的大多数时间里，我与亚东联络小组其他 4 名成员的休息时间和双休日不是在调研，就是在调研的路

◀ 调研路上

上。几个月间，我们走遍了全县 7 个乡镇、25 个村（居），走访了县直机关、企事业、驻地部队等共计 50 多个单位，详细了解亚东城镇和基础设施建设情况，听取干部群众对亚东建设的意见和建议，行程达 3000 多公里。那时候下乡途中经常手机一天没有信号，开始时家里人联系不上，还以为我出交通事故了。西藏天黑要晚上 9、10 点钟了，我们晚上回来，家里实际上已经半夜了，才战战兢兢打通电话，后来家里人也逐渐习惯了我经常"失联"的状态。就这样，一步一个脚印，我们没有"嚼别人嚼过的馍"，踏踏实实地掌握了大量亚东建设规划的第一手资料，对工作的了解实现了从感性认识到理性认识的初步飞跃。

在此基础上，我们制定了"特色产业规模化，城镇建设高水平，基础设施稳推进，生态环境文明美，社会事业大发展，局势稳定促和谐，党的建设夯基础"的对口支援工作思路；确定了三年内新建项目 25 个、总投资 3020 万元的工作方向。对原来亚东县城规划提出了 16 条意见和建议；对县辖 2 个乡镇进行了前期规划，并进一步充实完善了《帕里小城镇规划》和《亚东口岸中长期发展规划》。这些工作结束了亚东乡镇建设无规划可依的历史。

亚东工作苦，下面乡镇更苦。吉汝乡距亚东县城西北 120 公里，有"三

◀ 项目施工

"最"的称号，即海拔最高、自然条件最恶劣、生活条件最艰苦。乡域面积1024.22平方千米（近乎金山区的2倍），但是2008年时总人口却只有800多人，牧民随季节转场，是一个典型的牛羊比人多的纯牧业乡。由于属于高寒、沙砾山地型气候，人畜饮水十分困难，生产生活没有保障。了解这一情况后，我们决心为吉汝乡群众解决水源问题。经过审批、立项、招投标后，我和联络小组的同志带着施工队立即开始下乡，寻找合适的水源点，建蓄水池。那时为了节省时间，一行人每天天不亮就出发，打包好馒头、咸菜和熟食，饿了就找个背风遮阳的山坡席地而食。天冷的时候，饭菜又凉又硬，吃完胃里像压了一块石头，浑身发抖；有时候运气比较好，中午时分当地乡干部赶过来送一点热菜（牛肉），但是高原地区牛肉不用高压锅根本煮不烂，很难嚼碎，只能"扯"着嗓子往下咽。那种高寒风冽、人烟稀少、几个人"生吞"牛肉的场景终生难以忘怀。

功夫不负有心人，2007年11月，经过几个月的风餐露宿，我们终于找到了干净清洁的合适的水源点，并建好了第一个蓄水池。汩汩的高原清泉流进水槽里，也流进了牧民们的心田里。当地的一位牧民阿妈眼里噙着泪水，一手拉着我的手，一手竖着大拇指不停地说："亚古都！亚古都！"（藏语：很好！很

◀ 工作路上

好！）。这是我第一次听到质朴的"亚古都"以及牧民发自内心的最淳朴的言语表达。看到牧民的欢笑和感激之泪，看到他们生活的改善，之前的所有努力与辛苦都是值得的。

除了做好工作，帮扶济困也是援藏干部的使命之一。在高原地区，多一份爱，便多一份光，西藏的孩子们便多一份希望。

2008 年底回沪之际，亚东县教育局送来了一份帮扶资助亚东学生的名单。根据联络小组的安排，我们 5 个人分 3 个区，每个区负责 20 个藏族学生的帮扶工作。回上海后，我找到时任石化城建公司董事长于小粮同志，通过他的协调，以组织认领和个人认领的方式共募集捐资助学善款 4 万多元，虽然不多，但是金山人民的心意，无论如何我也要带到亚东，亲手交到孩子们的手里。回西藏时，我把现金带在身边。当时，飞机从成都起飞进入藏区之后，可能是气流原因，抖动颠簸得厉害，机舱内一片恐慌惊骇，我旁边的女乘客吓得一个劲发抖，哭出了声来。到了拉萨上空都能看见机场了，无法降落又颠颠簸簸返回了成都。当晚，航空公司安排我与另一名乘客住在酒店同一房间，为了现金的安全，我自掏腰包，花了 70 元住单人间，把现金揣在身上睡觉。现在回想，当时可能过于小心谨慎了，但是这 4 万多元是 20 个孩子的学费，为了孩子们，再小心也不为过吧!

关于捐资助学，还有一件事情，也挺奇妙。一天调研回来，我正在办公室整理资料，电话突然响起。我接起电话，一个藏族姑娘怯生生、吞吞吐吐地问:"你好，局长……杨局长在吗?"我说:"你找哪个杨局长? 这里现在没有姓杨的局长啊。"她答道:"杨嵘局长。"我这才反应过来，她说的是第四批援藏干部、前任建设局局长杨嵘同志。于是我告诉她，杨局长已经结束援藏回内地了，并询问她有什么可以帮助她的。小姑娘憋了半天才开口，她是第四批援藏干部对口扶助的贫困大学生，当时在西藏大学读医学，之前杨局长都会到家里送学费，今年快开学了好像没人来，家里正在发愁。我一听，立马允诺今年的学费我先送过来，不能因为工作交接影响上学。后来，我才知道打电话的姑娘叫德吉，是堆纳乡一户贫困户的孩子。第一年送完学费后，后面两年七八月间我都到她家里送学费，再帮助她家里解决一些困难。再后来，听说德吉大学毕业后在西藏山南市一家医院成了一名光荣的白衣天使。现在回头看，当时我只是接到了一个电话，但这背后一批批援藏干部又默默无闻地为西藏群众做了多少实实在在的事情呀!

今天的人们与当年的花朵

援藏经历是一生的财富，有些收获经历岁月沉淀、磨砺之后反而历久弥新、更显宝贵。

第一是对天地生民的敬畏。西藏高天厚土、山川万壑、雪山圣湖。白天在路上驾车驰骋半天可能都看不见一个人，夜晚繁星如海、银河如练，斗转星移，苍穹万古如初。在这样的环境中，会感觉个人很渺小，生命很短暂，会激起只争朝夕的紧迫感，也会让内心止争息纷、平静澄澈。

第二是家国情怀的滋养。亚东是反分裂、反渗透、反蚕食斗争的最前沿，当时每年我们都全力投入到边境防控工作中，保全县稳定与边境安宁。边境虽远，但其工作的敏感性、警惕性和斗争的坚决性却要更高;身处国门，更能感觉到国家后盾的强大，才能更深刻地感受到每一项工作背后那隽永的家国意义。

　　第三是诚挚情感的培育。三年时间不长，却交到了一批诚挚的老友。憨厚老实的普布石达，尽职尽责的格桑，敢闯敢拼的达春，温文尔雅的王飞，博学多才的徐志文，等等。那时候每年中秋佳节，我都托时任金山区市政工程管理署署长王治权同志从上海寄"杏花楼"月饼到亚东，送给建设局机关同志、亚东好友以及局属环卫工人（基本都是特困户），再自费请他们在中秋月夜"聚个餐"。吃饭的时候，有些环卫工人总说："朱局长，我们从来没吃过这么好吃的月饼，这么好吃的菜！"大家都哄堂大笑。那时候，我也会举目仰望，看着西藏的月亮，想着远方的亲人，心中泛起对民族情谊的盈盈感怀，也偶尔会有天地万物逆旅、光阴百代过客，"开琼筵以坐花，飞羽觞而醉月"的诗意感慨。

　　第四是对组织关怀的感恩。援藏让我对组织的关怀有了更为细微却强烈的感受。到西藏的第一年，家属身体不好。时任上海市第五批援藏干部联络组组长、日喀则地委副书记赵卫星同志和时任地委组织部副部长陈雪强同志都亲自打电话慰问，并委托区委组织部协调解决到市区医院看病。闵卫星同志和陈士康同志还亲自到家中慰问，带去组织的关怀。三年间，正是组织部门不间断地悉心帮助，才让我们这些援藏干部能够安下心来、扑下身子，在雪域高原代表上海干部、上海人民贡献自己力所能及的力量。

　　2010年春天，我援藏即将满三年。亚东县建设局全体同志，特别是下属环卫工人联名向上海市委组织部写信，请求让我再延期三年。上海、西藏两地组织部门征求本人意见并在充分考虑我身体情况（后来我出现过因"呼吸性碱中毒"而呼吸困难、四肢麻木送医院急救的情况）以及家庭实际后，最终还是让我在完成三年援藏任务后返沪。

　　援藏结束之后，回过三次西藏，到过一次亚东。前两次是跟随金山区党政代表团到了日喀则，慰问第六批援藏干部，因为时间原因没能回亚东。

　　2019年，趁"十一"假期，援藏结束10周年之际，我和家人又回了一趟亚东。故地重游，碧悠悠的多庆湖、迷人的神女峰、冒着热气的康布温泉依然令人神往，下亚东的原始森林永远郁郁葱葱，氤氲着无穷的神秘。当年，我们战斗过、建设过的亚东县城条件越来越好，交通愈发方便，民众脸上泛着红光、互致问候，街市太平，熙熙攘攘的感觉真好。亚东的藏族老朋友有的10

年未见，却一点没老，感觉比从前更年轻。我和妻子还专程到老书记次仁曲珍家里拜访，老书记的藏式小院子修葺得十分精致，星星点点开满了许多小花。有几株晚开的格桑花，正随风摇曳，在高原的阳光下闪耀着琉璃般的光，这些花儿与我那年刚到西藏时，似乎一模一样……

从海拔四米到四千米

闵卫星，1963年6月生，现任上海市政协民族和宗教委员会主任。2010年至2013年，担任上海市第六批援藏干部联络组组长，中共日喀则地委副书记、行署常务副专员，上海市人民政府驻西藏办事处主任。

口述：闵卫星
采访：曹建坤　王樱茜
整理：曹建坤
时间：2020 年 6 月 25 日

"大龄"领队"临危"受命

1998 年，我第一次来到日喀则，以后因工作又去过很多次。但对三年援藏这件事，却是一点心理准备也没有。

2009 年底，组织上第一次非正式地征求我的意见：新一轮援藏工作马上要开始了，能不能考虑一下过去？我当时不去的态度比较坚决，主要基于两方面考虑。第一，我那个时候已经快 47 岁了，年纪太大。父母年事已高，儿子又不在上海，一家三口分住三地又相隔万里。第二，作为领队，区里财政肯定要拿出一笔钱作为援藏资金，援藏项目和进藏同志的生活也需要关照一下。但当时金山的财政比较困难，自己于心不忍。当时组织上听了之后，觉得有道理，事情也就这么过去了。

后来，我对这个事情也没有太关心。但到 2010 年 3 月初的时候，事情突然起了变化。

那个时候市里有一个会议在浙江开。开会那天上午，车子刚刚走到浙江平湖的收费口，我突然接到了金山区委书记杨建荣的电话，说下午 3 点，市委组织部的领导要找我谈话。当时我在金山的工作差不多已经两届，估计谈话是针对这个事情进行交流，所以车子立马掉了个头回去了。下午 3 点，我到市委组织部后，先是王瑜副部长找我谈话，然后是陆凤妹副部长找我谈。陆部长开门见山："我现在有个困难，原来定的去西藏的人选去不了了，组织上看来看去还是你比较合适，你回家商量一下，另外看看还有些什么困难？"面对这突如其来的任务我记得自己当时说了两句话，第一，"到了我这个年纪，困难肯定是有的，我的建议是如果有后备的年轻同志，就让年轻同志去"。因为从第一批到第五批，入藏干部年纪非常轻，都是三十几岁（第一批至第五批平均年龄分别为 36.2、37.2、34.7、36.8、36.8 岁）。第二，"假如组织上有困难，我坚决服从"。

谈话结束的那天晚上，我就收到了隔天体检的通知。体检一结束，领导又跟我进行了一次谈话，表达的主要意思是，考虑下来还是我最合适，让我做好准备，4 月 17 日进藏，考核第五批援藏干部，同时也熟悉一下当地情况。就这样，我迅速担起了上海第六批援藏干部队伍领队的责任，也成了全队年纪最大的"老大哥"。

考核工作结束后的"大部队"是 6 月 17 日入藏的。从上海出发时，整个队伍是 58 人，还有一位同志属于中央条线系统的，后纳入我们联络组管理。所有人中，58 名是党员，还有一名到了西藏没多久也"火线"入党了。留在地区工作的有 27 人，其余 32 人分配到了上海对口的五个县。我在地区工作，担任地委副书记、行署常务副专员，主要协助专员工作，负责行署办公室（应急办）、外办、文化文物和上海援藏工作这些方面（2012 年初，行署从山南地区调来了一个副专员兼任秘书长，办公室这一块就不属于我分管了）。从队伍构成来看，全队平均年龄 38.5 岁，因为我这个"大龄"拉了一下，算是比较高了；平均学历也比往届要高，有 1 名博士后、4 名博士、17 名硕士；59 人的专业分布也很有针对性，特别突出了教育、文化、卫生、广电、食药监等民生领域，这说明上海贯彻中央的指示是非常坚决的。

天堂不在香巴拉

2010年4月17日，是考核组进藏的日子。开始一切都很正常，到西安转机之后，我突然感冒了，到了拉萨以后，症状更加明显。这突如其来的身体变化让我有些担心：怎么办，到底能不能顶住？当时的反应其实挺严重的，如果真的撑不住打道回府的话，我和组织上两方面都很尴尬，所以只能大剂量吃药。考核组分配给我的地方是西线的拉孜和定日，这两个地方海拔都很高，定日县城所在地有4300米。我当时的想法是，只要扛得住，就一定要顶住！

到了定日后，感觉冷得不得了。4月的时候，上海已经入春了，而去定日的马路上还结着冰，到了晚上差不多有零下七八度。那几天晚上吃过药后，盖了三条被子外加一件军大衣，都感觉不到暖和。驻地虽然配了柴油发电机，但到晚上10点、11点以后，就不发电了。基本上在定日的那几天都没睡着。考核结束后25日来到成都，很神奇，感冒好了，一下子什么都好了，当时觉得成都是天堂啊！

在日喀则的三年，失眠成了常态。一方面，到了高原水土不服，身体承受的压力大。西藏有五大特点：缺氧、高寒、干燥、低气压、强辐射。低气压容

◀ 商量工作

易引起器官的变化，再加上缺氧，心跳速度很快。另一方面，心理的压力也很大，整个队伍的安全是我最担心的。

全国第六批 700 多名援藏干部在当地因为车祸、生病牺牲的有好几个。我们刚去的时候，北京有个第五批的干部，第二天就要走了，突发脑溢血，没有抢救过来；我们回来的时候，2013 年 5 月 29 日，浙江两名干部从拉萨回那曲，路上发生了车祸，连同车上的 4 名当地干部，统统殉职了，真的很让人痛心。

我们这一批总体还算比较平安，没有发生什么重大的突发性事件。唯一一次事故是长宁有个代表团进藏，我们派了一名干部随行陪同，出了车祸，还好不严重，基本都是轻伤。还有一次属于自然灾害。2011 年 9 月 18 日晚上，印度锡金邦发生了 6.8 级地震，亚东和定日受到的影响非常大，亚东当时距离震中只有 70 多公里。当天晚上，开完指挥部紧急会议后，我当即向市政府总值班室作了汇报，并在第二天凌晨带着由行署副秘书长、卫生局长、民政局长还有保险公司经理组成的工作组动身了。进入亚东境内，道路、电力、通信全部瘫痪，我们既紧张震区的伤亡情况，又担心余震和高处滚下来的石头。那天晚上，我们几个人就睡在危房里，房子边上就是山，不断有石头滚落下来，我就叫他们把门开着，地上倒放几个啤酒瓶，弄了几条被子在沙发上裹着对付了一晚。我在亚东的工作结束后，又带领有关人员去了定日的绒辖乡，一大早出发，晚上 11 点多返回日喀则。

另外，还发生了几次小状况。有一次陈博（日喀则地区发改委副主任，上海援藏联络组项目部部长）突发阑尾炎，我正好在外交部培训，当时也是比较紧张的，立马打电话跟卫生局和人民医院联系，看是不是能把他送到拉萨。我们这边，虽然有地区的人民医院，不过说老实话，条件确实比不上首府，所以当时想着要把他往拉萨送。但考虑到两方面的因素，第一，陈博同志本人坚持要求在当地手术，第二，318 国道正好在修路，走南线送出去，路上肯定要耽搁，后来决定还是在当地手术。陈博同志真是蛮坚强的，动手术的时候都没有通知家里。还有一次是亚东县中学的校长王长林，入藏没多久，2010 年秋天，脚部骨折了，当时也是准备要送到拉萨去，结果他坚持在当地治疗，我叫了组织部副部长带了人民医院的骨科主任过去，看看是否能在当地手术，后来说可以，我才彻底放下心来。

在西藏每天的压力都很大，就怕听到哪里出事。那个时候，晚上都要靠两片安定才能睡着，冬天最多的时候甚至要吃到五片。吃之前，我要经过利弊权衡——如果头天晚上不吃药，第二天真的没法工作。

朝夕相处的宿舍生活

在入藏之前，50多人中的绝大部分我都不认识，这样一个干部群体过去之后，怎样管理呢？这确实是个不小的考验。干部入藏后的纪律中央有规定，自治区也有规定。我们是主要突出了三条：不开车，不进娱乐场所，外出一定要请假。这其实涉及三个问题：安全、健康、形象。对我来说，其他问题都还好，最怕这三条，而且从以往的情况来看，这三条是最容易发生问题的。拿我自己来说，驾龄已经很长了，但在那里车子碰都不碰一下，对于这三条执行得非常坚决。

制度虽然很刚性，但去的这些干部年纪都比较轻，而且日喀则这个地方虽然穷，却是什么东西都齐全，诱惑很大。前期还好，刚到一个地方不熟悉嘛，一年之后各方面都熟悉了，怎么办呢？在各个县，我要求县委书记"看好自己的门，管好自己的人"。在日喀则市区，我准备弄个宿舍让大家集中居住，市里很赞成，把这个项目列入了规划。宿舍2010年开始筹划，2011年全部完工。留在日喀则的干部一人一间，另外还留了几间房子，空了20多个床位，让分散在日喀则下面的干部双休日轮休时使用。把大家"关"起来后，业余时间搞点集体学习和娱乐活动，让压力释放一下。这边娱乐设施还是比较齐全的，有台球、卡拉OK，还可以喝喝茶、打打牌。为了照顾大家的口味，市里国资委还专门派了个厨师过来，"上面"（与底下五县相比，日喀则海拔相对较低，所以上级部门所在的日喀则称为"下面"，五个县则称"上面"）的同志下来能洗个澡、理个发，吃一顿纯正的家乡饭菜。

所以说，监督要到位，否则一旦出了事情，没法向组织交代，也没法向家属交代；同时呢，关心也要做好，在那里实在是太寂寞了，政策范围内允许的关心我们不遗余力。

日喀则当地干部从政治上、工作上、生活上对我们予以关心、支持。援藏干部宿舍选址的时候，我在外边看来看去都不满意，最后我看中了地委行署大院中的一块地。在地委行署大院里盖援藏干部宿舍，以前没有先例。日喀则地委、行署领导二话不说，完全支持。工程手续一周就办好了，一周后开始拆迁。建设过程中，货物进出、施工噪声对机关办公还是有影响的，但当地干部都全力支持。行署主要领导就住在我隔壁，除睡觉外其他时间大家都在一起，谈工作、聊生活，朝夕相处，感情不一样。对我来说，分管工作是新的领域，我坚持多请示、多汇报。副专员都是 AB 角，与我合作的另一位副专员是位女同志，我们两个如果有谁出差或下乡，就把分管工作移交给另一位，我们俩合作得非常好。当地干部工作非常细致、用心，我从他们身上学到了很多好的东西。现在，我还和西藏干部保持着很好的联系，大家见面回忆往事，都非常开心，这充分体现了汉藏一家亲。

8.34 亿带来的挑战

相对前五批援藏来说，第六批是个转折点。2010 年初，中央召开了第五次援藏工作会议，确定从第六批开始，援藏资金的比例是援建省市财政收入的千分之一。2010 年的时候，我们上海总的财政收入是 2400 多亿元，那么一年的量就是 2 亿多元，然后每年递增 8%，再加上一些其他来源，资金量一下子就很大了，三年达到了 8.34 亿元。

8.34 亿其实是由两个部分构成的——市里给了我们 7.4 亿元，这是中央决策的千分之一的部分，还有约 0.9 亿元，是市里各个单位、条线、企业方方面面支持的。一是基于原有的惯例，二是出于这些单位对西藏的感情，另外我们也做些争取、对接工作，主要是通过这三个途径得来的。

资金量一下子增了这么多，给我们带来的挑战还是挺大的。第一，项目量突然变大了，三年达到了 204 个（计划内 146 个，计划外 58 个）。这些项目都是先跟当地商量好，然后报自治区和上海，两地确定以后再报国家发改委审批。几经周转后，批复到 2011 年 12 月才过来，这对我们来说，时间已经过去一半了！而且我们等不起，当地有效的施工期较短，其他时间都是冰冻期，不能施工，所以时间很紧。第二，我们没有专家组，可以依靠的只有当地的力量。像北京，援藏干部一共 50 多人，但是后援队伍非常庞大，有六七十人。这是北京市单派的，不属于中央的计划。这些人涵盖了设计、造价、建筑、监理、审计等各个领域，所以技术支撑很强劲。我们呢，主要依靠当地的力量，一些重大项目只能回到上海来咨询，这样一来，战线拉得更长。第三，第六批90%都是"交钥匙"工程，建造完毕后移交给当地，一方面这是上海援藏队伍传承下来的习惯，另一方面是怕不规范。现在一般"交支票"的比较多，"交了支票"以后，项目质量难以掌控，所以我们绝大部分项目都是"交钥匙"，压力全部集中在自己身上。第四，第六批之前，援建项目都可以直接走绿色通道，我们到了之后，政策变化比较大，绿色通道取消了，所有项目都是同样的政策。四方面综合起来看，确实是时间紧、任务重、难度高。

挑战之外，当时面临的最大问题是：这 8.34 亿究竟该用在哪里？怎么用？

这么一大笔钱撒胡椒面分摊是不行的。在我们进藏之前，中央对援藏项目建设出台了新规定，提出了"两个倾斜"：一是向基层倾斜，二是向农牧民群众倾斜。所以，在资金分配比例上，我们明确了80%资金要投向对口支援的五个县，地直单位只留20%。

如何用好这笔钱？我们一开始就强调，要符合西藏特殊的自然地理条件和民族特色，项目要落到基层，让老百姓受益，不做形象工程。上海方面也提出了四句话的要求：规划为先、民生为本、人才为要、产业为重。两方面结合，项目的选择上就有了方向。日喀则的 18 个县市中，上海对口支援的有 5个，分别是孜、亚东、萨迦、定日、拉孜。针对每个县的不同特点，我们各有侧重。

每个县的援建项目都是经过了多轮筛选。县里上报的项目首先要经过县援藏小组的反复讨论、比较；到了日喀则地区，援藏干部联络组下面设有一个项目组，专门对县里上报的项目进行考察、筛选；最后才由联络组商量确定。江孜是西藏历史上的第三大城市，人口总量大，农业在年楚河流域比较发达，是

◀ 下乡检查工作

青稞主产区，还有红河谷抗英的历史，所以我们在这里的工作重点是农业和旅游业的基础设施建设。亚东是一个开放的口岸，最大的特色是林下资源丰富，木耳、松茸这些东西都是非常出名的，我们结合灾后重建，投入1000万打造了一个集生产、加工、销售于一体的菌类示范基地。亚东的边贸本来就非常活跃，那里的人商品意识也很强，把亚东自身的资源特色挖掘出来以后，带来的效益还是蛮可观的。萨迦的地理气候条件很差。当时县里要搞绿化，我说到春天时撒点油菜籽、麦苗、青稞苗就可以了，千万不要种树，种不活的。因为萨迦的土质不行，硫黄含量太高，冻土层比较浅，地下一米多点就是冻土，树苗种下去第一年还可以，第二年根系伸下去，一碰到冻土就死掉了。那里的水也不行，饮水是萨迦县的一大问题。针对这一情况，我们从县城9公里外的雪山口取水，然后铺设近18000米的管线，把干净的雪化水引入县城。这项工程一共投入了3560万，是上海市第六批援藏单体投入资金最大的一个项目。定日是松江对口的，海拔高，由于珠峰的缘故，游客比较多，所以它的定位是高原生态城。我们在那里投入38万元建造了定日县一体化旅游服务中心，为游客提供急救、咨询票务、边防证书办理等业务。拉孜是219、318国道的必经之处，地委和行署准备把它建成日喀则的西部中心，相对规划比较好，我们考虑

出席日喀则地区百名先心病患儿赴上海手术项目启动仪式

着重发展物流业，在拉孜县城投入了 2500 多万元用于市政道路建设。

合理规划之外，为了确保项目的质量，我们把上海的精细化管理优势带到了西藏。"五年规划"（《上海援藏五年规划》）和"三年计划"（《上海市第六批对口支援日喀则地区新农村示范点建设三年实施方案》）的首次提出，已经意味着在规范的约束性标准上迈出了第一步。在建设的具体过程中，从事前的规划认证、招标投标，到事中的监理、竣工，再到事后的验收、审计，每一步都完全按照规范来做。我们是通过精细的管理规范来确保项目的质量和干部的廉洁。拉孜县新城建设是上海精细化管理的一个缩影，环境的整治通过《拉孜县城市环境卫生保洁责任区制度》《拉孜县城市生活垃圾清运制度》《拉孜县城市建筑垃圾处理制度》等法规照顾到了方方面面，就连城管执法的礼貌用语、敬礼姿势都有相应的要求。

精细化管理的效果是很明显的。项目结束后，统一由上海市投资咨询公司进行评估，这个公司的专家本身就参与上海市的各个重大项目建设，水平很高，这些项目总体评估下来都还是不错的。

此外，在文化援藏方面，我们也做了一些工作，比如我们筹措资金，支持日喀则宗山博物馆的文物征集工作，参与策划《珠峰彩虹》《喜马拉雅风情》

两台日喀则代表性大戏，资助改造部分演出场所，打造了拉孜堆谐和拉孜藏刀两个国家级非物质文化遗产品牌，出资修复了日喀则最具民族特色的粮仓文物建筑——"江洛康萨"，以及推进日喀则地区有线电视数字信息化建设、对《日喀则日报》进行改版等。

坦率来说，援藏工作始终一棒接一棒，第六批只是过客，但在藏三年，我们绝不当看客。第六批援藏干部曾开展过"援藏为什么，在藏干什么，离藏留什么"的主题活动，我们当时的回答是："援藏既为奉献，也为历练；在藏克服困难，扎实工作；离藏留下好项目、好口碑。"应该说，我们用实际行动交上了一份令人满意的答卷。

援藏，让生命更精彩

金健，1975年2月生，现任中共金山区亭林镇党委副书记。2010年6月至2013年6月，担任西藏日喀则地区行署办公室秘书科正科级副科长。

口述：金　健
采访：黄树婷
整理：黄树婷
时间：2020 年 4 月 10 日

　　2010 年 6 月，经过组织的挑选与培训，作为上海市第六批援藏干部团队的一员，我踏上了西藏这块神圣的土地。我深知这是组织对我的信任和重托，是一份光荣而神圣的责任，更是我人生难得的一次艰苦锻炼机会。根据组织安排，我被任命为西藏日喀则地区行署办公室秘书科正科级副科长，主要承担地委副书记、行署常务副专员、上海市第六批援藏干部联络组组长、上海市人民政府驻西藏办事处主任闵卫星同志的秘书工作，同时兼任援藏联络组下设项目部、财务部成员，负责撰写联络组援藏工作大事记、收集联络组资料、参与项目部相关工作、管理联络组财务以及其他工作任务。

　　在日喀则三年，在各级领导的亲切关怀和同事们的大力支持下，我快速适应工作环境，主动转变工作角色，积极履行工作职责，圆满完成各项任务，得到了领导和同事的一致肯定，我也感受到了组织的关怀和团结奋斗的快乐。2011 年 6 月，我被上海市第六批援藏干部联络组评为援藏工作先进个人；2011 年 12 月，被行署办公室评为优秀共产党员；2012 年 6 月，在地委组织部对援藏干部中期考核中获"优秀"；2012 年 12 月，被行署办公室评为优秀公务员；2013 年 6 月，再次被上海市第六批援藏干部联络组评为援藏工作先进个人。

2013 年 6 月，在收获了成长和荣誉，在圆满完成三年的援藏任务后，我们同批次共 59 名上海援藏干部一起回到了东海之滨的家乡上海。

选择援藏　选择无悔

我是土生土长的上海金山人，除了读中师期间短暂地在上海松江学习三年，其余时间学习、生活半径几乎是不出金山区范围的，这与从小立志要当兵走出去看天下、闯世界的初衷有点背道而驰。这种平淡的生活节奏直到 2010年初被一次报名打破。当时的我在张堰镇办公室担任主任，当区委组织部要求各基层单位上报援藏干部人选时，时任张堰镇党委组织委员的顾美萍同志把我们几个适龄的青年找去作了一次谈话和动员，当时我就毫不犹豫地递交了报名表。因为现职是办公室主任，所以我当时报名的岗位是"日喀则地区亚东县委常委、县委办主任"。又因为抱着顺其自然的心态，这个事情慢慢也就淡忘了。直到 3 月初的一天，区委组织部陈士康副部长找我谈话，就是否愿意去援藏征求我的意见，而且说明了去的岗位并不是当初报名的岗位，是另外一个正科级岗位。一刹那，我有些恍惚，有点意外，但还是遵循内心，很坚决地表态只要身体条件允许，我是愿意去西藏锻炼的。陈部长还要了解家人对我援藏的态度，我表示家里人肯定是理解和支持我的选择的（其实这件事到这时我还从没和家人说起过）。当天回家后我马上跟爱人、父母等商量，并且连夜做他们的思想工作，一再叮嘱，如果组织上找他们谈话，一定要非常支持，要让组织放心。时任张堰镇党委书记曹云辉同志也单独找我谈了话，我也表达了愿意去援藏的热情，并且请曹书记支持并推荐我。就这样，我顺利通过了体检和市委组织部（市合作交流办）的谈话。4 月 30 日下午，我知道了自己已成为上海市第六批援藏干部联络组中光荣的一员，即将踏上援藏的三年征程，开启热血男儿的梦想与追逐。直到这时，我感觉了却了一直深藏在心中的"走出去、看世界"的夙愿，完成了一次正确无悔的人生选择。

我们是 2010 年 6 月 17 日离开上海，6 月 18 日进藏，2013 年 6 月 21 日回沪。整整三年的援藏，正逢中央第五次西藏工作座谈会召开之际，我们经历了西藏和平解放 60 周年，党的十八大也在这期间胜利召开了。三年里，我全面系统地学习了党的十八大、中央第五次西藏工作座谈会、习近平同志出席西藏和平解放 60 周年庆祝活动时的重要讲话精神，以及中央对新时期援藏干部的要求等一系列文件，深入学习了党的民族宗教政策和党在新时期的治藏方略，经历了反分裂斗争的一线洗礼，感受到了在上海体会不到的工作艰辛，政治立场更加坚定，能力素质明显提高。

求真务实　不当看客

我在日喀则行署办秘书科任职，我的第一个身份是领导的助手，主要协助领导收集材料，掌握第一手资料，完成交办的任务，搞好相关服务，积极为领导实施正确决策提供准确可靠的依据。深入基层搞调研就是一项最基本的常态化工作。三年援藏期间，无论是援藏项目推进，还是干部管理的需要，我陪同闵书记经常到对口各县及相关基层单位，或者到偏远乡村甚至深入边境一线（闵书记分管地区外办，负责日喀则地区 1700 多公里的边境事务）查看，听取汇报、协调工作。我简单测算了一下，整个援藏期间，调研走访行程总计为 15 万公里以上，跑得最多的就是我们上海对口支援的江孜、拉孜、定日、亚东和萨迦五县以及领导兼任主任的位于拉萨的上海市政府驻西藏办事处了。

◀ "9·18" 地震后在
受灾现场工作

318国道和日喀则—亚东省道也就成了我们跑得最多的路段。调研走访中印象最深刻的是2011年"9·18"印度锡金邦地震后的那次。当时的震中离中印边境很近，也就五六十公里，因此对上海对口的亚东、定日两县造成了严重的损失。在感受到地震的第一时间（当时还不知道地震的具体情况），闵书记就要求我逐个联系上海对口的五县，掌握受灾情况。当时除了亚东县无法联系上，其余四县都向联络组报了平安（后来了解到因为地震，通往亚东的所有通信中断，时任县委书记、援藏干部纪晓鹏后来是用海事电话才联系上联络组的）。当晚地委就召开紧急会议，决定由闵书记带队赴亚东一线了解受灾情况。会后已是第二天凌晨，我们随即冒着严寒（部分路段还有积雪）和一路上随时下落的滚石以及塌方，驱车五六个小时深入交通几近中断、通信全无的重灾区察看灾情，慰问灾民，受到了受灾地政府和当地灾民的一致好评。

作为一名秘书我还要做好领导与援藏干部、分管部门以及上海市合作交流办等单位同志间的工作协调，充分发挥桥梁纽带作用。由于职责的关系，闵书记分管部门的同志、其他援藏干部要向他汇报工作、反映情况以及和上海各有关单位的业务沟通都需要我联系协调。由于高原低气压、缺氧的环境很容易令人变得健忘，为了让自己的工作做得尽可能细致一些，不遗漏，我坚持每天写工作日志，领导的批示、工作的问题、相关部门的反映，坚持做到有记录、有反馈，分清轻重缓急，及时汇报、尽早沟通，让工作环节流畅。此外，我还认真写好并及时提供援藏工作大事记、领导个人工作动态等一系列材料，参与了《上海援藏干部简报》编辑工作等。当然，作为援藏干部，我不仅承担了领导秘书的职责，同时也是行署秘书科的一员。进藏后，我积极主动熟悉工作环境，和同事们打成一片，努力完成各项工作任务，没有让领导交代的任何事情在我身上延误，没有让任何文稿在我手中出错，没有让前来办事的同事在我这里受到冷落，没有让秘书科的形象因我而受到影响，力争做到工作"零"失误。

做好接待工作也是我作为一名秘书的本职工作。三年来，来西藏考察并看望慰问援藏干部的各类代表团很多，在感受组织对我们的亲切关怀和上海人民对我们的深情厚谊的同时，我们也感受到了接待的压力。为了让代表团更深入

◀ 金山区党政代表团
慰问日喀则上海实
验学校

地了解西藏、了解援藏工作，我经常配合协助接待部参与上海来藏代表团的接待工作，有些代表团还需要全程陪同。特别是 2011 年 8 月初上海市代表团来藏时，我全力协助总领队联系自治区领导和地区主要领导。代表团在藏期间，我更是跑前跑后做好相关联络保障工作，受到了代表团成员的好评。作为金山区选派干部，金山区各类代表团的接待工作更是我义不容辞的职责。尤其是 2012 年 6 月，金山区委书记杨建荣率团来藏看望慰问，是我三年接待工作中最深刻的记忆。

　　我的第二个身份是财务，这项工作对我而言就比较陌生了，相对来说也比较专业。作为联络组财务部成员，我承担了联络组出纳一职，管理着联络组工作经费、援藏干部个人工作经费及援藏项目经费。财务工作烦琐不说，弄不好会出现财务管理混乱。对于我这个半路出家、没有任何财务工作经验的门外汉来说，在感谢组织对我信任的同时，深知出纳工作是一项专业性相当强的工作，我感到了肩头担子的沉重。为了做好此项工作，一方面我努力加强学习，提高业务能力，主动向援藏干部中懂财务的同志学习请教，多阅读相关书籍资料，及时和银行方面沟通，及时记好账，并力争使自己的账目清晰、规范。在项目经费的拨付过程中，推行了"项目经费用款申请表"，每一笔支出都要在履行规范程序后才能予以拨付落实，坚决避免"先斩后奏""友情操作"等不规范现象。另一方面我坚持主动热情、服务各方。援藏干部个人的工作经费都由我这边代管，因此援藏干部个人工作经费的报销，我都坚持严格审查，不允许打"擦边球"的现象出现，不做老好人。为了规范个人工作经费的管理和使用，进藏伊始，我就配合制定了《上海市第六批援藏干部工作经费管理规定》。每次报销，在得到领导的审批后，我会及时拨付。在每月底，我会及时将每个人的收支情况打印成表经本人核对备案，确保了每位干部的工作经费收支平衡和心中有数。

我的第三个身份是项目部成员，主要参与项目推进工作。作为联络组项目部的成员，从进藏的第一天起，我就积极参与项目部的各项工作。从援藏项目的调研、论证、筛选，援藏"十二五"规划的讨论、确定、实施，到各个项目的立项、审批、建设、管理、监督、审计等流程我全都接触了一遍。我还参与制定了《关于加强和规范新开工援藏项目管理的通知》《上海市第六批援藏工程建设项目管理试行办法》《关于上海援藏项目咨询审计等工作的通知》《关于修订〈上海市第六批援藏工程建设项目管理暂行办法〉的情况报告》等一系列规范项目实施的文件。我和项目部的其他同志经常沟通，对项目的进展情况

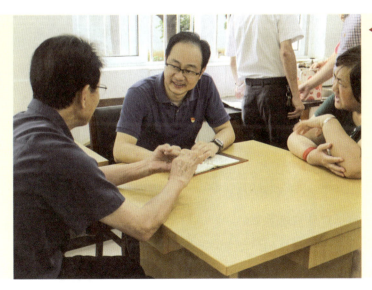

◀ 参加大调研集中回访日活动

做到心中有数。在项目办理手续过程中，我及时完成各类报送材料的办文、发文、归档工作。当然，项目部的同志们也是相当了不起的，三年中我们在项目方面共投入了 10 多亿元资金，其中绝大部分是通过项目的形式，项目部的同志们在负责人的带领下，真的是夜以继日、废寝忘食，全身心地投入到项目建设中。

记得 2011 年 5 月，作为西藏和平解放 60 周年庆典活动的献礼工程之一，上海中路改造工程率先打响了。改造工程启动的当天，项目部负责人、挂职在地区发改委担任副主任的陈博同志刚从医院完成阑尾炎术后拆线，连宿舍都没回就直接赶到了工地上，监督工程进展。项目部的所有同志每天上下班都要求司机从施工现场周边经过，为的是及时了解项目进展情况，快速协调施工中碰到的一些问题。在上海援藏宿舍楼建设收尾阶段，挂职在地区建设局任副局长的赵伟同志更是一再推迟了冬季返沪休假的时间。在项目收尾审计阶段，挂职在地区审计局的戴晟同志发挥审计专业特长，为高效使用项目经费把关。在项目推进过程中，挂职在地区建设局的杨国强同志在建安工程中把握技术细节。所有的援藏干部都自觉成为各个项目的"监理"。

享受援藏　收获成长

现在回想起三年的援藏历程，一千多个日夜的高原生活，是缺氧的环境磨砺了我的意志，是雪域的冰川涤荡了我的心灵。在接受身体考验的同时，我取得了明显的收获。一是政治敏锐性和判断力增强了，二是对西藏、对祖国边疆的感情深厚了，三是大局意识、民族意识增强了，四是开展工作和处理复杂问题的能力提高了。

三年援藏成绩的取得，有自己的一份付出和执着，但更多的是组织的关心关怀和援藏兄弟及当地干部群众支持的结果。金山区委、区政府高度重视对口援藏工作。区委书记亲自率团赴藏考察慰问，带来了对援藏干部的关怀，还带来了当地急需的援藏项目和援藏资金。区四套班子主要领导都将对我们的关心带到了雪域高原。区内一些基层单位和企业家也在平时关心我们在西藏的工作生活情况，除了到西藏慰问外，也带来了不少建设项目。特别是 2011 年

"9·18"印度锡金邦地震后，在陪同闵书记赴灾区的路上我们就接到好几个得到地震消息的金山相关单位领导要求提供捐款和援助的电话，尤其令人感动。区委组织部、区合作交流办和派出单位张堰镇对我家人关怀备至，相关单位领导先后随代表团来西藏看望慰问。逢年过节，我和家人都能感受到组织的温暖。第六批援藏干部集体更是一个温暖的家庭，呵护着我在高原成长。当我在工作中碰到难题和困惑时，总领队闵卫星同志总能耐心开导、细心指导；当我身体不适时，援藏兄弟总能嘘寒问暖、送医送药。当地干部群众对自己也是关爱有加，无论是工作还是生活，在西藏，我总能时时感受到当地干部群众对自己的厚爱。

回顾援藏三年，高原缺氧环境和繁重的工作量使自己得到了锻炼，但仍然存在不少问题和不足，和组织的要求以及群众的期望还有较大的差距。如今已回到上海工作快7年了，现在的工作标准和要求更高了，我将一如既往、牢记使命，继续发扬上海援藏干部的优良传统和作风，发扬"缺氧不缺精神，艰苦不降标准"的援藏精神，不辜负组织的重托和信任，为家乡建设发展奉献更多的光和热！

金山教育援藏之"格桑花开"

冯斌，1970年5月生，现任张堰中学副校长。2013年6月至2015年3月，担任西藏自治区日喀则地区上海实验学校校长。

口述：冯　斌
采访：朱　蕾　羊　俊
整理：朱　蕾　羊　俊
时间：2019 年 10 月 30 日

2013 年 4 月，我当时任罗星中学的党支部书记，参加了金山区教育局召开的教育援藏工作会议。会上动员各学校 45 周岁以下的中层及以上的干部积极报名参加教育援藏。会后，在征得我爱人金健红同意后，我主动报名参加教育援藏。当时，我爱人还不太了解西藏的气候和环境情况，在咨询一些亲戚朋友后，得知西藏地区气候恶劣，她十分担忧我的身体健康（因我的胆囊中有一颗直径 2 厘米多的胆结石）。

义无反顾，抱定教育援藏信念

我在农村出生，我的母亲是一名从教 40 年的乡村小学教师，受她的影响，我从小的理想就是做一名优秀的教师，帮助农村的贫困孩子走上人生的新旅途。我更受父亲的影响，他是一位退伍军人，是曾服役 7 年的海军战士。当时还在世的老父亲得知我将去援藏三年时，对我说的第一句话就是："要和当兵一样，严格要求自己，尽心尽责做好工作。"后又嘱咐我："年纪大了一点，要保重身体。"

2013 年之前，我曾多次随队去过教育援滇的结对学校，深刻认识到西部地区脱贫攻坚的关键是教育。所以在报名援藏之初，我就是抱着改变西部地区教育现状和帮助解决西部地区教育困难的想法而去的。

当时有许多亲戚朋友，以及兄弟学校、教育局的领导考虑到我年龄偏大、身体状况欠佳等情况，建议我不要去西藏。家人也对我说："你已经在学校担任了多年的正职岗位了，中学高级职称也早在 2004 年评好了。而且，2013 年下半年又恰逢你女儿升初三，是学习的关键期，更需要你的陪伴。"那时的我，心中只想着"改变一个学生可以改变一个家庭"，通过教育来改变西部边疆地区学生的人生，从而改变学生的家庭，进而改善西部地区的境况。

这个想法是基于我已有 20 多年的教育经历和经验。我从 1991 年开始参加教育工作，1992 年至 2000 年一直担任学校的团委书记，2000 年到松隐中学担任教学副校长兼教导主任。在没有外来师资、没有奖励基金，连年终奖金也因乡镇财政原因而缓发的环境下，通过加强教学管理和调动教师的积极性，把当时中考成绩连续三年全区倒数第一的学校教学质量提升至全区的中上水平。2005 年，恰逢西林中学组建，我任学校的党支部书记兼分管教学副校长。建校之初，办学条件十分艰苦，但仅用一年的时间，教学质量从原来全区排名倒数第二，提升至 2006 年中考成绩全区第 9 名，为 2006 年下半年朱泾镇的首次划片招生打下了良好的基础。也正是这些经历，我顺利通过了市委组织部的援藏面试。

在确定参加上海市第七批援藏工作后，我就开始着手研究日喀则上海实验学校和西藏教育的情况，了解当地的社会政治环境和学生的家庭概况。当时金山区教育局领导考虑到日喀则上海实验学校是一所十二年一贯制学校，为了让我更好地了解上海高中学段的教育现状以及金山教育的特色和优势，安排我挂职在张堰中学担任副校长。

为了更好地开展工作，我专程到华东师范大学教育部中学校长培训中心向老师们请教、咨询西藏地区的教育特点和现状。时任教育部中学校长培训中心副主任沈玉顺博士向我介绍西藏教育的情况，王俭教授在关于西藏学校文化建设方面也提了许多建议和思路。老师们还赠送我许多有关提升学校办学水平和提升学校教学质量的书籍，并对我进藏后的具体工作提出合理化建议，如如何处理好三个学段之间的关系和衔接工作、教师的在职培训等。

所以，在我第一次进入西藏工作的随身行李中，带得最多的是有关教学管理的书籍和一些常用药物。我也非常感谢枫泾医院的汤必孝院长，得知我将去援藏，他专程赶来向我介绍了一些高原地区的医护常识和针对我身体状况的保健建议，为我准备了许多常用药物，这些药物也成为我在藏患病期间的救命药。

艰苦奋斗，重塑上海教育新形象

日喀则地区上海实验学校是由上海援建的一所十二年一贯制的学校，其前身是始建于 1981 年的地区南郊小学。2004 年上海市政府投资 2500 万元，在日喀则兴建上海实验学校小学部、初中部，2009 年在西藏自治区日喀则地委副书记赵卫星（时任上海第五批援藏联络组组长）的支持下，又投资 2500 万元，兴建了高中部。由于学校最初是在一所社区小学的基础上建设的，三个学段的创建时间各不相同，三个学段的生源也不同，每个学段的教师组成中，藏、汉教师的比例不同，教师的来源和招聘方式也不一样。有些历史遗留问题一直困扰着学校的发展。学校内三个学段之间，藏、汉教师之间也存在许多矛盾。

进藏后，在第七批援藏联络组的第一次全体会议上，第七批援藏领队领导同志在会上提出了日喀则上海实验学校的问题，并指出学校的工作重点是"重塑形象"。第二小组的组长邬斌同志也对学校近期工作提出了要求。我没有因为学校存在种种问题而推诿，而是认真调研，积极主动改进工作方式。

2013 年 6 月 19 日，在地区教育局党委领导的陪同下，我和邱伟光来到日喀则上海实验学校参加交接仪式。我向大家表态："一是，我相信在第七批援藏工作期间，在我校党组织的保证监督下，在我们共同的努力下，以人为本，让我们的学生和教师都能得到发展。二是，十八大召开后，党中央提出了'八项规定'，教育部和财政部联合在 2012 年发布了全国中小学财务管理制度，并决定于 2013 年开始实施，我一定继续坚持以法治校，加强制度建设，特别是校务会等有关制度和财务管理制度，用好学校的每一分钱，让援藏的经费和财政投入的经费用在最适合的地方，促进教师和学生的发展，推进学校的和谐发展。三是，我们学校现在的成绩是我们全体教职工共同努力的结果，所以我希望在第七批援藏过程中，能在大家的支持下，同心同德为学校的发展做出努力，让我们的实验学校越办越好。"会后我们和第六批的援藏干部进行了一个短暂的工作移交。

到岗以后，和第七批援藏干部一起休整了几天，我基本上能够适应日喀则海拔近 4000 米的高原生活。这主要得益于我在青少年时从事农业生产活动较多，身体的携氧能力较强。在地直单位 20 多位上海援藏干部中，我是最能适应当地生活的，连公寓的管理员们都误以为我是"藏二代"。

在西藏工作期间，我在生活上的困难都能轻松克服，但工作上的困难，比我在上海想象时严重得多。由于前几批上海教育援藏的工作重点是硬件建设，所以在学校的内涵发展、学校管理、师资队伍建设以及高中阶段的教学质量的提升方面困难重重。

正式开展工作后我发现，学校的财务状况十分窘迫。到校的第二天，财务室汇报学校可用的管理经费总额仅为 59.96 元。为了维持学校的正常财务运转和教师的差旅费报销，我让我爱人从家中拿了两万元应急。学校的日常管理和办学质量也存在许多问题，甚至还出现招生敛财、强制学生转学等一系列管理

◀ 在日喀则地区小学校长培训班上的讲座

问题，在日喀则地区的社会形象也欠佳。

为了解决这些问题，我从 2013 年 6 月 19 日至 7 月 5 日，在不到 3 周的时间内，共召开了 5 次校务会（校级班子共 9 位，包括副校长 7 位、校长 1 位和书记 1 位），4 次行政中层干部（三个学段共 23 位中层干部）例会，召开了学校财务人员座谈会、高中部行政人员座谈会、初中小学部行政人员座谈会、高中部教研组长座谈会；制定了《上海实验学校校务会重大问题决策制度》《上海实验学校物品采购制度及流程》。其间我还向地区教育局分管领导汇报了工作情况，向教育局 4 个科室的领导进行条线工作汇报；召开了一次全体教职工大会；参观了地区第一高中和地区第二高中两所学校，给全日喀则地区的 109 位小学校长开设了《听课、评课与沟通艺术》的讲座。

我根据在校内各个方面的访谈，找出遗留问题的症结所在，通过制度建设、以法治校，在 7 月份三个学段的招生工作中，加强对外宣传，以良好的学校管理风貌取得了较好的社会效益，不仅提升了日喀则上海实验学校在日喀则地区老百姓中的形象，还凝聚了学校的人心，加强了藏汉教师的团结，提升了教师在校的幸福感和工作的积极性。

深入一线，共创学校新辉煌

在初步完成了援藏教育工作第一项任务（重塑形象）后，我把工作重心放在如何切实有效地提升学校的办学质量方面。为此，我在近一个多月的时间内，听过所有任课教师的课，并亲自担任高一（1）班的生物学教学，深入课堂，真实了解实际教学情况。

由于学校的三个学段生源情况各不相同，教育管理方式也不同。当时地区教育局党委书记曾对我说："这相当于同时管理三所学校，难度很大。"其中，小学学段的学生来自学校周边的社区，学生都是走读生。初中学段的学生主要来自市区和附近的几个县，大部分学生住校，但双休日基本都回家。高中学段是面向全自治区招生，学生主要来自地区内各个区、县，学生基本每学期回家一次，双休日大部分都在学校。所以学校的学生宿舍楼也分为初中部和高中部两部分。除了在学校开展调研外，我先后向地区一高、地区二高、日喀则第一初级中学和日喀则第二初级中学的老校长、老领导请教，认真对比分析学校存在问题的主要原因，探索提升办学质量的途径和方法。

在充分调研的基础上，我和学校班子成员一起讨论学校三年发展规划，多层次召开各类座谈会，一起总结和分析过去工作中的成功经验和失败之处，分析原因，总结经验，分学段修订各项管理制度，不断提升学校管理效率和制度建设水平。如在招生和学生的学籍管理方面存在许多问题，特别是"强制转学"措施，是教师教学积极性不高的主要原因。学校为了片面追求升学率，在学生升入毕业班之前，对学困生强制转学，造成了不良的社会影响，这是学校声誉不佳的一个关键原因。对此，我在2013年6月第一次全体教职工大会上提出，"不让一个学生掉队""关注每一位学生的成长"，并在会上宣布取消当年度毕业班学困生"强制转学"的措施，不仅赢得了社会群众的支持，更为调动教师的教学积极性打下了良好的基础。

学校发展的另一个困难是师资队伍的建设。当时，日喀则上海实验学校的教师一旦取得一些成绩，有了一定的资历，都往拉萨城区流动，留在学校的成熟教师大多也是安于现状。为了调动大家的积极性，我深入一线教学，亲自带班上课。在带班上课的过程中，我深刻体会到了在高原地区一线教师的艰辛。

◀ 给日喀则上海实验学校初中部毕业班优秀教师颁奖

每当我满怀激情地上完一节课，我的内衣后背基本都会湿透，劳累的程度犹如在低海拔地区跑一节课。

为了让毕业班的学生更好地完成学业，考上理想的高校，我在 2013 年 8 月开学之初（西藏地区因为气候的影响，一般在 7 月 20 日左右放暑假，8 月中旬开学，寒假较长，一般从 12 月中旬至次年的 2 月下旬），根据 2013 年 7 月高二期末考试的情况和西藏地区的学习特点，对高三年级 6 个毕业班的所有学生进行了仔细分析，包括每个班、每门学科、各层次学生的学习情况。用了 6 个晚上，每晚 3 小时，我和任课教师分别对 6 个毕业班的学生进行各学科的学习方法和高三复习策略的指导。

2013 年 12 月，我们成功申报了国家体育总局批准和支持的青少年足球俱乐部。在三个学段的体育教师的共同努力下，我们总结前几年学校足球训练的工作经验，完善了青少年足球俱乐部工作计划，从小学到高中分别组建了三个足球运动队，加强日常的训练和锻炼，为学生的全面发展打下了良好的基础。

2014 年 3 月，是我一生中最难熬的一个月。回沪休假期间，除夕的前一夜，我突发腹痛，于凌晨到金山人民医院急诊，但未能查出腹痛原因，后来挂了几瓶盐水就不了了之。2 月底进藏后，身体状况一直不佳，再加上 3 月当

◀ 2014 年 7 月 24 日，举办"流动科技馆"及电教设备捐赠仪式

地的氧气含量极低，风沙大，一开展工作就气喘如牛，心闷头痛。在撰写材料时，只能吸着氧气，才能写得较为通顺。

2014 年 5 月，我参加了地区教育局组织的第一届校长论坛，并在高中组分会场进行了交流发言，主要宣传和介绍了上海近几年在基础教育阶段所取得的成绩和做法。

2014 年 6 月，是我女儿初中毕业考试的时间。我坚守在西藏陪着学校的学生参加中考、高考，没有回上海陪伴女儿参加中考。我只能在电话中给女儿鼓鼓劲，这也是我一直愧疚的地方。

在援藏工作期间，我坚持每天早上 8 点多（相当于上海的早上 6 点多）到校开展工作，巡视校园。特别在 6 月"三考"（小考、中考、高考）期间，我经常在早上 6 点多就到学校检查工作，晚上 11 点后才回到公寓休息。

功夫不负有心人，在全体教师的共同努力下，在 2014 年的中高考中，学校取得了丰硕的成果。学年初，我们制定的目标是超过地区第一高级中学（地区内的老牌重点高中），结果拿了全自治区第一。同去援藏的上海市教委援藏干部杨广军同志开玩笑地对我说："你这样会给后面援藏的教育干部带来很大压力哦！"记得刚进藏时，自治区教育厅的分管教学的朱副厅长曾对我说："在西藏，由于政策的因素，高校上线率基本都能得到保障，没有可比性，教学质量的社会评价主要还是参考高考的本科率和重本率。"

学校 2014 届高考文理科各批次录取率均为自治区排名第一，其中重本率达 54%，本科率达 97%。各个批次的录取率都超过了日喀则第一高中和拉萨中学（教育厅直属单位）。而该届学生高中入学时的录取分数线比拉萨中学整整低了 100 多分，并且在学年初没有采取学习困难的学生"强制转学"等不当措施。2014 届中考成绩，也在没有实施"强制转学"的情况下，内地西藏班录取率达到 70%，比 2013 年提高了 15%，没有被内地西藏班录取的学生，大部分都被拉萨中学等自治区重点高中录取了。

抱病返沪，心系西藏教育新发展

2014 年，由于我们取得了中考、高考的双丰收，中考和高考的各项指标在自治区排名第一，引起了日喀则社会各界的广泛关注和重视。为了提高其他薄弱学校的教育管理水平，地区教育局选调了两位副校长到其他学校担任正职。在 10 月新班子调整期间，我一方面向新调任的达瓦次仁书记介绍学校情况，另一方面和他一起商量"薄弱学科攻坚工作"和学校未来发展规划，共创和谐团结的新班子团队。

由于学校教学质量的显著提升，应日喀则地区党委的要求和地区教育局的工作安排，我们接受了新学期的新任务，安排两位中层干部到日喀则海拔最高、最偏远的仲巴县中学（海拔 4700 米）和萨嘎县中学（海拔 4500 米）担任校长助理，帮助两所县中改进教学工作。从日喀则出发到萨嘎县需要 10 小时的车程，从萨嘎县中学到仲巴县中学还有 5 小时的车程。2014 年 9 月以后，虽然胆结石经常发作，但我仍然坚守岗位，为了让两位干部安心工作，我亲自带队，带领初中部的教导主任和教学骨干，到两所学校与当地的教学管理人员一起听课、评课和开座谈会，研讨薄弱学科攻坚方案。同时，还送去了毕业班期中考试样卷。

由于路途遥远，再加上氧气稀少（在仲巴县氧气的含量只有 5%—8%），随同去指导工作的教导主任（当地的藏族教师）也出现了高原反应，我把给自己治疗用的两罐氧气奉献出来，以解燃眉之急。事后，我专程请人从拉萨购买了两台制氧机给两位支教的干部，以备不时之需（当地的瓶装氧气需要到日喀则市区才能充气）。11 月，组织本校初三教师分析两校送来的学生期中考卷，协助两校分析期中考试质量情况，并制定相应的改进措施。

从仲巴县返校后，我在山区指导工作由缺氧产生的高原反应才慢慢出现症状，胆结石引起的急性胆囊炎再次发作。从 10 月底开始一直到 12 月初，我每天大剂量服用抗生素，一直坚持到 12 月 1 日，连下车也感到困难时，才在学校达次书记的强制要求下，让司机送我去地区的八一部队医院进行检查和治疗。在部队医院的 B 超室里，当时一位部队主治医生直接质问我家属都到哪里去了，胆囊已经快烂穿了，如不及时治疗会有生命危险。当我说明情况后，八一医院的医生建议我立即住院手术治疗，因为一旦胆囊破裂，随时会有生命危险。

回公寓后，我把医院报告单交给了领队，他让中山医院的援藏干部沈辉同志仔细研究了病历，还联系和咨询了上海的专家。根据上海专家的建议，经市委组织部同意，让我立即回沪接受治疗。12月2日、3日我仍坚持到校安排好学期结束工作。在市委组织部援藏干部的陪同下，于12月4日回到上海，5日在中山医院接受治疗。

2014年12月下旬，金山区委组织部相关领导找我谈话，劝说我中止援藏，申请返沪，并让我写下书面的申请。2015年春节之前，第七批援藏工作联络组的领队和组长到我家进行慰问。2015年2月22日，大年初二，由于接到学校来电，学校开学的准备工作都没人布置，学校食堂的吊顶脱落，近2000名学生开学后的就餐面临困难。学校部分一米以下的水管也发生冻裂，还没有组织抢修，学生的用水和住校生的饮用水都发生困难。由于西藏地区的特殊情况，2月日喀则市内的外省务工人员都没有进藏，总务主任一时没有办法找到维修人员。

为了站好最后一班岗，我拖着还没有痊愈的身体，于大年初四购买了一张去拉萨的火车票，赶回西藏处理相关事宜，我联系了兄弟学校的校长和援藏干部的在藏同事，找到了几位当地藏族的维修工组织抢修。同时，我和几位校级干部商量制定了新学期的工作计划，为3月1日学校的正常开学做好了各项准备。因为我当时的身体状况非常差，金山区的领导非常关心，紧急派了两位同志到西藏帮助我办理交接手续，于3月返回上海休假。

援藏回来后，日喀则上海实验学校的教师、中层干部及几位校级干部经常打电话给我，询问我的身体状况，咨询有关教育教学方面的问题。有一位学校干部在上海培训期间，更是放弃了参观考察的机会，专程请假从市区赶到朱泾来看望我。学校的达次书记也经常向我咨询学校管理方面的内容。

援藏返沪后，曾有人问我后悔吗。我本着一颗赤子之心，从未忘记我的教育理想，不忘初心，永远牢记我在入党时的誓词。我相信组织，更坚信自己的理想和信念，无怨无悔。在2019年上海高三生物等级考中，我所任教的21名学生中有6名取得了A和A+的优异成绩，这是我人生最大的快乐和幸福。在今后的工作中，我将不忘初心，永远奋斗在教育岗位，并以此为荣，生命不止，奋斗不息。

情系藏区　爱在日喀则

　　邱伟光，1978 年 4 月生，现任上海市金山初级中学副校长。2013 年 6 月至 2016 年 6 月，担任日喀则市上海实验学校副校长、高中部校长、党总支委员。

口述：邱伟光
采访：徐晓红　徐奕晟
整理：徐晓红
时间：2020 年 3 月 20 日

2013 年 3 月，金山区教育局在教育系统遴选两位援藏人员，要求教育系统中 1975 年之后的学校中层男性干部全部报名参加遴选。那时我是本区中学中最年轻的教导主任，再加上自己有过云南支教经历，曾经在迪庆藏族自治州维西县一中支教一年，那边的海拔接近 2200 米，地理位置离西藏很近，想想差别应该不会很大。我的舅舅王仁卫是邮政系统的援藏干部，在征求他的意见时，他赞同我去锻炼一下。基于此，我便报名参加遴选。经过层层选拔，5 月中旬我和罗星中学的冯斌同志最终被确定为援藏人员，通知我们 2013 年 6 月进藏。后来我才知道，这两个名额是上海市教委下放到金山区教育局遴选的。

接到通知后，心里倒矛盾起来了。2002 年 7 月起，我一直在漕泾中学工作，在这所学校一步步成长，有一种难以割舍的情感，和老同事们相处相当融洽。特别是俞正云老师，临行前送了我一本他自己花了两周时间亲手抄写并装订的《道德经》。出发前两天，我带小孩去二实小南校区参加新生报到，并在操场一家合影，虽然嘴上不说，我心里是万般不舍的。

身先力行，树形象

进藏当天，我们就乘坐大巴到日喀则。在日喀则宾馆休整了一周后由日喀则地区教体局党委书记王莹琦陪同到日喀则地区上海实验学校报到。初到学校的第一个印象就是大，从进校门走到会议室已经气喘吁吁了。

日喀则地区上海实验学校位于日喀则市南郊，由上海投资约一亿元全资援建，自 2005 年至今已建成一所集小学、初中、高中十二年一贯制学校，也是当时西藏唯一一所十二年一贯制学校，教职员工 209 位，学生近 2000 名。我的岗位是上海实验学校副校长及党总支委员，分管工作是全校教学、教科研，一年半后转为分管全校督学、教科研、高中部校长。

踏上西藏这片神秘、神奇又令人神往的土地，伴随而来的是每天的高原反应。日喀则市区平均海拔 3850 米，在藏期间一般都是凌晨 2 点左右才能入睡，每天能够睡 6 个小时是很奢侈的事。冬天更是缺氧，嘴唇开裂流血，涂润唇膏也没有用。每天 8 点半左右就到学校，早餐和老师们一起吃碗藏面、喝碗甜茶；晚上 10 点左右回去，可以称得上"披星戴月"。

每年的 3 月、4 月对西藏来说很敏感，要求每一家单位值班维护稳定，我是两周一次 24 小时值班，并且不能睡岗，要一直在门卫。这两个月西藏还是很冷，会下雪，半夜披一件厚厚的军大衣，本来睡眠不行，一天下来头痛欲裂，反应真的会迟钝；还要担心大半夜去厕所被野狗围攻，一般我们去卫生间时，得两人一起拿着棍子去，路上时不时要驱赶野狗。

多措并举，勇作为

进藏后的第一个工作就是调研。我们了解到第六批援藏兄弟给实验学校的项目规划是 1500 万元左右，费用要由援藏资金统筹解决，实验学校的教职员工翘首以盼。谁能想到在地直二组会议上得知，地直的援藏兄弟们遇到日喀则市人民医院的迁建工程，当时日喀则市委、市政府提出来要集中力量办大事，地直的绝大部分资金都投入其中。进藏后的第一次援藏工作会议，联络组对我们提出了一个要求，即"重塑形象"，对于第六批留下的日喀则地区上海实验学校规划项目所需的资金则是无从谈起。到最后日喀则地区上海实验学校每年的小考、中考、高考的奖励资金都是靠援藏兄弟所牵线的资金和金山教育局的资金解决。前几批的援藏干部每批在实验学校投入都要1000多万元，可以想象我们所面临的无形压力。但是对于日喀则市委、市政府的规划，联络组肯定要支持，我们援藏干部更应该服从大局。我及时调整思想，没有资金就以专业能力和过硬的工作作风赢得口碑。我是这么想的，这三年里我也是这么做的。

对于学校，教科研工作原先是空白，这么大一个学校三个学段没有人抓教科研工作，更不用说部门的设立。我通过调研、座谈后向校务会提出计划，在校级领导班子的全力支持下从设立部门、配备人员，一步步发展起来，到我离藏时就已富有成效。我提出的"课堂预演"已在小学、初中、高中三个学段分别铺开，并编写了相应的文本教材，特别是初中化学学科一学年的教材全部编写完毕。我引入的"以课例研究为载体的三反思两实践"教研模式已全校铺开，每两周一次定期开展，学校领导不定期检查，形成了常态。这两块我亲自抓的工作，已成为上海实验学校的特色工作。特别是学校高中部教师踊跃编写习题册和高三复习题库，其中由何卫东、李慧丽老师牵头编写的高三数学复习题库收效尤为显著，第三年时日喀则地区的两所高中提出要出资两万元购买。

◀ 举行高三模拟考试质量分析会

2015年上海实验学校高考数学平均分在全区位列第一。

　　对于督学工作，我积极到三个学段查看情况，把我所看到的、想到的委婉地向校务会提议，供大家参考。特别是对于全校卫生纪律差等情况，一味地靠学生服务处老师检查督促不行，必须要让学生始终保持良好的卫生习惯、学习习惯。解决好这个问题，学校环境好了，学生学习的时间也节省出来了。为此，我带三个学段的政教处教师去江孜高中考察，这所学校的校长曾经在上海挂职了一年，对学生的自主管理工作是行家里手，在自治区有一定的知名度。回来后，高中部率先开展工作，刚开始每周一我都会和高中部政教处人员、所有班主任和班长到宿舍、包干区检查卫生情况，其间还要带领老师突击检查，我们边总结边完善。这项工作富有成效后，2015年下半年起初中部、小学部全面铺开，全校范围的保洁工作由学生负责，学生珍惜自己的劳动成果，校园的环境更加整洁了。

　　2015年下半年，日喀则教育局任命我为高中部校长，高中部工作是我投入精力和时间最多的。我刚接手时的这届高三毕业生是2009年上海实验学校高中部办学以来最为困难的一届，最明显的就是生源多（比2014届生源多43名）、学困生多。第一学期恰好高中教导主任赴内地就医，我实际上相当于兼任了他的

◀ 听课

工作。那时我倍感压力。我紧紧依靠高三老师，不定时地推门听课，想方设法为高三老师解决困难，让他们全身心投入教学工作。每个月自己去超市购买食物放在高三老师的办公室，时常深入学生宿舍查看情况，与学生谈心、鼓励后进生的学习、指导志愿填报等。在全体高三教师的努力下，2015届、2016届高三学生高考上线率为全区第一。在毕业典礼那一天，我收到的哈达挂满了脖颈，都快要压弯了脖颈。特别是有一名男生叫了我一声"爸爸"。高二时这名学生的班主任扎西旺修告诉我有名学生要退学，说是学生的哥哥在部队，姐姐在上海财经大学读书，他爸爸是重病，家里的劳动力只有他妈妈。每当他远远地看到奶奶从远处背水回来，心里就难受，所以他向班主任提出来退学回去帮他妈妈务农。了解情况后，我和班主任找到这位同学谈心，我当场承诺学生的每月生活费由我承担。在这之后，我周末时不时会带他回公寓洗澡，买些学习用品给他。这位同学后来考上了西藏大学，我援藏结束前他来到援藏公寓亲手送上一封感谢信。

　　我也是农村出生，经历过贫困的生活，知道给人一些坚持下去的希望，给人一些关怀，对个人、对家庭意味着什么。对贫困家庭来说，读书考上大学是最好的出路。我那时想，我没给实验学校带来项目，但是做好教育，提高学生的成绩，让他们考上大学，可以改变学生一生的人生轨迹，可以根本改变学生

◀ 和高三毕业生合影

家庭以后的生活，这是作为教育援藏人最大的援藏项目，是真正的民生为本。

高中的另一项工作就是为日喀则市高中校际交流搭建平台。由我牵线协调的日喀则市高中联合考试、教研、公开课已步入轨道，每年由一个学校牵头负责。前期，为开展这块工作，我分别到日喀则市一高、二高、三高介绍这一工作开展的有效性，得到了三所高中的大力支持。江孜县高中闻讯也申请加入这一机制。我向日喀则地区教育局分管教学的扎贵副局长做了汇报，他非常高兴，当即表示给予资金支持。回上海后，我了解到第八批上海教育援藏人延续了这项工作，在此基础上成立了高中联盟校。在藏期间，我还撰写了文章《以校际研修促进区域内师资均衡》发表在《西藏教育》杂志上。

在日喀则上海实验学校的三年中，我组建了一支管理队伍。特别是我任高中部校长期间，原本高中部管理队伍中有些问题，我观察了两个月后，私下进行座谈，在达次书记的支持下果断调整部分干部，把三位专业能力强、威信高的老师提拔到中层岗位。后来达次书记在多个场合说："邱校用的干部就是好。"离藏前，我推荐的普顿任江孜中学副校长、次多任拉孜中学副校长。去年多旺来电感谢我对他的培养，他现在在南木林中学担任副校长，索次第二年就担任了高中部教导主任等。

2015 年 5 月，邬斌副秘书长对我说，日喀则教育局党委书记王莹琦和索旺局长找戴书记（戴晶斌，时任日喀则市委副书记，援藏领队）要求把我调到日喀则教育局任局长助理兼日喀则教科所所长，邬斌同志说戴书记叫我考虑一下，并说不管什么决定，联络组都会支持。这太突然了。刚开始我思绪比较乱，但静下心来就很坦然。我是上海援藏干部，不能个人贸然决定，虽然这是好事，是日喀则教育局对我工作的肯定，但我首先要服从援藏联络组的决定。当天晚上，我就到戴书记的房间表态我服从联络组安排，请戴书记及联络组做决定。戴书记听后，一是肯定我给援藏联络组增光了，二是表扬我组织观念强、有大局意识，三是告诉我他的忧虑就是实验学校的情况。最终我决定继续留在日喀则上海实验学校，随即任高中部校长。

为了尽可能解决我们在实验学校的压力，我也做了很多牵线服务配合工作。广军同志牵头的中国人寿日喀则分公司西藏恒华生物科技有限公司为我校小学部困难家庭学生争取到了近 4 万元的爱心物资；广军同志牵头的华东师范大学实习基地落户实验学校；张俭同志牵头的上海国资委资助贫困学生费用 1 万元；上海市儿童医院晓东同志牵头的长江商学院第 26 期学员携宝尊小叮当为学校捐赠了 15 万元物资；上海第七批援藏联络组牵线、上海支部生活发起资助贫困生费用 20 万元；上海市科委海雄同志牵线沪新教育基金 36.97 万元；金山区教育局支援奖教金 20 万元。

援藏情谊，难忘怀

援藏工作中所结下的情谊，我一辈子都不会忘记。援藏前，原区合交办侯晓峰主任召集本区部分历批援藏干部为我们讲解西藏工作的注意事项、风土人情及保健知识，从思想上帮助我们进藏后尽快适应，打开工作局面。其间朱喜林、侯晓峰、朱瑞军等同志都纷纷伸出援手，让我倍感温暖。朱喜林同志作为援藏大哥特意委托金山的领导进藏慰问我，让我无比感动。进藏时，我和冯斌就得到了闵卫星同志和金健同志的关心。金健同志在百忙中请我吃了火锅，并让任卫副校长（第六批上海援藏干部）向我介绍日喀则上海实验学校的详细情况，让我对这所学校有了初步的了解。

记得 2015 年的一个清晨，我倒在了学校教学楼的楼梯上，是学生喊来藏族老师们把我送到医院。在人民医院的 12 天中，沈辉（时任日喀则市人民医院院长）、杨晓东（日喀则市人民医院副院长）忙前忙后协调救治。白锦波同志（萨迦县委副书记）等都委托援藏同志从县里赶来慰问、看望我。戴晶斌同志在工作上对我们要求很高，在生活上更是关怀备至。我在医院的 12 天，他时常过来或者委托其他同志来陪护。当时戴书记分管全市教学，三年中他把日喀则地区所有的学校跑了两遍，每到一所学校都会听课。他在日喀则地区开展"薄弱学科攻坚计划"，三年下来，日喀则的整体教育在小考、中考、高考、区层面的公开课比赛、论文、课题等方面都切切实实发生翻天覆地的变化，得到了自治区领导的高度表扬。我们 11 位上海教育援藏人在这样的背景下，想方设法干好工作。戴书记每月召集一次教育援藏会议，每个人都要梳理工作中的阶段亮点。平时我和戴书记聊的教育话题很多，对我的工作很有启发。他有时也会让我出出点子，问我有没有好的思路。因为我工作比较投入，会不加拘束地回答，戴书记经常采纳我的一些思路并丰富完善。当他在地区层面推广时我心里很高兴。这样一来，他经常邀我饭后陪他去散步，这实际上对我是考验、是鞭策，也是一种肯定。戴书记将他的成长经历告诉了我，真是奋斗的人生、学习的人生。当我把写好的教育文章拿去请戴书记修改时，他欣然答应。

在平时的工作、生活中，我总是笑脸对人，为日喀则上海实验学校做好凝心聚力工作。特别是高三老师的生日都在我脑子里，每月阶段考试时我就和全体高三老师为他们过集体生日，送上一盒蛋糕和水果一起分享这个时光。格玉老师对我说："邱校，你不要对我们这样好，我们会好好干的。"我说："我是服务大家的，大家比我辛苦得多。"西藏的教师有一部分是从四川、湖南、河南等地区过去的，夫妻二人，一个在市里、一个在县里，双方父母各在两地的情况很多，他们是割舍了亲情在边疆工作。我们援藏只有三年，他们是一辈子，实际上他们更不容易。蒋天宝老师就是其中一位，夫妻俩都是四川人，他爱人在定日县中学任教，两地分隔已5年，称得上是"节日夫妻"。经我多方沟通，2013年10月他高高兴兴地把他爱人接到本校工作。扎西旺修和傅敏老师结婚3年没有小孩，好不容易联系到医院排好日期去诊治，假却批不下来。在我协调下，教务处安排好课程，学校批了两个月的假期，傅敏老师在2016年生了一个男孩。在得知我援藏结束要回上海后，扎西旺修驱车5天从四川赶回日喀则，途中遇到了泥石流堵了一天，到了日喀则后直奔我的房间送上康巴汉子家乡的木碗。我回沪已经4年了，每年春节两口子会通过视频给我拜年。现日喀则市三高拉巴次仁书记（原上海实验学校副校长）说："邱伟光同志是我在这个学校所见过的最好的上海援藏干部。"

三年的工作中，我踏踏实实做事，心里装着日喀则地区上海实验学校的教师，一心为单位同仁谋福利，为自己负责、为家人负责，维护上海援藏团队形象。

三年的援藏生涯，如果是一个梦，那便是一个凝重又充实的梦；如果是一段经历，那会是人生永恒的馈赠；如果是一种回忆，那是我的人生胶卷中一张永不褪色的底片。我爱我的藏族学生，也喜欢我的藏族同事，喜欢与我一同援藏的兄弟们。

尽职尽责履新职
尽心尽力办实事

　　刘峰，1972 年 12 月生，现任上海凤凰企业（集团）股份公司党委委员、副总经理。2002 年 7 月至 2005 年 7 月，担任新疆阿克苏地区温宿县委宣传部副部长、文化体育广播电视局副局长，县委宣传部副部长、文化体育广播电视局局长。

口述：刘　峰
采访：朱鹏程
整理：朱鹏程
时间：2020 年 4 月 8 日

　　2002 年 7 月，我积极响应党的号召，报名投身祖国边疆建设，经过组织层层筛选、考察，我光荣地加入了援疆干部队伍。7 月 26 日，我作为上海第四批 51 名援疆干部的一分子，肩负着党中央赋予的光荣神圣使命，带着上海各级领导和 1600 万上海人民的重托，告别亲人，远离故土，从大都市不远万里来到祖国的西部边陲——新疆阿克苏地区温宿县，开始了三年援疆的征程。

　　根据组织安排，我先后担任中共温宿县委宣传部副部长、县文化体育广播电视局副局长，中共温宿县委宣传部副部长、县文化体育广播电视局局长，主要协助县委常委、宣传部部长张洵同志负责日常工作，分管对外宣传、精神文明建设等工作。同时，根据联络组安排分工，我担任上海第四批援疆干部联络组温宿小组副组长，协助组长徐国愚同志负责学习、文书等工作。三年来，在上海市各级党政组织及领导的关心支持下，在联络组和组长金士华同志以及阿克苏地委、行署和温宿县委、县政府的正确领导下，我牢记重托，开拓进取，为当地经济发展、社会稳定、民族团结和人民富裕做出了积极的贡献，取得了较好的成绩，也赢得了阿克苏各级领导和各族干部群众的好评。2003 年 7 月被阿克苏地委评为阿克苏地区优秀共产党员，2003 年 12 月被地委组织部评为优秀援疆干部，2002、2003 和 2004 年连续三年在温宿县干部考核工作中被评定为优秀。

努力学习，与时俱进

在边疆工作，面对复杂的政治斗争环境，必须要具备政治坚定性、政治敏锐性和政治洞察力，必须讲政治、讲大局，自觉地把援疆工作融入保持社会稳定、加强民族团结、维护祖国统一的伟大事业中。进疆后，我坚持用理论武装头脑，深入系统地学习党的民族宗教政策和中央、上海市委领导同志关于做好援疆工作的讲话精神。主动学习现代科技、领导科学、法律等知识和其他一些与自身业务相关的先进技术、业务管理知识。参加了"学习吴登云事迹，热爱边疆作奉献""弘扬屯垦戍边精神，继承艰苦创业传统"等 10 次联络组主题教育活动。全身心地投入保持共产党员先进性教育活动，做到全心全意为人民、一心一意干事业、真心实意作表率。三年来，撰写理论文章 10 余篇，心得体会 20 多篇，读书笔记 5 万余字。平时，经常跟同志们在一起交流学习心得，使学习内容入脑、入心。通过学习，自身政治思想、理论素养、党性党风都有了较大的进步，增强了讲政治、讲大局、讲团结、讲学习、讲奉献的自觉性，提高了对援疆工作的认识，增强了政治责任感和历史使命感，提高了政治鉴别力和洞察力以及把握大局、从容应对复杂局面和处理复杂问题的能力，使自己在反对"三股势力"的斗争中经受住考验，在艰苦的环境中锻炼成长。

勤政为民，不辱使命

进疆以来，我按照"学为先、干为本、廉为要、和为贵"的要求，立足本职岗位，充分发挥自己的聪明才智和业务技术专长，团结带领宣传思想战线上的同志围绕中心、服务全局，加强领导、形成合力，把握导向、营造氛围，唱响主旋律、打好主动仗，为温宿县经济发展和社会全面进步提供了强有力的精神动力、思想保证和舆论支持。

尽职尽责做好本职工作。面临新的工作岗位和新的工作环境，我深深地认识到，只有虚心向书本学习，向群众学习，向身边的同志学习，很好地把求知与实践、学习与运用有机结合起来，在实践中锤炼自己，才能以最快的速度适应环境，进入角色，发挥作用。

一是抓好调查研究，理清工作思路。从一名专业技术干部到党委部门负责干部，跨度相当大，况且是要做好一个面积相当于两个多上海的边境县的宣传思想工作，如果不了解情况，就抓不住工作重点，打不开工作局面。于是，刚到温宿不久，我第一件事就是克服困难，深入第一线，深入群众中，掌握第一手资料，理清工作思路，确保各项工作富有成效。

二是抓好理论教育，用科学的理论武装人。在全县各族干部群众中狠抓以学习宣传贯彻党的十六大精神、《"三个代表"重要思想学习纲要》等为主要内容的理论学习工作。组织理论宣讲团到乡镇场巡回宣讲。组织编印了维吾尔文、汉文两种文字的《十六大精神学习问答》，免费下发到基层党员干部手中。2003年，组织了温宿县首次大规模的干部理论考试，极大地激发了各族干部用科学的理论武装头脑的学习积极性。

三是抓好新闻宣传，用正确的舆论引导人。为了使全县对外宣传工作在数量上和质量上有较大的突破和飞跃，在全县树立了"三种意识"：第一是阵地意识。积极引导办好托峰明珠广播维吾尔语、汉语节目。通过购置广播电视接收设备，实施技改项目，提高了信号覆盖率，完成县乡广播联网工程，广播电视传媒的作用得到充分发挥。我指导广播电视中心建立起了温宿县政府门户网站，打开了一扇连接世界的窗口，积极引导网站做好党的路线方针政策、招商引资政策等正面宣传工作，发挥好网络传媒的优势。第二是创新意识。采取"请进来、走出去"的办法，一方面举办培训班，邀请专家教授讲课，提高通讯员的新闻意识和写作水平，另一方面鼓励通讯员贴近实际、贴近生活、贴近群众，多跑基层，镜头朝下。随着温宿县油气资源、旅游资源的开发开放，区内外媒体竞相聚焦温宿。我以此为契机，带领相关部门，做好"全国党报党刊记者环塔里木行"采访团、上海新闻采访团等媒体采访活动的服务保障工作，通过他们把温宿宣传、推介出去。第三是精品意识。借助区内外新闻媒体的力量，在中央及各大媒体上相继推出了《马背放映队》《大漠深处绿意浓》等一批颇具影响力的电视专题片和新闻作品，特别是《大漠深处绿意浓》，这部反映温宿县旅游资源、自然风光——神木园的专题片，在 2003 年中央电视台组织的"龟兹杯：看新疆——全国电视易地采访活动"优秀作品评比中获得了三等奖，并在中央电视台第四套节目进行了长达 15 分钟的展播，影响深远。经过努力，温宿县对外宣传工作水平始终保持在全地区前列。加强广播电视安全播出工作，尤其是党的十六大召开期间，制定预案，实施演练，确保万无一失。预防"非典"期间，集中精力抓好宣传教育工作，使防"非"知识家喻户晓、人人皆知。

四是抓好思想教育，用高尚的精神塑造人。狠抓以《公民道德建设实施纲要》为主线、以自治区"公民道德月活动"为主题的全县各族干部群众政治思想道德学习教育工作，周密安排、精心部署，开展了"我为雷锋点首歌——讲述雷锋的故事"等一系列丰富多彩、形式多样、声势浩大的公民道德建设活动，对提高各族干部群众思想道德素质起到了积极的作用。组织开展民族团结教育月及"三下乡"活动，在活动中突出民族团结教育，突出了为群众办实事、办好事，受到了各族群众的欢迎。我还组织实施了加强和改进未成年人思想道德建设十件实事工程，为未成年人健康、茁壮成长营造了良好的氛围。

五是抓好文化繁荣工作，用优秀的作品鼓舞人。为丰富各族群众文化生

◀ 参加温宿县万亩果园植树义务劳动

活，组织开展了新世纪文艺展演、百日文化广场活动、农牧民文艺汇演等群众喜闻乐见、丰富多彩的文艺活动。文化馆、文工团等单位创作的文艺作品多次在自治区、地区获奖。抓好"十个一"亮点工程的挖掘、推荐工作，一批优秀作品脱颖而出。

六是抓好阵地建设，用丰富的活动凝聚人。我采取"财政补一点、乡村筹一点、县直单位助一点"的办法，筹集资金在全县新建了 19 个高标准文化活动中心。培育创建了 100 户小康文化户。这些加强农村宣传思想阵地建设的举措，进一步丰富了农牧民群众精神文化生活，为促进农牧区经济发展、政治稳定和精神文明建设提供了强大的精神动力。

做好援助工作需要尽心尽力。温宿县地处西部边陲，是一个经济欠发达地区，在对口支援中争取项目、资金支持，对增进沪阿友谊、加强民族团结、促进社会发展、维护边疆稳定具有十分重要的意义。我积极开展调研考察，制定工作计划。在联络小组的带领下，对教育、卫生、广电、民政、公安等部门进行了调研和走访。通过调研，了解掌握了温宿县政治、经济、意识形态口的基本情况。在此基础上，全组同志集思广益、出谋划策，形成了《上海第四批援疆干部温宿小组三年工作计划》，提出了三年总体工作目标。

◀ 至阿克苏地区博孜墩乡慰问贫困家庭，并送上种子、农药和农技书籍

我想方设法落实援助项目，把好事办实。温宿县地处祖国边境，近年来，国外敌对势力加紧了对我国实施西化、分裂的阴谋。因此，宣传舆论阵地的强弱直接影响政权稳定、民族团结、社会安定和经济发展。在前期调研的基础上我提出了加大硬件投入、扩大宣传效应的设想。利用每年春节回沪探亲休假的机会，到区里、台里，向领导汇报工作情况，争取领导的支持。在领导的关心、支持下，金山区人民政府无偿援助了价值15万元的广播电视设备，有效提高了节目制作和播出质量，发挥了党和政府的喉舌作用。在金山区广播电视台领导的支持下，台里援助了3万元的对外宣传奖励经费，外宣工作得到加强。

三年来，我联系组织了三批温宿县考察学习团到金山参观、考察。通过座谈会、实地参观等形式，加深了彼此间的了解，增进了双方的友谊。

加强团结，树立榜样

温宿县是一个典型的少数民族地区，有维吾尔族、汉族等21个民族。我主动和少数民族干部交朋友，尊重他们的生活习惯，学习他们的生活礼节，掌握他们的风俗人情。像爱护自己的眼睛一样珍惜援疆机会、工作机缘，和地方同志、全组援疆干部拧成一股绳，心往一处想，劲往一处使，事往一处做。

刚到温宿报到的第三天，我就同全县干部群众一起投入了昆马力克河的抗洪抢险工作，还与援疆干部共同出资购买了羊肉、西瓜等慰问品送到抗洪一线慰问干部群众。洪水过后，我又同援疆干部一起到遭受洪水袭击的农户家中，给他们送去了大米、清油等慰问品，帮助灾民重建家园。每年扶贫周我总是带领部门同志深入对口扶贫点，送图书、捐衣物，把党和政府的关怀送到各族农牧民群众心坎上。每年5月民族团结教育月和开学前，我都要去看望结对帮困的维吾尔族贫困学生，了解生活、学习情况，每年1200元的捐助为困难学生解了燃眉之急。在阿克苏发生洪涝灾害、喀什发生地震后，立即各捐出1000元，通过联络组表达关切之情。进疆后，多次以当地干部身份参加扶贫帮困、爱心助学、抗震安居等捐资活动，累计捐款7000多元。

援疆工作使命崇高、责任重大、任务艰巨，离不开来自方方面面的关心、

◀ 看望结对贫困学生，了解学习生活情况，并送上帮困助学金

支持和帮助，离不开沪阿两地各级党政组织及领导的亲切关怀和鼎力支持。进疆后，当地党政组织和领导高度重视、精心安排，受援单位做到政治上信任、生活上关心、工作上支持，为顺利开展援疆工作创造了良好的条件。组织部门经常到受援单位了解援疆工作情况、干部生活情况，每逢中秋节、援疆干部过生日，组织部门的领导都到场与大家同乐，让我感受到了大家庭的温暖。上海市委、市政府和各派出单位领导对援疆工作也高度重视，每年分批次派代表团到阿克苏，亲切看望慰问援疆干部，带来了上海人民巨大的精神鼓励和有力的物质支持。

援疆工作离不开援疆干部联络组的正确领导。火车跑得快，全靠头来带。三年来，以金士华同志为首的联络组不断强化自身的思想作风建设，组织开展了"学习党的十六大精神，与时俱进做好援疆工作"等 10 项主题教育，增强了我们做好援疆工作的责任感和使命感。为调动大家的积极性，他经常开展谈心活动，广泛听取大家对联络组工作的意见和建议，主动关心援疆干部的学习、工作和生活，及时与上海有关方面联系、沟通，帮助援疆干部解决个人和家庭遇到的困难，增强了联络组的凝聚力、向心力和战斗力。

援疆工作离不开一支特别能吃苦、特别能战斗、特别能奉献的援疆干部队伍。艰苦条件锻炼人，复杂环境磨炼人，艰难历程培养人。边疆艰苦、复杂的环境为我们援疆干部提供了经受锻炼的特殊场所，西部大开发为援疆干部提供了施展才华的广阔舞台。老一代援疆干部艰苦奋斗、献身边疆的优良传统时刻激励着我不断奋勇前进，从东海之滨到西部边陲，从滔滔浦江水到茫茫戈壁滩。回眸三载援疆岁月，51名援疆干部牢记重托，不辱使命，经受了艰苦条件和复杂环境的考验和锻炼，为促进边疆政治稳定、经济发展、民族团结和社会进步做出了应有的贡献。

援疆工作离不开一支特别坚强、特别贤惠、特别敬业的援疆干部家属队伍。51名援疆干部上有老、下有小，为了支持丈夫安心在前方工作，圆满完成援疆事业，爱人在后方默默地承担起了照顾长辈、抚育子女的责任。她们白天在单位兢兢业业、踏实工作，晚上在家里忙忙碌碌、任劳任怨，"买、汰、烧"一肩挑，"单位、家庭"两不误。特殊的情况培养了她们特别坚强的品质；特殊的家庭培养了她们特别贤惠的美德；特殊的使命培养了她们特别敬业的品德。军功章里有我们的一半，也有她们的一半。虽然没有直接援疆，但家属们的所作所为、精神品质传递的就是一种对新疆各族人民的深情厚谊，可以说，这是一种间接的援疆！

三年援疆工作丰富了我的人生经历、锻炼了我的意志品质。我会永远怀念这段珍贵的岁月，也会永远铭记我的第二故乡。祝愿温宿繁荣兴盛！祝福温宿各族人民生活幸福美满！

情系边疆　无私奉献

　　宗兵，1966年9月生，现任上海市浦东新区浦南医院普外科主任，上海善夷健康管理有限公司董事长、总经理，上海善夷普济中医门诊部院长，善夷医生集团创始人。2002年7月至2005年7月，担任新疆阿克苏地区温宿县人民医院外科主任、副院长、院长。

口述：宗　兵
采访：王昊宸
整理：王昊宸
时间：2020 年 3 月 6 日

　　我是一名外科医生，治病救人是我的初心，援疆是我人生一笔宝贵的财富。三年援疆，我始终坚持"情系新疆、无私奉献、求真务实、追求卓越"，始终牢记"学为先、干为本、和为贵、廉为要"的援疆干部行为准则，脚踏实地，兢兢业业，圆满完成了援疆工作任务，提高了素质，增长了才干。

认真学习

　　三年来，我认真学习党的理论和方针政策，并写了数万字的笔记。通过学习，认识到了援疆工作的重要历史意义，更加强了工作的使命感和责任感，加强了政治意识和全局意识，积极向党组织靠拢，并于 2003 年 6 月光荣加入中国共产党，实现了我人生最大的愿望。

　　在上海援疆干部联络组的组织下，我们先后到乌恰县、驻阿克苏部队、上海知青戴根发牺牲处、酒泉卫星发射中心等地向英雄们学习。在祖国最西部的帕米尔高原，我们聆听了吴登云同志所作的报告，参观了在吴登云同志带领下在戈壁滩上建起的花园般的乌恰县人民医院。吴登云同志多次放弃在内地工作的机会，以满腔热忱投入到边疆人民的卫生事业中。为了挽救病人的生命，他会一次次挽起袖子让鲜红的血液流进民族兄弟的体内，他会跋山涉水，风餐露宿。他把青春奉献给了边疆人民，他把终身献给了帕米尔高原。他那不畏艰险、无私奉献的精神震撼着我们全体援疆干部的心灵。

在驻阿部队营地，我聆听着英雄部队的光荣传统和英雄事迹，又一次经受了强烈的心灵震撼和深刻的思想锤炼。结合援疆干部管理条例的再一次学习，我们全体援疆干部牢固树立了为边疆人民谋幸福、视边疆人民如父母、帮边疆人民解忧愁的思想意识，牢固树立了为党和人民长期艰苦奋斗的思想，牢固树立了铁一般的组织性和纪律性。

戴根发同志是在边疆牺牲的上海知青之一。他和他的数十万战友，满怀激情，高唱着革命歌曲从大城市来到了荒无人烟的沙漠戈壁，喝雪水，啃粗粮，住地窝，战天斗地，硬是把亘古荒原变成了绿洲。他们把青春、汗水和热血洒在了阿克苏这片土地上，他们那种"敢教日月换新天"的气概和艰苦奋斗的精神激励着我们这支新时期的援疆干部队伍。

在酒泉卫星发射中心，我们聆听了一支英雄队伍在茫茫戈壁创造了惊天动地的伟业的事迹。他们爱党爱国爱人民，有着科学求实、立志献身国防事业的高尚情操，艰苦创业、锐意进取的时代精神，纪律严明、甘于清贫的思想作风。这激励我们勇于克服工作和生活中的困难，敢于吃苦、乐于奉献、不辱使命，把好事办实，把实事办好，自觉维护上海援疆干部的集体荣誉和自身形象。

新疆虽然经济上跟上海相比差距很大，但新疆的干部群众身上有很多值得我们学习的地方，让我感触最深的是奉献精神。"献了青春献终身"，是无数新疆干部群众的真实写照。他们的奉献精神还体现在义务劳动和捐款捐物中。为了改变新疆恶劣的自然环境，需要长期的植树造林。可在沙漠戈壁上种树谈何容易，需要投入大量的人力物力。我们常常看到，在植树的季节，全体干部群众轮番上阵，头顶烈日，挥舞铁锹，挖坑种树。不仅出力，还出钱出物。我估算每位职工每年会将一个月的工资捐给植树造林、教育扶贫等工程。在疆期间，我两次参加植树造林，为植树造林、教育扶贫等捐款3000余元。

三年来，我还学习了《新疆概览》《新疆民族与宗教知识百题》等书籍，了解了新疆的历史、地理、民族风俗等基本情况；了解了当前形势下反对民族分裂，与"三股势力"作坚决斗争，维护新疆稳定、维护祖国统一的重要性。通过学习，我在工作与生活中能够尊重少数民族的风俗习惯，能够正确处理与民族同志的各种关系，与民族同志团结友爱，建立了深厚的友谊。

新疆离上海近万里，交通不便，信息交流困难。而上海日新月异，飞速地向前发展。援疆干部尤其是我们这些专业技术干部，如果不利用时间努力学习新知识、新技术，三年之后，我们将如何去搭乘上海这趟高速列车呢？所以，从进疆的那天起，我就给自己制定了学习计划。三年来，我通读了临走时金山区领导赠送的一套全国干部学习读本；学习了《外科学》《黄家驷外科学》《普通外科手术学全集》等专业书籍。我除了学习专业知识，还学习英语。为了提高英语听力，我购买了随身听，利用业余时间不断练习。为了及时了解和掌握最新信息，我购买了电脑。在回沪休假时，我常去医院向老师请教，到图书馆查阅文献，到病史室收集病例资料。三年期间，我申请了一项上海复旦大学金山医院科研课题，共撰写 10 篇论文，其中 7 篇已在全国性医学杂志上发表。

在奉献中成长

刚到温宿县人民医院，还未从旅途的疲惫和时差的错乱中恢复过来，我就迅速投入到工作之中。在短时间内我就进入了角色，熟悉医院环境，了解医院各方面状况，检查医院现有器械和设备情况。到达的第二天，我就开始查房并为一位维吾尔族退休干部做了胆囊切除术。在接下来的几天中，我又为慕名而来的数名患者做了手术。三年来，我没有白天晚上，没有节假日，只要病人需要，我就会立刻赶到病房，为病人诊治和做手术。错过吃饭和休息时间是经常发生的事，无数个夜晚和节假日我是在病房和手术室度过的。有时通宵做手术，第二天还照常查房和做手术，就算生病了，我也会坚持为病人看病和做手术。有一次，我患重感冒，头痛欲裂，全身酸痛，体温 39 度。当我正在接受输液时，听说来了一位急性化脓性胆管炎病人，需要立即做手术，病人希望我能为他主刀。我没有犹豫，拔掉输液器来到手术室。手术成功了，病人转危为安，可我已经几乎没有站立的力气了。2003 年春节休假后回疆，刚下飞机，

◀ 为维吾尔大爷义诊

从接机的医院同事那里得知病房里有一位需要抢救的病人，我回到房间放下行李就直奔病房参加抢救。为病人做完手术回到宿舍，刚吃完饭，电话铃声响起来，一例正在进行中的手术碰到困难，我又立即赶去。当我拖着疲乏的身躯回到宿舍时，已是繁星点点。

　　在有限的时间里能尽可能多地为当地群众解除疾苦是我最大的心愿。三年来，我接诊1500人次，共做了326例手术，其中胆道手术就达200余例，这是温宿县人民医院过去10年胆道手术数量的总和。我还开展了新技术的运用，填补当地医院空白50例次，其中肝总管癌切除1例，胃癌根治1例，甲状腺癌改良根治2例，腮腺肿瘤切除1例，胆总管囊肿一期切除和胆总管空肠吻合2例，大隐静脉点式抽剥术5例，术中经胆囊管胆道造影28例，残余胆囊并结石切除3例，阑尾类癌根治1例，十二指肠严重破裂修补、乳头成型1例，腹腔多脏器破裂合并输尿管断裂修补1例，严重肝破裂修补1例，坐骨神经断裂修补1例，手术切除难愈性褥疮1例。我还成功抢救了胆源性胰腺炎、十二指肠断裂、肝脾破裂、输尿管断裂、坐骨神经断裂、感染性和创伤性休克等49例重危病例。许多病人慕名而来，有阿克苏地区的，也有其他地方的，比如有两位病人就是从乌鲁木齐赶来的。病人增加了，医院的经济效益和社会效

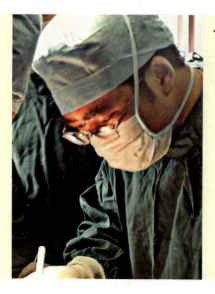
◀ 我在手术中

益也有了大幅度的提高。

我克服了许多难以想象的困难，创造条件开展新技术的运用。没有尖头电刀，我就自己动手磨。麻醉师不知如何麻醉，我就从解剖学角度给他们讲解神经的分布。放射科医师不会做术中造影，我一次次经受放射线的照射，从放底片到对焦、调节 X 光线大小，从照影剂的浓度、剂量、推注速度到造影结果的分析，进行教学，终于使放射科和外科医师掌握和熟练运用该技术。我们运用该技术 40 余次，避免了患者不必要的胆总管探查，避免了胆总管结石的残留，为明确诊断提供了有力的科学依据，从而使医院的胆道手术水平上了一个新的台阶，填补了阿克苏地区的空白。

为了高质量完成手术，我在每次重要手术前都要到手术室挑选手术器械，认真查阅书刊，给带教的医师或助手讲解相关的知识和注意事项，详细了解病人的各项情况，做到胸有成竹、万无一失。温宿医院的麻醉机早已不能正常使用，要确保麻醉的安全非常困难。我积极向自己所在的上海单位和卫生局联系，在最短的时间内争取到了 30 万元援助资金，去联系购买了 2003 年最新款的美国进口"欧美达"麻醉机，后来又为手术室、外科病房、急诊科和内科添置了监护仪。在另外两位援疆干部的配合下，我们共援助 80 余万元，建立了温宿上海创伤急救与普外诊治中心，并于 2003 年 7 月挂牌成立。中心的成立改善了医院的医疗条件，提高了医院的诊治水平，从而更好地为温宿人民服务。为了更好地开展手术，我还从上海带回 1 万余元的胃肠吻合器、刮吸器等医疗器械。看到有些烧伤病人没有好的治疗药物，我就从上海带来治疗烧伤的特效药。为了保证这药的质量，我还特制了一个保温盒子，在乌鲁木齐也不停留，当天就从上海赶到了温宿，直到把药物放进了医院的冰箱才长舒了一口气。

在工作中我发现当地有较高的胆囊结石发病率，许多农牧民刚脱贫就因为胆囊结石手术而再次陷入贫困之中。当地的胆囊结石发病率到底有多高？是哪些因素导致了高发病率？如何预防？这些问题使我萌发了在当地进行流行病学调查的念头。当然，我很清楚，要搞这样的一项调查工作是非常复杂且费时的，需要牺牲许多的休息时间。我没有被困难吓退。经过充分的准备后，我申请了温宿县科研基金，在温宿县各级领导和温宿县医院领导的大力支持下，我带领由县医院外一科和功能科组成的课题组成员开始了为期一年的胆囊结石流行病学调查。

一年来，我们利用周末休息时间，顶风冒雪，风沙、酷暑无阻，携带 B 超机，跋山涉水，辗转温宿县的各乡镇林牧场，共对 4000 余名群众进行了调查和体检。调查结果显示，温宿县地区胆囊结石的发病率为 13.2%，几乎比全国平均水平高出一倍。胆囊结石的发病与性别、年龄、饮食结构、饮水、肥胖指数等多因素相关。预防的关键在于从年轻时抓起，改善饮食结构、改善饮水水质等。在流行病学调查过程中，我们还尽可能地为农牧民们送医送药，为他们做健康和卫生知识宣传和指导，深受广大群众的欢迎。许多山区的群众还是第一次做检查，当我们离开的时候，许多群众都依依不舍，他们的口中喊着："热合买提（谢谢）！"经过调查，有 36 位查出胆囊结石而又需要手术的群众到县医院来找我为他们做了手术。

为了培养当地的技术队伍，我有计划地进行带教。通过教学查房、病例讨论、业务小讲课、全院业务讲座、手术示教等多种形式将自己所掌握的知识和临床经验传授给当地医务人员，提高他们的理论水平，规范他们的操作。

在业务培训上举办各种学习讲座、普外学习班 10 余期，为医院、县直医疗单位和各乡场卫生院培养专业人员达 3000 余人次。我带教的 3 名徒弟现在已能独立完成胆囊切除、胆总管探查、脾切除、大隐静脉曲张抽剥术等普外科手术，还能独立完成胃肠穿孔、创伤性休克等重危病人的抢救。一名徒弟现已提为医务科主任，一名提为科室副主任。我联系安排到上海进修的 4 名业务骨干回温宿后业务能力都有了很大的提高，其中一名医师还开展了新项目，填补了医院的空白。通过胆囊结石流行病学调查，当地医务人员的科研能力有了提升。在我的指导下，外一科的两名医师在全国性医学杂志上发表了 3 篇论文。

2002 年 8 月，我被任命为院长助理。2003 年 3 月，经过民主推荐、组织考察，我被任命为温宿县人民医院副院长，分管大外科和全院的医教研工作。我虚心向当地领导学习，逐渐熟悉了管理上的许多新知识和新方法。同时，我也积极出谋划策，将上海的先进管理理念、发展理念、服务理念、人文管理理念引入医院的管理工作，制定了一整套规章制度，规范了医院的管理，使医院取得了经济效益和社会效益的双丰收。职工收入提高了，工作积极性也更高了。2004 年 12 月底，我被任命为院长。为了增强医院的凝聚力，在我的建议下，医院工会登记了每名职工的生日，从 2003 年开始每名职工在生日的当天都会收到医院送去的生日蛋糕。在抗击"非典"的日子里，我始终战斗在第一线，讲课、培训、演习、规范消毒隔离措施等。

在为病人诊治疾病的过程中，我了解到他们的经济困难，就为他们捐款捐物。我先后 20 余次为贫困的病人捐款 2000 余元。一位维吾尔族妇女患乳腺肿瘤需要手术，可她却没有足够的钱来支付手术费用，我为她捐了 400 元，并亲自为她做了手术。一位急性坏死性胰腺炎的病人经济困难，我为他买来了中心静脉导管。我还结对帮助一位叫阿力亚·吐尼亚孜的小学生，经常去她家帮助解决生活困难，送米送面送钱，为她买书买衣，共捐扶贫资金 4000 余元，使她得以有机会继续学习。春节回沪，我从上海为孩子带回新衣服和学习用具。每次从她家离开，她总是重复着两句话："感谢党和国家！感谢上海援疆干部！"2002 年阿克苏洪灾、2003 年巴楚伽师地震我先后捐款 2000 元。

◀ 义诊团队工作场景

　　2002年10月，在去喀什考察的火车上，我和另外两位援疆干部巧遇维吾尔族同志突发疾病，我们毫不犹豫地前去救治，挽救了他的生命。当病人和周围的群众从乘警那里得知我们的身份后，车厢里响起赞扬声："上海医生，亚克西！"2003年，我们又一次在列车上抢救了一位受伤的乘客。

　　2003年，我联系和参与接待了上海金山区党政代表团在新疆的考察慰问和温宿县卫生代表团在上海的考察学习活动，为两地架起了友谊的桥梁。

　　三年中，我参加了上海援疆干部联络组组织的10余次义诊，共接待了1550余位各族群众。在义诊中，我认真负责、耐心细致地询问病情，解答疑问，开方配药。我积极参加温宿联络小组和温宿县人民医院每年的"三下乡"活动，深入农牧区为农牧民看病，送医送药到农牧民家中，共接待病人近1000人次。

一生的财富

　　我通过学习党的民族宗教政策，学习和了解新疆的历史、社情和民情，把自己融入新疆各族人民之中，尊重少数民族的风俗习惯，与当地各族干部群众同呼吸、共命运、心连心，建立了深厚的友谊，赢得了他们的尊敬和爱戴。

　　我牢记出发前上海市领导的嘱咐，牢记联络组的要求，在工作中做到正确把握自己的角色定位，尽心、尽职、尽责，尽职不越权；尽责不出错，以海纳百川、光明磊落的胸怀与当地干部群众互相尊重、互相支持、互相理解、团结协作，共创和谐环境与氛围，赢得了当地干部群众的好评。

　　在联络组内，我能正确处理与各位援疆干部之间的关系，时刻注意维护上海援疆干部的整体形象。在温宿小组，我积极参加各项活动，听指挥，服从安排，顾大局。周末休息时，我常常施展自己的厨艺，为大家做饭烧菜。在医院内，我与另外两位援疆干部亲如兄弟，大家互相帮助，互相支持，买菜做饭我都抢着干，谁有事我们都会细心关怀。

　　在三年的工作中，我多次拒收病人及家属的礼品。2003 年，在联系购买麻醉机期间，一位业务员悄悄将装有 2 万元现金的信封放在了我住宿的房间，我发现后立即追上前去归还给她。此后我又多次拒绝了其他业务员的吃请，保证了购买援助设备的价廉物美。我能够严格遵守纪律，做到自重、自律、自省、自励，时刻以共产党员的标准要求自己。

　　援疆工作磨炼了我的意志，提高了我的思想境界，净化了我的灵魂，增长了我的才干。作为上海第四批援疆干部中的一员，我深感自豪，同时也深感肩负的责任重大。在艰苦的环境中磨炼自己的意志，在复杂的环境中锻炼自己的应变能力，在不断学习中净化自己的灵魂和提高自己的政治素质和业务能力，在服务边疆人民的同时向边疆人民学习。三年来，我的政治理论水平、业务能力、医院管理水平都有了较大的提高，从一名普通群众成长为中共党员，从一名专业技术人员逐渐成长为管理干部，我的灵魂在奉献和服务边疆人民中得到了升华。

　　三年来，我虽然失去了优越的工作环境和舒适的家庭生活，失去了业务上的学习提高机会，失去了对爱妻、幼女和多病老母的关爱和照顾，但我得到了实现人生价值的机会。能够克服家庭、生活和工作中的许多困难，舍小家，为大家，为党和国家的伟大事业尽绵薄之力，我感到无比自豪！能够作为上海1600 万人民的代表，把党和政府对新疆各族人民的关心，把上海市委、市政府和全体上海人民对新疆人民的深情厚谊，化为自己援疆工作的动力，把援疆工作做好做实，我感到无比骄傲！三年的时间虽然短暂，可在此期间所培养的政治意识、党性意识、大局意识、服务意识使我受用终身。

三年，只是时间长河的瞬间；三年，只是人生短暂的旅程。但三年援疆工作经历，却是我一生中最珍贵的财富！

用心用情，做好援疆三个"员"

　　王石军，1964年2月生，现任金山工业区人大工委副主任、总工会主席。2005年6月至2008年7月，担任新疆温宿县发展计划委员会副主任。

口述：王石军
采访：周兰珏
整理：周兰珏
时间：2020 年 3 月 25 日

2005 年 7 月 25 日，戴着大红花，我们上海市第五批 56 名援疆干部由上海展览中心乘坐大巴出发前往机场，踏上了三年援疆征程。送行的人群中，有领导，有同事，有家人。到了温宿县的宿舍，我把这朵大红花收藏了起来，援疆结束时我又把这朵大红花带回了家，至今还珍藏着。每当看到它，一幕幕援疆情景便浮现在我眼前。

援疆工作的一名联络员

记得在行前，许多领导对我们说，你们是上海市援疆干部，要做好沪阿两地援建与合作交流及友好往来的联络员。

阿克苏与上海相距 4600 多公里，相隔千山万水。阿克苏是南疆最发达的地区之一，也是祖国的边陲重地，地处新疆维吾尔自治区中部，天山山脉中段南麓，塔里木盆地北部。东邻巴音郭楞蒙古自治州，西接克孜勒苏柯尔克孜自治州，西南与喀什地区接壤，南与和田地区相望，北与伊犁哈萨克自治州毗邻，西北以天山山脉中梁与吉尔吉斯斯坦、哈萨克斯坦交界，由 36 个民族组成，是一个以维吾尔为主体的多民族聚居地区。我任职的温宿县隶属于阿克苏地区，紧邻阿克苏市，全县总面积 14569 平方公里，资源丰富。"温宿"维吾尔语为"多水"之意，此地素有"塞外江南"之美名，区域内有被评为国家4A 级旅游风景区的"大漠绿洲"天山神木园、因地质构造奇特而被评为国家4A 级旅游风景区和国家地质公园的天山托木尔大峡谷等。

阿克苏与上海，心连心，情相融。

上海和阿克苏是两座友谊之城，素有"阿克苏人的上海情结""上海人的阿克苏情怀"等说法。早在 20 世纪 60 年代，上海数万知青响应党的号召，来到阿克苏工作生活，第一次把上海与阿克苏联系在一起，目前他们中的绝大多数已经返沪，但他们仍然关心着阿克苏的发展。至今，还有 8000 多名上海知青和他们的后代留在阿克苏，继续建设阿克苏。记得我们刚到那里时，曾经在阿克苏一家不大的饭店吃饭，店家问我们哪里来，我们说上海，他立马说给你们打八折优惠。我好奇地问为什么，他说得很生动，他说我们阿克苏人特别感谢和佩服上海人，当年数万上海知青远离城市和家人来到西域边陲开荒种地。戈壁滩都是砂石，很坚硬，开荒很艰难，一镐子下去，镐子直接就弹了回来，知青们硬是用膝盖撑地，用相当原始的工具挖地，膝盖都磨出了泡，磨出了血。这件事情给我留下特别深刻的印象，至今不忘。知青就是我们的榜样。同时，我也为有幸成为沪阿两地援建与合作交流及友好往来的联络员而感到自豪。

金山区委、区政府十分重视援建工作。在我援疆的三年中，先后分别组织6 个代表团 21 个部门 37 人次来阿克苏考察，得到了阿克苏地委和行署、援疆联络组及温宿县领导的热情接待，并就如何进一步加强两地经济文化等领域合作交流进行了热情探讨，代表团共捐赠温宿县援助资金 70 万元。温宿县也于2005 年 9 月组织代表团专程来金山区开展招商引资、合作交流活动，得到金山区委、区政府、区人大和有关部门的高度重视。金山区周到细致的安排和热情接待，给温宿县代表团留下了深刻的印象，给予了热情洋溢的好评。取得这样的成果，作为一名援疆干部，一名两地合作交流工作的联络员，我深感组织上的重视、关心和支持，我感谢组织。

温宿县发改委的一名班子成员

我在援疆期间担任温宿县发改委副主任，分管县重大项目管理、温宿县对口支援项目衔接管理等工作。

刚进疆时，正值自治区、地区吹响推进新型工业化进程之际，也是我虚心学习、领会、把握工作思路，为以后更好地开展工作理清思路的阶段。通过学习，我理解和领会到温宿经济的发展，各项事业的进步，差距在工业，潜力在工业，希望在工业，出路也在工业。加快新型工业化建设步伐，是必然选择，也是必由之路。我以此为主线，结合自己的岗位工作，以项目为切入点，积极开展工作。我主动找主要领导和原分管重大项目领导了解工作要求，及时召集分管科室同志了解情况，与他们一起赴县重大项目现场进行调查研究，熟悉情况。平时我主动与干部群众相互沟通，融入群体，一起开展工作，取得大家认同，为打开工作局面打下了良好的基础。

虽然原先我就在金山经委从事工业项目管理工作，对分管的项目工作有一定基础，但与上海相比，项目管理的面更宽了，涉及各行各业，内容与侧重点也有很大的不同。我边学边做，边做边学，并充分发挥干部群众积极性，依靠

◀ 实地查看援建项目
基层政权建设项目

干部群众一同做好重大项目管理和协调服务工作。如分管科室定期做好重大项目动态分析，为县领导及上级有关部门及时报告重大项目进展情况与存在问题，便于领导协调解决项目建设中的问题，推动重大项目建设；加快项目库建设工作，加强对拟开发合作、拟向上争取资金等项目的建议书及可行性研究报告的编报管理工作，为向国家、自治区争取项目、资金以及招商引资做好基础性工作；积极参与县"十一五"规划、工业园区产业规划的修改讨论工作，积极提出建设性意见。

那时，我经常到基层、到项目现场。如2006年，我县争取到5万亩的棉花膜下滴灌带资项目，作为实验田试行，由发改委主抓，以后由农业局逐年推广。领导十分重视，我经常与领导和同事一起深入乡村，宣传动员，倾听意见，了解项目进展情况，工作在田头。年底陪同自治区验收组来温宿实地验收，项目实施情况得到了验收组的肯定。2007年，为了落实好《温宿县项目目标管理考核办法及目标任务分解方案》的实施工作，我协助主任积极开展工作，具体负责联系了县五大口有关领导及具体责任单位主要领导，以落实温宿县2007年新型工业化大会项目工作方案及各相关单位项目工作目标任务分解等。《方案》实施后，按照温宿县项目工作领导小组文件《关于下达2007年项目工作目标任务的通知》关于建立项目联系制度的安排，我具体定点联系了作为温宿县2007年城建交通项目组招商引资目标任务的供销社房产改造、温馨园小区建设、农贸市场改造、旧城改造等4个项目，以及温宿县2007年城市经济口固定资产投资目标任务中的交通城建项目组的托乎拉乡至阿克苏依杆其乡公路改建工程，G314线岔口—克孜勒镇—农一师六团公路改建工程，19条四级农村公路通村油路建设工程，5个乡级客运站建设工程，温宿县城乡抗震安居工程建设项目，幸福小区三期建设项目，温宿县环南路改扩建工程，集中供热二期工程等9个项目。三年中，在主要领导重视和大家团结努力下，重大项目年年有突破，我只是做了一点微不足道的工作。

这里，我讲一讲两次难忘的工作经历。一是参加厦洽会暨五省市招商引资活动。2005年9月4日至29日，我有幸作为温宿县招商代表团成员，参加了2005年厦门国际经贸洽谈会。厦洽会一结束，我们招商代表团即启程赴广东、湖北、上海、重庆等地开展了一系列招商引资活动。在历时 26 天的招商活动中，我们先后走访、洽谈了 20 多个政府部门、科研、企事业单位，取得了较好的收效。代表团共与 11 家科研、企事业单位签订了 14 份项目合作的书面合同、协议、意向。我执笔完成了在县四套班子会议上的汇报材料《温宿县招商代表团招商引资工作情况汇报》。之后，我参加了上述签约单位的跟踪服务和接洽工作，如参加武汉绿园经济发展有限公司、重庆海特环保技术（集团）有限公司、上海锦满贸易有限公司、北京海地人矿业权评估事务所等企业先后来温宿县的实地考察活动。其中，来自上海闵行区的上海锦满贸易有限公司于 2006 年落地温宿县投资建厂，成立了天材矿业公司（后更名为龙人石材公司），我也参加了这家企业的开工建设和竣工仪式。另外，援疆期间我还先后参与接洽了应温宿县邀请来实地考察的河南新乡新亚纸业集团有限公司、北京亿霖林业有限公司、上海导诺实业有限公司、上海启耀金属有限公司、浙江力宝高新建材有限公司等企业客商。我通过参加"走出去、请进来"等多种形式的招商引资活动，拓宽了自己的工作平台，丰富了自己工作的经历，逐步积累了一些招商引资工作的实践经验，广交了朋友，锻炼了才干。

二是参加煤矿安检。2007 年，温宿县煤矿安全技改工作到了关键时刻，若通不过上级有关部门验收，只能关停。县里领导十分重视，专门组织力量到煤矿开展安检及技改指导工作。2007 年 11 月 18 日下午，我和单位班子同事吴勇、县安检局戴局长、县地矿局等人随周岩副县长带队的安检组去破城子煤矿 6 号井、博孜敦煤矿西井进行安全检查。说来也巧，原本那次煤矿安检组里没有我，而就在安检组即将出发的前几天，我和吴勇正好遇到这次安检组带队领导周岩副县长。吴勇对我说："这次他们要到煤矿安检，你去吗？"随即周岩副县长笑呵呵地对我说："煤矿都在山里，路况差，路程又远，要在矿上住几天，矿上条件较差，去不去？"我不假思索，兴奋地说："去。"途中，周岩副县长因事在五团与李志中副县长碰面后返回县里，由李副县长带队和我们一起继续赶路，大约晚上 7 点半到达破城子煤矿矿部。晚上我们全都住在破城子煤矿 4 人一间的平房里。夜深人静，只听得鼾声四起，我几乎一晚没睡。第二天上午安检，分了地面安检小组和井下安检小组，县里领导很关心我，问我是不是与其他几位同志在地面开展工作，我坚决要求下井。我们穿上宽大厚重的井下作业服、绒衫绒裤、鞋袜、套鞋，系上毛巾，戴上安全帽，带着矿灯，背着应急氧气罐，"全副武装"地下井检查。我想着再过半年我就要回金工作了，这次来煤矿、下矿井、走坑道很有可能是我一生中唯一的一次经历，所以我特地带上相机，准备在井下抓拍几张照片。可是，矿上严禁带相机下井，于是我来到矿井口特意请同事帮我照了张相。穿上这身"行头"，走路很吃力，特别是遇到斜坡和泥泞坑道，腿都迈不开。坑道大约2米高、2米宽，地上铺有铁轨，坑道壁、顶是挖洞后用木柱撑护，能见到黑乎乎的煤体。但新近技改的坑道则不用木柱，而是在壁顶面上覆盖加固网，然后喷筑水泥。在井下边走边检查了两个半小时，我们于12点半回到地面，出来时人已变得"面目全非"。一上地面我们就抽起烟来，矿工们说这时候抽上一口烟比啥都舒服。一根烟抽罢，我们直接到矿部会议室开现场会。下午，我们赶往博孜墩煤矿西井检查。晚上睡在博孜墩东井旅馆，他们照顾我，临时辟出一间，安排我一个人睡。熄灯不久，房内来了不速之客——老鼠，我几乎又是一夜未眠。但现在，每当想起这些，我总是感到兴奋。

◀ 2007 年 11 月 19 日上午在坡城子煤矿安检下井前

援疆项目组的一名成员

与以往不同，在上海市第五批援疆组织机构中，联络组专门设立了援疆项目管理组，共由 7 人组成，我是其中一员，要与项目组同志一起履行选项目、前期准备、项目建设监管等工作职责。按照联络组要求，对我们项目组同志来说，这是三年援疆工作的重中之重。

三年中，我热心于援疆项目工作，团结、依靠援疆干部、当地干部，深入项目现场，认真负责地履行项目组成员职责。在大家的共同努力下，我们第五批援疆干部很好地完成了援疆项目各项工作任务。

援疆工作对于我来说主要有两个阶段。

第一阶段，即 2005 年 7 月至 2006 年 5 月。这一阶段，大部分项目尚未开工，我主要和项目组同志一起为上海市政府援建资金开展项目选项、管理等，做好开工实施前的准备工作。这一时期，每个星期项目组同志都要碰头好几次，或研究商量工作，或实地走访调研。我与项目组同志在联络组带领下，走遍阿克苏地区和两县一市的初选项目现场、当地归口管理部门及受援单位，并对前几批援疆典型项目进行了跟踪调研，走访了归口部门和受援单位，听取意见。在这个阶段，项目组通过调研，并充分结合各援疆小组调研，主要完成了上海市第五批三年援疆项目计划和援助资金使用计划及分年度计划，共选定援建项目 35 个；形成了以援疆项目操作规程、资金拨付办法、项目建设及监管程序等为主要内容的《上海市第五批援疆项目管理文件汇编》。这为上海市第五批援疆项目的全面建设和管理做好了前期准备，打下了较好的基础。当然，这些工作主要是联络组和项目组全体同志努力的结果，我只是尽了自己的一份微薄之力。我们第五批援疆项目与以往援疆项目有两个不同，一是项目援建资金由市政府统筹，三年总盘子共 1.2 亿元，二是除上海援建资金外，大部分项目都有地方配套资金。

第二阶段，即 2006 年 6 月至 2008 年 7 月。2006 年下半年起，援疆项目进入全面开工建设阶段，项目组工作重心从前期调研转为项目落地建设与管理，明确了各自项目分工。我主要是协助温宿小组组长具体负责温宿县援疆

▶ 与同事在温宿县重点项目现场

项目的建设管理，由我负责每月向援疆项目组组长汇报温宿县援疆项目实施情况。

在上海援疆资金三年总盘子 1.2 亿元中，援建温宿县项目共 10 个，项目总投资 5993.1 万元，其中上海援建资金 2382.8 万元，地方配套资金 3610.3 万元。援建项目分为个性化项目和共性项目两块，分别是：

个性化项目 6 个：

1. 恰格拉克乡中学改造项目，总投资 355.38 万元，其中援疆资金 350 万元，地方配套资金 5.38 万元。

2. 吐木秀克镇卫生院改造项目，总投资 56.35 万元，其中援疆资金 50 万元，地方配套资金 6.35 万元。

3. 青少年活动中心设备援助项目，总投资 35 万元，全部为援疆资金。

4. 温宿县第一中学综合教学楼危房改造项目，总投资 375 万元，其中援疆资金 145 万元，地方配套资金 230 万元。

5. 维吾尔医医院 500 mA X 光机和 CR 设备项目，总投资 80 万元，全部为援疆资金。

6. 温宿县第二小学危房改造项目，总投资 177.04 万元，其中援疆资金 40

万元，地方配套资金 137.04 万元。

共性项目 4 个：

1. 温宿县村级阵地建设项目，总投资 1867.8 万元，其中援疆资金 690 万元，地方配套资金 1177.8 万元。

2. 上海白玉兰重点扶贫温宿县依希来木其乡拜什买热克村整村推进项目，总投资 1012.86 万元，其中援疆资金 277.7 万元，地方配套资金 735.16 万元。

3. 上海白玉兰重点扶贫温宿县吐木秀克镇托万塔尕克村整村推进项目，总投资 847.25 万元，其中援疆资金 392.7 万元，地方配套资金 454.55 万元。

4. 上海白玉兰重点扶贫温宿县佳木镇托万克佳木村整村推进项目，总投资 1186.42 万元，其中援疆资金 322.4 万元，地方配套资金 864.02 万元。

我们温宿援疆小组十分重视援疆项目工作，内部再按条线分工，责任到人，人人有责。我十分注重与温宿小组援疆干部在援疆项目工作上的联系沟通，在组长重视、关心和带领下，团结协作，与小组援疆干部一起认真开展援疆项目管理工作，负责项目建议书、项目方案的落实和初步审核把关，以及项目现场管理等工作。新疆气候干燥，粉尘多，项目工地上满是厚厚的粉状土尘，一脚踩下去尘土飞扬，满鞋是土。项目现场大都在农村，路途远。但我把这些都抛之脑后，平时热心于项目工作，勤到项目现场，了解情况，加强服务与监管，还经常在休息日参加项目组会议或到项目现场检查项目实施情况等。就拿援疆项目中的村级阵地建设项目来说，2006 年和 2007 年两年中温宿县共有 69 项，涉及 69 个行政村，我经常和有关部门、有关同志到每个村的项目现场检查项目进度和工程质量、协调有关工作、参与项目验收。2006 年温宿县基层组织阵地建设获地区一等奖，我个人被温宿县委、县政府评为温宿县基层组织阵地建设工作先进个人，在 2006 年 11 月 17 日召开的全县干部大会上受到表彰奖励。

日常工作之外，我们援疆干部还经常开展一些学典型、献爱心等活动，与当地干部群众结下了深厚的感情。有些典型人物，我们不止一次走访慰问，比如两次走访慰问博孜墩乡卫生院吐尼沙院长和全体医务人员。吐尼沙院长的献血救人等先进事迹和无私奉献精神在当地广为流传。2005 年 8 月 2 日，踏上温宿这片土地还不到一个星期，温宿小组 9 名援疆干部就在组长仇建良同志带领下，带着慰问品和慰问金，看望了吐尼沙·阿木提院长。2007 年 9 月 21 日，仇建良同志带领温宿小组援疆干部又一次来到了温宿县博孜墩乡卫生院。当了解到医院急需 B 超机、生化分析仪、办公电脑等设备后，组长仇建良同志当场决定由他负责争取统筹计划外资金 15 万元捐赠用于设备采购。他说："吐尼沙院长是我们援疆干部学习的榜样，我们要想办法解决博孜墩乡卫生院最基本的医疗条件，让广大柯尔克孜农牧民受益。"我们积极开展援疆干部与阿克苏地区普通高中贫困学生一对一结对帮困助学活动，三年中个人捐资助学金 3000 元；我所在温宿小组每名援疆干部为本县部分贫困大学生捐资助学金 500 元，等等。

三年中，在总面积 1.4 万多平方公里的温宿县共 104 个行政村中，我因工作所到的行政村有 90 多个。

曾几何时，新疆是我心目中美丽、神秘、向往的地方。而今，那里的许多地方，甚至一草一木，一砖一瓦，一情一景时常会在我的脑海中浮现。我想，这是我的第二故乡！

肩负健康使命　共筑卫生长城

　　张京欣，1963 年 7 月生，现任上海市宝山区疾病预防控制中心主任医师。2005 年 6 月至 2008 年 7 月，担任新疆温宿县疾病预防控制中心副主任。

口述：张京欣
访谈：金　元
整理：金　元
时间：2020 年 4 月 20 日

2005 年进疆后，我始终保持良好精神状态和工作热情，在做好联络组安排的工作和活动的同时，积极投入本职岗位工作。通过各种途径加强学习新的理论、新的知识、新的技术。针对当地公共卫生和疾病预防控制工作现状，开展深入细致的调研工作，提出了一系列的建议和方案，并得到政府有关部门重视和支持。

在实际工作中，我积极参与党政班子的集体讨论，共同商讨温宿县疾病预防控制和公共卫生事业发展思路，讨论中心业务工作和各项事务。协助主任并做好分管工作，协调好各方关系。组织协调各科室和条线的业务管理工作，用先进的管理理念和创新的工作方法指导实际工作。加强业务培训，努力完善单位各项工作制度。协助配合各部门积极完成综合目标任务，本县的疾病控制工作连年在自治区和地区考核中成绩显著。

深入基层，调查研究

进疆后，在联络组的统一布置下，我按照自己的工作职责、工作岗位和工作特点，在逐渐熟悉环境的情况下，深入开展调查研究工作。从当地公共卫生和群众主要健康问题入手，对温宿县公共卫生、疾病预防控制体系、三级卫生服务网络、传染病防治管理、人员和培训、硬件条件等方面进行调查。我亲自设计各类调查表，深入现场，走访各乡镇场、有关部门和科室，收集分析所获资料，提出相应的建议。在 2005 年初步调查研究的基础上，就温宿县公共卫生和疾病预防控制工作的现状和发展需要，又开展多项专题性调查和分析。同时，通过多次专题会议讨论，进行全面、科学评估，反复对制定项目进行可行性认证，不断完善实施方案。在深入乡镇、农林牧场了解情况时，与当地干部、群众多有交流。我经常与单位同志讨论当地公共卫生和疾病预防控制工作的未来发展思路和规划，并提出新的见解、观念，得到他们的赞同。三年来，我们在加强和提高专业人员业务综合素质、重大传染病疫情和突发公共卫生事件应急处置能力、实验室检测检验质量和水平、健康教育和健康促进工作、办公自动化实现和条件改善、工作规范和工作制度逐步完善等方面取得明显成效。

我开展调研并完成的报告主要有《关于加强阿克苏温宿县公共卫生和疾病预防控制体系建设的有关建议（一）》《关于提升温宿县疾病预防控制检测能力的初步方案》《温宿县医疗单位传染病网络直报情况调查》等。

◀ 为幼儿园适龄儿童喂服预防脊髓灰质炎糖丸

防疫工作必须深入第一线。我经常深入乡村、深入居民、深入病家，不怕艰辛危险，勤恳工作。到挂职单位报到的第二天，我便与单位领导和业务骨干赶赴约200公里外的乡镇和乡村，走访病家，进行对结核病人的访视和督导工作。三年来，我经常参与计划免疫管理、各类传染病监测和预防的督导，深入乡村开展饮用水的氟、砷含量测定和地方病的监测，开展本县脊髓灰质炎强化免疫接种的督查工作，深入社区、幼儿园并为适龄儿童喂服接种。我还参与挂职单位扶贫（乡村）点的调研与援助工作。

有时连续下乡村几天甚至几个星期，每天还要徒步行走十几个小时，访视几十户村户。由于路面难行，徒步过多，我的两腿的髋关节及其周围酸痛难忍，好几夜难以入眠。时常由于下乡忙于工作，顾不上吃饭，乡村农牧民热情地给我们递上几根烧烤玉米棒或一点馕，让我们充饥。不知多少次由于下乡偏远，等完成工作任务回到住处已是晚上十点多钟了，甚至还饿着肚子。下乡村时，常常是全身扑满尘土，鞋子上也沾满了畜禽的粪便，用树枝刮去，但不一会儿又沾上了。我经常是一整天头顶烈日，不停地工作，已经习惯利用节假日、双休日和晚上业余时间加班。通过深入乡村、民居、病家等，我了解了当地人们的生活情况、公共卫生和社区服务的现状，及时了解了结核病治疗情

◀ 与当地农民一起
参加劳动

况、计划免疫工作，并开展了相应疾病预防工作。

三年来，我已走访了全县所有的乡、镇、林牧农场，并访视了无数户病家和民居，与干部群众建立起深厚的情谊。

加强培训，提升能力

加强培训工作能进一步提高防疫人员业务素质。我到任后，就承担起这项重要任务。在初步调研的基础上，结合当地疾病流行现状和特点，我起草了《温宿县疾病预防控制培训工作方案》，提出目标任务和相应措施。

我相继组织和举办了很多业务培训，如为了加强人感染高致病性禽流感防治，我组织单位职工多次利用一至两个小时的晚上业余时间举办讲座，辅导学习《人禽流感预防控制技术指南》及其相关方案，通过每天召开晨会，对专业人员进行禽流感防治知识问题的提问，定期出题测试和点评，并指导现场模拟练习，进一步提高全体业务人员对重大传染性疾病的应急处置能力。为了做好建立 HIV 筛选实验室工作并接受验收，我组织开展 HIV 筛选工作的业务培训，做好 HIV 知晓率调查前培训。由于 HIV 筛选实验室工作规范、出色，这项工作得到自治区督导组专家的好评。我多次受阿克苏地区疾病预防控制中心（简称"疾控中心"）和其他县市疾控中心邀请，讲授《现场流行病学理论与实践》《突发公共卫生事件处置》《伤害流行病学》《流行病学实例与应用》等课程，反响很好。

同时，为提高单位业务骨干和专业技术人员综合素质，根据温宿县卫生防病和日常业务的发展需要，在联络组和派出单位的支持下，我起草了关于温宿县疾控中心选派卫生专业技术人员和公共卫生管理骨干赴上海金山培训计划方案和实施细则，计划三年内温宿县疾控中心选派三期学员赴上海金山区疾控中心进行为期两个月的培训学习。2005 年 5 月至 2007 年 9 月共选派三期 10 名（占在职人员的 30% 以上）受援单位业务骨干赴上海金山进行实习，圆满完成了在传染病防治、计划免疫、实验室检测、质量管理等方面的培训工作任务，并取得较好效果。

进疆第一年，新疆发生多起禽流感疫情，全疆禽流感防治工作形势十分严峻。为了加强本地区疫情的预测和预警，增强防控力度，我积极组织开展温宿县各乡、镇、农林、牧场各类易污染水域摸底调查和消毒处理工作。我借鉴上海方面的禽流感防治工作经验和方法，结合当地实际，亲自设计调查表，对全县的养殖业基本情况开展深入调查。此项工作在阿克苏地区尚未开展过，因而得到地区防病考核组的赞赏和肯定，在县政府召开的评议会上，考核组认为它是一项亮点和特色工作。

在健全和完善应急预案的基础上，我主张开展经常性的练习，进一步加强了传染病疫情报告制度建设，积极开展突发传染病调查处理工作。三年来，学校多次出现类流感等上呼吸道感染暴发和流行。疫情发生后，我及时赴现场开展调查处理，安排蹲点人员进行医学观察、访视和防治工作。尽管当地社区卫生服务网络不健全、预防功能较低下，我们及时地采取了控制措施，有效扑灭疫情。我还组织开展了麻疹、流行性腮腺炎等传染病暴发流行疫情的调查处理工作。

为进一步提高对突发公共卫生事件的处置能力，我在平时开展全体业务人员培训的同时，还利用夜晚时间开展应急处置中调查、消毒、物品准备等方面的技术能力操作。2006 年 7 月在参加县政府组织的突发公共卫生事件应急处

◀ 检查温宿县疫情网络直报系统运转情况

置的演习时，我及时制定应对方案，现场指导突发疫情应急处置工作，取得良好效果，并对在演习中存在的问题进行了评估和分析。

健康教育是一项长期而艰巨的工作，特别是西部不发达地区的健康教育工作普遍存在薄弱环节。为进一步提高公众健康意识，改善当地健康教育工作的薄弱环节，我根据温宿县健康教育工作现状和疾病预防控制工作的发展需要，2006 年底率先在阿克苏地区县级疾病预防控制机构内建议新设健康教育科，并通过援助资金配置相应硬件设备，如电脑、打印机、照相机、刻字机等，达到本地区县级疾控中心健康教育用硬件的先进水平。健教科成立，对当地的健康教育起到积极推动作用。

我还参与编写关于医学科普知识等的书刊，主持创办并编审每期《温宿疾控信息》简报，及时报道全县防病动态和卫生工作情况。健康宣传教育的内容、范围、形式、规模等方面与往年相比都有较大变化，健教工作的基础条件、人员队伍素质和基层网络能力也逐渐提高。我们加强了对本县重点人群、重点疾病、重点区域的健康教育工作，改变了当地健康教育工作长期不足的状况。为加强结核病、性病、艾滋病等传染病的防治宣传，我们同电视台多次进行协商、沟通。2007 年防病知晓率调查结果显示，人们的健康知识和自我保健能力与往年相比有大幅度提高。此项工作得到自治区、地区考核组的好评。

三年来，我一方面坚持下基层，进行业务指导，另一方面协同自治区、地区疾控中心以及有关上级部门，开展对本县的计划免疫、肠道传染病监测、结核病防治、HIV 检测等方面的工作检查和业务考核。

在工作中，我帮助解决了在业务、技术、科研等方面碰到的一些难题。其间，在计划免疫接种中引发了几起免疫反应和偶合反应事件，我及时协助正确处理有关问题，并耐心做好向家属解释的工作。在地区卫生局和当地政府协调下，进行医学鉴定会诊时，我参与协助调查和诊断，并与地区医学专家进行探讨。

我们进一步探索本县主要危害人群疾病的流行因素，为预防控制措施提供科学依据。我主持的科研项目主要有《新疆温宿县儿童碘缺乏病现状调查》《新疆温宿县不同人群慢性病（主要以糖尿病、高血压为重点）患病率及主要危险因素现况分析》《新疆温宿县改水降氟防治地方性氟中毒效果评价》。我鼓励、帮助、指导专业技术人员撰写调查报告以及科研论文 10 多篇，其中 3 篇在 2007 年地区医学年会上获奖。

促进交流，积极支助

在工作中，我经常保持同地区疾控中心有关专家的业务交流。2005 年 10 月，在喀什地区参加现代结核病防治策略师资培训会议期间，我还同自治区疾控中心的领导与专家交流，希望在科研项目上给温宿县以支持。为了单位建设，2006 年 11 月初，我还与单位领导和有关科室负责人到阿瓦提县疾控中心进行参观学习与交流。2007 年初，与单位主要领导赴乌什县疾控中心参观新改建的实验室的布局和设置情况。三年来，我多次参观和考察阿克苏地区各县市的疾控中心，加强同兄弟县市单位联系并开展业务交流，有了较好的收获。

利用返沪探亲的短暂休息时间，我及时向上级部门和派出单位汇报援疆工作情况，介绍温宿县公共卫生和疾病预防控制工作发展情况，并提出相应工作要求，得到上级部门和派出单位的大力支持。同时，为了使温宿疾控中心派员到上海学习培训工作顺利实施，在各方的协商和支持下，我积极为学员学习生活做好安排，并合理计划学习课程。通过牵线搭桥，2007 年 8 月金山与温宿双方就加强公共卫生与疾病预防合作交流建立长效机制方面达成初步意向。其间，金山方面为温宿县疾控中心三期学员的培训学习承担全部培训费用。据统计，在此项目上金山共资助 6 万元。2008 年 5 月，我还组织安排 6 名温宿县卫生管理人员赴上海进行学习和考察活动。

为加快疾病预防控制体系建设，2005 年底，我们温宿县疾控中心利用援助项目资金，配置了多媒体投放设备、音响与调音台、等离子电视机等培训教学用的相关设备和设施，改善了培训会议室的条件，提升了业务楼和办公室的办公能力。目前县疾控中心面貌焕然一新，硬件设施条件得到改善，办公自动化条件也基本达到。2006 年以来，温宿县疾控中心实验室面积由原有的 280 平方米增加到 528 平方米。为进一步提高突发公共卫生事件处置能力和实验室检测技术水平，在金山区卫生局捐助 20 万元专项资金基础上，2007 年通过各种努力又得到当地政府 10 万元资金的投入，先后添置原子吸收仪、红外线分光光度计、电子天平、纯水器等。这样，一方面提高了对突发公共卫生事件的处置能力，能够快速、正确地寻找事件发生原因，及时采取有力控制措施；另一方面拓展了在食品卫生、环境卫生、劳动卫生、学校卫生、食源性疾病防治等方面的检测项目，并填补相应空白，同时也为此后几年内开展实验室计量认证工作铺下基石。

三年援疆工作，我始终着力于全面完善公共卫生和疾病预防控制体系，为进一步保障广大人民群众健康，建立更加牢固的卫生健康长城。

援疆经历，人生的宝贵财富

　　陈峰，1969年4月生，现任金山区纪委监委第四派驻纪检监察组组长。2008年7月至2010年12月，担任新疆维吾尔自治区阿克苏地区温宿县委宣传部副部长。

口述：陈　峰
采访：陈　红
整理：陈　红
时间：2020 年 3 月 16 日

　　2008 年，我主动报名，经领导关心，组织层层考察，家属全力支持，于 7 月踏上了上海市第六批援疆工作的征程，前往万里之外的新疆阿克苏温宿县，担任县委宣传部副部长一职。因为第七批援疆工作提前半年开始，我们于 2010 年 12 月底回沪，完成了为期两年半的援疆工作。

　　出发援疆之前，我搜集了一些关于新疆阿克苏温宿县的资料。温宿，维吾尔语意为"多水"，位于新疆西部天山中段托木尔峰南麓、塔里木盆地北缘，北与伊犁哈萨克自治州接壤，是一个以农为主、农牧结合的半农半牧边境县。当地的核桃、红枣、水稻、棉花、畜牧等农产品品质优良，是联合国认定的"绿色食品"优质大米生产基地，先后被授予"塞外江南、鱼米之乡""中国核桃之乡""国家红枣生物产业基地""国家优质棉生产基地""国家林业标准化示范县"等荣誉称号。我想，温宿应该是一个农业资源丰富、地大物博又有悠久历史文化和独特风俗人情的地方，甚至想象着自己在葡萄架下与当地村民促膝而谈的画面……总之临行前，我对这个即将工作生活三年的"塞外江南"充满了期待与憧憬。

▲ 博孜墩乡雄奇大峡谷

主动融入　随遇而安

2008 年 8 月，到达温宿县后，现实的环境与自己的想象难免有些落差。特别是风沙天气，漫天沙尘是温宿的常态。有几次强沙尘侵袭时，路上能见度不足百米，空气中弥漫着浓烈的沙尘气息，路人行色匆匆。由于能见度显著下降，穿行的汽车只能开着双闪小心行驶。虽然每天上班前会紧闭门窗，但下班后回到宿舍，不管是桌上、床上还是地板上，都是厚厚的一层沙，像几年没住过人似的。鼻腔、喉咙口更别提有多难受了，每天只能靠多喝水来缓解。

如果说风沙气候是来到新疆后最难以适应的自然环境的话，那么语言不通则是到新疆后开展工作面临的最大困难。当地的维吾尔族群众只会讲维吾尔语，所以每次下基层，我都得和懂维吾尔语的同事一起。为了尽快适应、熟悉工作环境和业务，我主动向周围的同志学习，向当地的汉族干部学习简单的维吾尔语，团结民族干部，与同事打成一片。2008 年 8 月初和 11 月底，我随县全民学习大督查和目标考核组分别对所有乡镇场进行全面检查和考核，对各单位"十个一"的工作、学习和经济社会发展情况有了比较全面的了解，对温宿广大党员干部群众的基本状况有了一个初步的认识，对他们的敬业精神感触颇多。

　　同时，我积极主动开展工作。参加宣传干事会议，熟悉基层情况；主持了《温宿县"八荣八耻"考核条例》的修订，提议实行文件起草会签制度，参与纪念改革开放诗歌朗诵活动，发挥了一定作用；主持了单位"反分裂斗争再教育"活动第一阶段的工作，主动学习、积极小结、认真查摆，发挥了带头作用。工作中还积极沟通，协调各方，提高效率。如，做好了参加地区在乌鲁木齐举办的"多浪、龟兹文化汇展"的前期准备和协调工作，为活动顺利开展尽了力。在日常管理中我参与了宣传部内部管理制度的制定，为规范管理、提高效率出了力。

深入一线　做好本职

　　来到新疆后，我就全身心投入分管工作。2009年初，由于另一位副部长借调到地委科学发展观办公室工作，我负责宣传部的日常工作，取得了一定成效，如主持的单位科学发展观第一阶段的学习，三次督查都得红旗，受到县督查办的肯定。4月，新来了一位民族副部长，我主动与该同志协调，日常工作井井有条。具体分管宣传部文明办和外宣汉文部分工作后，我尽快熟悉、掌握

▶ 温宿文化广场

业务。具体负责了这几项工作：做好了迎接地委宣传部"中国特色社会主义道路"宣讲团来温宿宣讲的准备协调工作；做好中央台新闻频道"最美中国"栏目到温宿的拍摄协调工作；做好中央各大媒体记者团来新疆到温宿的采访准备协调工作；参与了"新诗写新疆"系列活动温宿大峡谷篝火晚会准备工作以及阿克苏第六届龟兹文化旅游节准备工作；做好了"中国新闻"栏目组来温宿采访的协调准备工作。另外，协调组织了县科学发展观巡回演讲团，为全县科学发展观的学教工作尽心尽力。参与了地委和自治区民族团结先进事迹来温宿宣讲的准备工作。带领督导组，对县直各单位的民族团结教育月活动和扶贫周活动开展情况进行了督查，参与了县部分文明单位复查复验工作，进一步熟悉了业务，熟悉了各单位情况。

当时，阿克苏地区是分裂与反分裂斗争任务艰巨、形势严峻的地区之一，也是全疆维稳工作的第一线。作为一名党员，作为一名深深爱上新疆、深深爱上新疆人民的上海援疆干部，我深刻地意识到，自己必须严格贯彻落实县委的各项维稳措施，正确教育、引导、发动群众开展反分裂斗争是自己义不容辞的职责，于是就和工作人员一道走巷串户，开展维护稳定、讲清揭批事实真相教育活动，经常参加单位和驻地的维稳巡查工作。

特别是"7·5"事件发生后，我除了组织好单位的学习揭批工作外，还积极参与了县揭批方案和巡回宣传等材料的制定，参与县民族团结教育年工作方案的起草，参与县民族团结图片展有关准备工作，参与组织革命传统歌曲大家唱活动，参与组织县网络评论员培训班，并承担了给学员上课和批改作业的任务。平时我还积极参与相关督查活动。2010年正遇温宿县创建"自治区文明县城"，我积极主动投入相关工作，开好各类协调会，并主动要求在县文明创建骨干培训班上为有关干部作了《身边的礼仪》的讲课，受到一致好评，收到良好效果，为温宿县顺利通过自治区级验收尽了一份力。

作为援疆干部联络小组的宣传员，我服从安排，做好小组有关工作。在联络小组中，我团结同志，力所能及地做好小组安排的工作，积极撰写稿子，宣传小组，宣传兄弟。《瞧阿拉温宿一家门》作为援疆网上第一篇介绍小组和兄弟的文章，受到好评。其间共发表《南疆行壮我心》《大漠中的坚守》《邂逅肖秋成》《辛苦了，老张》等各类文章30余篇，大力宣传了我们援疆干部，全面展示了我们的工作、生活和精神世界，产生了良好的效果。同时还主动参与小组前期的项目调研工作，顶着热浪、冒着酷暑、忍着病痛编写调研计划、走访基层单位、撰写调研报告。我还服从小组的安排，参与项目建设协调工作。开始我参与的是新农村建设项目，主动与扶贫办有关同志协调，深入乡村建设第一线察看实情。后来调整到阵地建设项目，我又重新熟悉，多次与县委组织部有关同志沟通，负责地做好相关工作。2010年4月底在联络组的安排下，与小组周永平同志一起赴叶城开展调研，完成《赴叶城调研报告》，为市有关部门制定新一轮援疆工作规划出了力。

除此之外，我还尽心尽力做好个性化项目工作。虽然限于各种原因，在个性化项目上未有大的突破，但我也尽自己所能做出了努力。2008年9月，经联系两位私营企业家朋友来阿克苏地区进行投资考察；11月，经过协调，为宣传部争取了价值1.5万元的电脑、复印机等办公设备。2009年10月底，随县"阿克苏上海宣传周"代表团回上海，除做好份内有关工作外，还积极做好接待工作，并帮助温宿的有关企业与我区的供销合作社对接，为扩大合作打下基础；11月，联系上海有关单位，为温宿县县长带队的招商考察团一行7人赴金山考察牵线搭桥。2010年5月，做好了上海市金山区教育局代表团一行5人来温宿看望支教老师的接待工作；7月，做好了温宿县旅游招商团一行8人赴金山、杭州一带招商考察的协调、接待和服务工作；8月，做好了由金山区委组织部副部长陈士康带队的金山区代表团一行9人来温宿慰问考察的接待服务工作，为温宿县委宣传部争取办公经费10万元；9月，做好了由上海市金山区张堰镇商会主席带队的商贸代表团一行8人来温宿考察的接待协调工作。

个人力量虽然有限，我也尽力做一些事，如扶贫帮困个人捐款现金总计1000多元，为单位扶贫点农民捐砖6000块、水泥4吨，价值3000元，扶贫助学捐款2000元。

点滴星光　汇成星河

没有人生来就是英雄，总有人用平凡成就伟大。两年半的援疆，有许多人、许多事让我感动。

胡达拜地·依明

2008 年 8 月的一天,我跟随督查组走访了绿缘果业有限责任公司、塔格拉克牧场、吐木秀克镇和萨瓦甫齐牧场。在吐木秀克镇栏杆村,遇到了颇有传奇色彩的胡达拜地·依明,并与老人家合了影。1991 年的一天,胡达拜地从电视上看到了天安门广场升国旗的动人场面,从那一刻起,过上好日子的胡达拜地忽然有了一个强烈的愿望:要让全村人每天都能看到升起的国旗。没有旗杆,胡达拜地砍了自家院子里的一棵白杨树,做成了旗杆。他将旗杆立在村委会的院子里,自己花了 8 元钱买来国旗,开始了每天庄严地升旗、降旗。2003年,经镇党委确定,胡达拜地光荣地从自发升旗手变成了村里的专职党员升旗手。有了组织的肯定和支持,胡达拜地的干劲更足了。他每天早晨 9 时 30 分准时升旗,19 时降旗。胡达拜地说:"国旗是国家的象征,我升旗的时候就是最幸福的时候,只要我活着,就一定要让五星红旗飘在栏杆村的上空。我不在了,也要让我的巴郎(儿子)继续升国旗。"作为一个援疆的党员干部,我不能不为其行为所感动。

徒步旅行者肖秋成

2009 年 12 月 11 日,一个民族节日的下午,同事们都回家过节去了,单位忽然来了个满脸沧桑却精神抖擞的汉族同志,自称肖秋成,想来敲个章。肖秋成,何许人也?经过交流,同时上网一查介绍他的文章有 4690 多条搜索结果,好不诧异:当年 43 岁的肖秋成是开封市的一位普通市民。2006 年 10 月10 日,他从连云港欧亚大陆桥出发,开始他徒步中国边境线的 5 年征程。他从连云港沿顺时针方向南行,沿途经过 16 个省、市、自治区的 2000 多个村庄、岛屿,行程 10 万余公里,宣传开封,宣传奥运精神。一路上,他帮助群众寻找丢失的孩子,做着自己力所能及的善事。炎炎夏日,他头顶烈日,背着30 多公斤重的行囊行走,香皂化成糊,毛巾直烫手,肖秋成仍然坚持以每小时 4 公里的速度前进;暴雨中,他用雨具护住行囊,关闭手机,蹚着齐大腿深的积水,行走在边疆。每到一地,他都会到当地政府和报社,让他们在自己的笔记本上盖一个当地政府的公章,并到邮政局盖一个邮戳。他拒绝商家赞助,靠自己的意志和能力走边疆。为节约费用，他一日三餐吃盒饭，住最便宜的旅社，更多的时候是睡在帐篷里。沿途 100 多家媒体采访了他，并祝肖秋成成为中国历史上继徐霞客、余纯顺后第三个做此壮举之人。在与他的交谈中，我了解到肖秋成已走过了江苏、上海、浙江、福建、广东、香港、澳门、广西、西藏等多个地方，行程超过 20000 公里。其间，只因作为河南奥运火炬传递手才返回开封。他决心经新疆、过内蒙古，然后到达东三省，最后于 2011 年抵达连云港。联想到我自己援疆工作中所处的环境、面临的困难、付出的艰辛，胸中敬佩之情油然而生，真心地感慨："致敬，肖秋成！祝福，肖秋成！"

住水井房的小夫妻

2009 年 9 月 29 日至 10 月 3 日，我们温宿小组前往库尔勒进行了考察学习活动。一路上兄弟们参观了克孜尔石窟，初探了龟兹文化的渊源；途经石油公路，加深了对雅丹地貌的印象，领略了沧海桑田的雄奇；游览了阿洪口博斯腾湖，体会了库尔勒的富庶；走进了塔里木胡杨公园，零距离接触了"活着一千年不死，死后一千年不倒，倒下一千年不朽"的"沙漠伟丈夫"胡杨。然而当我们看到那条长长的沙漠公路，看到公路旁那个红顶蓝墙的水井房，看到那对满脸腼腆、每月只挣 500 元工资、平凡得不能再平凡的 28 岁河南小夫妻

◀ 秋天的胡杨

时，出于对他们的尊敬和关爱，留下了自己所有的水果、纯净水和小吃。而这对小夫妻淳朴的话语和神情也深深留在了我们的记忆中。

杏树下的教育

2009 年 8 月，我到温宿阿热勒乡调研。火热的夏日，也是这儿农忙的季节。该乡党委书记苏玉新经常步行田间地头，用维吾尔语讲解党的民族宗教政策、农田管理技术等。这天正午，我们去时正赶上苏玉新在田间，利用午休时间为在杏树下午休的村民讲解党的民族宗教政策知识和棉花种植技术。杏树，这是多么具有象征意义的东西啊，不禁使我想起了杏林、杏坛等词。我写成了《杏树下的教育》一文，发表在了上海援疆网上，表达了对边疆默默无闻、无私奉献的基层干部的敬佩。

这一帧一帧的镜头，一点一滴的时光，串联起来，便诠释着平凡中的伟大。一道道普通人的微光，闪烁着，汇聚成了我援疆记忆中的星河。

"饮尽了壮行酒，告别了咱家乡，祝福的话儿一行行，装满了我的行囊。肩负光荣的使命，扑进第二故乡，要引春潮涌动的浦江，融汇塔里木的波浪……"我们援疆时创作的《援疆兄弟之歌》唱出了我的心声。援疆两年半，离沪万里，暂别故乡，在家人无怨无悔的支持下，在派出单位党委、政府和挂职单位以及上海市第六批援疆干部联络组的领导和关心下，我努力实践"谦逊好学、艰苦奋斗、团结进取、务实奉献"的要求，较好地完成了援疆工作的各项任务。其间，无论在锤炼意志、提高境界、丰富阅历、开阔眼界，还是激发干事创业的激情等方面对我都大有裨益。随着时间的流逝，我越来越觉得这段经历是我一生中最宝贵的财富之一。

天山下栽植人生的梦想

陈泉奎，1966 年 5 月生，现任金山区行政服务中心副主任。2008 年 7 月至 2010 年 11 月，担任新疆阿克苏地区招商局副局长职务。

口述：陈泉奎
采访：周晓琴
整理：周晓琴
时间：2020 年 3 月 16 日

2008 年 7 月至 2010 年 11 月，肩负上海市委、市政府的重托，作为上海市第六批 61 位援疆干部中的一员，我赴新疆阿克苏地区招商局挂职，怀揣亲人离别时的祝福，走在使命之路，为国家、民族、西部的利益去无私奉献，接受锤炼。

践行使命，在逆境中百炼成钢

2008 年 5 月，当接到援疆的正式通知时，尽管自认为已经做好充足的心理准备，内心却还是泛起一阵不大不小的波澜。说实在话，这会是我有生以来第一次远离上海。新疆遥远又陌生，工作时间跨度又长，需要连续三年，还有工作能否胜任等问题，所以只要一想到自己要跨越长江、黄河，沿着陇海铁路，顺着张骞通西域的古丝绸之路，去到南天山脚下的世界第二大流动沙漠塔克拉玛干北缘援疆时，兴奋、期待、紧张、不安、担心便不约而同地向我袭来，使我心潮汹涌，夜不能眠。那几晚，每每与妻子聊到深夜，聊到因脑梗卧病在床、生活不能自理、亟待照料的老母亲，聊到即将迎来高考、步入人生新阶段的儿子，聊到遥远的新疆……就连在梦里，都是那想象中充满异域风情的塞外风光。

2008 年 7 月 27 日，在隆重而温馨的欢送仪式后，上海市第六批援疆干部在联络组组长黄剑钢的带领下，肩负着上海市委、市政府的重托，带着上海人民对新疆各族人民的深情厚谊正式踏上征途。61 位援疆兄弟从黄浦江畔越过万水千山、跨过雄关漫道来到天山脚下，驻足在南疆重镇——草木葱茏、瓜果飘香、生机勃发的阿克苏地区。

27 日下午 6 点，我们的飞机降落在乌鲁木齐地窝堡机场，自治区党委、政府领导热情迎接了我们。在当地的欢迎宴会上，自治区党委常委、组织部部长充满深情的致辞给我留下了深刻的印象。他表示："自 1997 年以来，上海对口支援新疆已经步入了第 11 个年头，第六批援疆干部的到来，既为我们增添了宝贵的新生力量，也带来了上海人民对新疆的真挚情谊，相信你们定会在这片美丽的热土上建功立业、大有可为，谱写民族友谊的新篇章……"朴实而又振奋人心的一番话驱散了我对故土的不舍和舟车劳顿的疲惫，在重新收拾心情后，我暗自下定决心，要抖擞精神，用昂扬的姿态迎来新的挑战。

到了阿克苏，地区招商局领导和同事们对我的关心和照顾让我倍感温馨——考虑到我的安全问题，专门为我在农一师司令部家属院里租借了一套宿舍。那个小区里还住着一些 50 年代支边留下来的上海老知青，有时也能听到他们相互之间还用上海话交流，倍感亲切。招商局的同事们也想得很周到，为我配齐了必要的生活器具和日用品，还特地把宿舍打扫得干干净净。

初到阿克苏的日子里，尽快适应当地环境是我们援疆干部的首要任务。尽管来之前组织上已经进行了培训，自己提前学习了解了一些当地的民族政策和风俗习惯，也陆续听取了关于阿克苏地区经济、社会、维稳等方面的专题报告，但当真正踏上这片土地时，新疆的地理环境、气候、语言、文化、饮食习惯等方面的差异难免让我稍微有点"格格不入"的感觉。刚到阿克苏，首先要调整作息时间，新疆工作时间是上午 10：00—14：00，下午 16：00—20：00。阿克苏的气候比较干燥，年降雨量只有 25 毫米。刚来时，总感觉鼻子很干，早上起来有血块。自来水碱性比较重，晚上洗的牛仔裤，到了第二天早上就自然干了，而且可以竖起来不会倒下。阿克苏饮食分汉餐和清餐，稍微大一点的饭店都有汉、清餐厅，菜系偏辣一点。刚去的时候不习惯，地区领导十分照顾我们小组的 8 位援友，请了一位河南籍的厨师为我们做清淡、美味可口的菜肴，在地区行署食堂专门为我们开了小灶。为了尽快融入环境、及早进入工作状态，我每天都早早来到单位，学习了解相关地方政策、领会文件精神，并主动和领导同事沟通交流。工作之余，比起把自己"闷"在宿舍里，我更喜欢走出家门，在社区里，或是到街头巷尾、商店超市、农贸市场等地方兜兜转转，和当地人侃侃聊聊。有时候我们援友也相互结伴去沿街小店品尝一些当地特色小菜、面食、街头小吃。至今为止，我还时常和家人说起新疆最好吃的还是在街面上维吾尔族同胞做的刚刚出炉的热乎乎的馕……就这样，我逐渐知道了什么是"巴郎子""皮牙子"，学会了跟别人说"亚克西""某某热合买提""某某古丽"，整个人都变得更加"接地气"，对当地民俗文化的认识也更加感性了。此外，按照援疆联络组的要求，我们 61 位兄弟还分成 7 个学习工作小组，坚持每周学习、交流制度，互通信息，查找问题，共同探讨、寻求在新岗位上开展工作的切入点和突破口。组员们相互团结、相互关心、通力协作，形成了积极进取、奋发向上的良好工作和生活氛围。

阿克苏地区是"三股势力"（即暴力恐怖势力、民族分裂势力、宗教极端势力）较为猖獗的地区，是疆内反分裂斗争的前沿。面对严峻的形势，我深切体会到和谐稳定、民族团结才是地区发展的根本和基石。援疆期间，我积极参加地委、行署召开的处级以上干部大会，听取地区领导就当前阿克苏地区的社会维稳工作的通报，进一步统一思想认识，坚定政治信念，坚守岗位，加强安全监督与防范。在北京奥运会和国庆 60 周年期间，坚决服从地委、行署及我局的统一安排，自觉带头执行 24 小时部门领导带班值班制度。

建立纽带，在交流中增进友谊

三年时间里，按照上海市委领导提出的"两个千方百计牵线搭桥"（即上海的援疆工作要结合当地实际，千方百计牵线搭桥，帮助当地发展经济；千方百计牵线搭桥，促成有关人才到当地开展短期支援工作，上海的援疆工作要走在全国前列）的援疆工作总体要求，在地区招商局的领导下，我作为阿克苏地

◀ 在阿克苏招商局办公

区招商局班子成员，在上海又有过招商工作经历，在招商引资工作中更加注重与上海及其周边发达地区省市企业的联系和交流。通过大力推介阿克苏地区，与上海、浙江、福建等地的优质企业联系，发放地区宣传册，大力宣传阿克苏的地域、人文资源及招商引资的优惠政策，邀请并陪同有关企业来阿考察，积极与内地企业、上海（新疆）办事处及商会间开展合作交流，组织协调阿克苏市、县招商部门做好考察方案并做好接待服务工作。

2009年3月，经过与上海（新疆）办事处及商会联系，组织一批上海知名企业负责人来阿参观考察。2009年8月，与地区招商局等相关经济口部门一起积极筹备"2009年上海-阿克苏宣传周"活动，10月在上海成功举办了"阿克苏招商引资项目推介会"。给我留下印象最深的是在推介会前一天布置会场时，大量的宣传展板要从车上卸下来背到会场，每块板面有2米长、3米宽。因为人手不足，我和新疆来的同事们只得从40米外的停车场一块一块把版面背到会场，往返了有20多次。那天恰逢高温、闷热，几个来回下来汗水就浸湿了衣衫，迷住了眼睛。妻子来探班时看到这一幕，心疼地流着眼泪说："在上海工作了十几年，你都没这样辛苦过，这样下去，你的身体还要不要了？"好在最终收获了回报，在那场推介会上，上海市400多家企业负责人

▲ 2009 年 10 月，在
上海成功举办了
"阿克苏招商引资
项目推介会"

出席，成功举行了阿克苏纺织工业城推介会、旅游项目推介会和果品营销恳谈会等，宣传周活动起到了很好的宣传效果。10 月 27 日，招商项目推介暨签约仪式在上海科学会堂举行。仪式上，阿克苏共有涉及石油化工、农副产品深加工、物流、旅游、果品购销等 20 个项目与上海、浙江、江苏企业签约，签约金额达 61.58 亿元。这次系列活动全方位、多层次、多角度地宣传推介了阿克苏，进一步加深了沪阿双方的了解，增进了彼此的友谊，拓宽了合作的领域。11 月，通过上海（新疆）办事处的介绍，我又陪同上海民维实业有限公司总经理一行 5 人赴新和县考察石化项目，达成初步投资意向。

三年时间里，在沪阿两地领导的关心、重视和大力支持下，我积极促成两地领导和基层招商人员的互访交流和业务培训工作。2008 至 2009 年，地区招商局领导一行两次来到金山区，与我派出单位——上海市金山区（对外经济委员会）经济委员会领导访谈、交流工作，双方就所关心的招商政策、项目信息推介、两地培训交流、考察互访等事宜进行深层次的交谈。2010 年 5 月，上海市组织阿克苏地区八县一市招商系统成员来沪参加学习考察活动。2010 年 8 月，金山区代表团由区委组织部陈士康副部长带队一行 9 人来阿回访，进一步促进两地经济交流与合作，加深两地人文情感。

修炼人生，在历练中实现升华

作为一名援疆干部，我深知自身的一言一行、一举一动，不仅代表个人，更代表着上海的形象、金山的形象。三年援疆对于我来说，既是工作，也是学习，更是一场对人生的修炼！三年中，既有对故乡亲人的牵挂，也有与60位援疆兄弟的相互照应、同甘共苦，更有与阿克苏这片土地以及单位领导同事的深厚牵绊。

现在回想起来，去援疆时，最放心不下的是我的母亲。母亲2005年12月30日脑梗得病，到我2008年援疆前的这几年时间里，一直由姐姐和我在照顾一日三餐、日常起居以及看病、看护，所以那时要去阿克苏，心里最牵挂的还是她老人家的身体状况。当时我就对我姐和其他亲人说了我去援疆的想法，姐姐和家人对我援疆工作的理解和支持给了我最大的安慰，给我吃了定心丸，让我下定决心，义无反顾，无怨无悔。现在想来那时姐姐也已经60多岁了，姐夫过世得早，三年时间主要由她来看护照料一个已经不懂事的老"小囡"，确实不容易。后来到我2010年底援疆结束回来，母亲还健在。这是我对亲人们内心歉疚且又无法弥补的，终生感激，不能忘却。

◀ 2009年第六批上海援疆干部自编歌曲《援疆兄弟之歌》

援疆期间，沪阿两地领导和援疆兄弟们给予了我无微不至的关怀。我爱人在 2010 年 6 月 18 日上楼梯时脚部骨折，打上了石膏，正需要有人关怀照顾。当时我在阿克苏工作也很忙，本想让爱人克服一下，请她小姐妹轮流看护，我就不回沪了。后来我单位领导和联络组知道这件事之后，主动询问家里情况，我们援疆联络组领导与单位领导沟通，准予我短期休假回沪照顾爱人，兄弟们也打电话来问寒问暖。到现在说起这件事，我爱人还为之感激、感动。

战友情深似海，兄弟情一世永存。记得我刚到阿克苏，由于水土不服，身上经常生疮，发炎了还要打吊针。我们地区旅游局的援疆兄弟赵先进一直陪我去医院看病，陪我打吊针。两位医生兄弟范峻、杨耀忠亲自为我坐诊看病，并用中药为我调制药膏，联络组组长和其他兄弟们也不时来电慰问，关心我的病情。

地区广电局的援疆兄弟李静平，刚去援疆不久，由于脚踝跟腱断裂，先后接受了两次手术，两次住院，其间不能起床下地。兄弟们知道情况后，都自发为他提供帮助，轮流前去照顾他的饮食起居，我也和其他兄弟一起买菜、送饭，与他聊天，给予温暖。

在阿克苏的三年，我与单位领导同事们团结共事，注重与民族同事加深交流，增进各民族团结。那时，我时常到他们家中做客吃饭，也去维吾尔族领导和同事家里唠唠家常，小酌几杯。阿克苏的领导和同事们都很热情，性格也特别豪爽。援疆结束快 10 年了，我们的友情一直不曾中断，他们每年都会给家里寄来一些阿克苏苹果、红枣、杏儿等土特产，让我和家人尝尝。我也是一样，只要听说他们要来上海出差或探亲旅游，总是主动打电话联系他们，盛邀他们来金山叙旧。

在阿克苏的三年，我响应阿克苏地委、行署号召，积极参与地区招商局和联络组发起的扶贫帮困助学活动，主动与上海各方沟通联系，为我局对接的扶贫户捐赠羽绒衣 40 件，为阿克苏地区职业技术学院维吾尔族贫困生一对一结对助学，每学年个人捐赠 1000 元。

三年援疆路，终生新疆情。我援疆回沪工作已经快 10 年了，心里时刻不忘我的第二故乡——阿克苏，时刻想念着当地一起工作和生活过的领导、同事和朋友们，时刻关注着阿克苏的社会、经济、文化等方面的发展。10年间，我们有的援友由于工作业务上的联系，已经几次返疆，回来后总给我和兄弟们讲述阿克苏的故事和变化，这着实让我兴奋。我和各位援友也想抽出时间重游阿克苏，但总是因时间上凑不到一起而没能成行。2019年7月，我有幸相约援友赵先进夫妇一行四人返疆，亲眼所见、亲身感受到了阿克苏这10年间的巨大变化。我们这批对口支援阿克苏的工作于2010年底结束，之后对口支援阿克苏的是浙江省。这次重返阿克苏，最让人赏心悦目的是阿克苏地区城市面貌上的巨变。这座城市在10年里，房地产项目发展迅猛，一座座高楼拔地而起，周边又增加了多条高速公路，市中心区域道路新建和拓宽了许多，原来的土丘、毛坯路都不见了，道路两侧的绿化景观优美，城区的绿化覆盖率明显增加，仅阿克苏城区周边就新建各类湿地公园近10个……真可谓城市繁华，美不胜收。这次返疆也了却了我和爱人的一大心愿。

援疆既是我人生的转折点，又是我回沪之后踏上新岗位的新起点。新疆各族人民艰苦奋斗、扎实工作、诚实善良、憨厚朴素的良好品质和对美好生活的向往已然成为我生命中一笔宝贵的财富，无时无刻不在影响着我、激励着我更加坚定作为一名普通党员的理想信念，不忘初心、牢记使命，为国家的繁荣稳定和全国各民族团结一心贡献自己的绵薄之力。

我的援滇记忆

　　薛晓虹，1959年7月生，现已退休。1998
年12月至2000年12月，担任云南省思茅地区
行署专员助理。

口述：薛晓虹

访谈：潘　犇

整理：潘　犇

时间：2020 年 4 月 10 日

　　我是上海市第二批援滇挂职干部，时间从 20 世纪最后一年到新世纪的第一年，在云南省思茅地区（现为普洱市）挂职，开展了为期两年整的援滇扶贫工作。

　　抚今追昔，虽时隔超过 20 年，然而那个特别的地方、那些特别的人和事，仍记忆犹新、历历在目……

主动请缨，踏上援滇旅途

　　1996 年 9 月，根据中央扶贫开发工作会议确定的东西扶贫协作机制，上海与云南建立对口帮扶协作关系，两省市的对口帮扶合作进入新的历史阶段。沪滇合作历史渊源颇长，20 世纪五六十年代的"大三线""小三线"建设，就有不少上海的企业和师傅搬迁到云南，进入合作企业工作；"文革"期间知识青年上山下乡，大批上海知青赴滇落户，至今仍有不少还生活在云南。金山与思茅的联谊，始于 20 世纪 80 年代初，当时的金山县与思茅的普洱县是友好县。金山的养鸡设施和技术，枫泾猪的繁育与养殖，中心医院互派医生带教、指导、培训，已成佳话，成果颇丰。一句话，其实在我们去之前，已有各方面的援滇人员在医疗、教育、卫生等方面从事着志愿服务。

当年 10 月，时任市领导率团赴滇，拉开了新时期沪滇对口帮扶的序幕。两省市领导签署了《关于对口帮扶、加强经济协作的会谈纪要》，明确了上海重点帮扶云南省的文山州、红河州、思茅地区（现普洱市）的 22 个重点贫困县，后来增加了思茅地区的普洱县，变成了 23 个县。

记得那是 1998 年 10 月，我得知金山区选派上海市第二批援滇扶贫干部的信息，作为适龄对象，我积极响应，主动报名，接受组织挑选。经过区委组织部的考察推荐，市委组织部、市人事局、市协作办公室的联合面试，我被正式确定为上海市第二批 12 位援滇干部之一，对口支援云南思茅地区。那时，上海市的常住人口是 1200 多万人，所以我们可以自豪地说是真正"百里挑一"选出来的，而且是一百万分之一！

1998 年 12 月 23 日，带着上海人民对云南人民的深厚友谊，肩负着扶贫攻坚的艰巨使命，怀着对祖国西南边陲既憧憬又忐忑的心情，我们踏上了去往彩云之南的路途。市委、市政府为我们第二批援滇干部在上海图书馆举行了隆重而又简朴的欢送仪式。之后，由市委组织部领导带队，风尘仆仆，一路奔波，护送到我们的工作地——思茅地区。

初到思茅，艰苦不怕吃苦

思茅地区（现普洱市）位于云南省西南部，东临红河、玉溪，南接西双版纳，西北连临沧，北靠大理、楚雄。东南与越南、老挝接壤，西南与缅甸毗邻。思茅是云南省行政区域最大的，辖区有 4.5 万平方公里，山地面积占 98.3%；这里又是一个少数民族众多的集聚地区，世代居住着汉、佤、拉祜、哈尼、彝、傣、布朗、瑶、苗、傈僳等 10 多个民族。思茅地区山川秀丽，风物神奇，境内群山连绵、沟壑纵横，拥有无量山、哀牢山、澜沧江、李仙江等名山大川，北回归线穿越而过，拥有"绿海明珠"之誉。但进入思茅地区之后，生活工作环境的巨大差异完全出乎我们的意料。

那时，思茅地区是由金山、杨浦、普陀和南市四个区负责对口帮扶，我与杨浦王继烈、普陀葛惠桃、南市陆宏锦一起居住在思茅地区行署大院一套三居室的公寓里。首先就碰到了生活上的不适，我们是从"学吃饭""学走路"和"学说话"开始的。云南地处高原山区，自然条件使之无辣不成菜，所以炒菜锅都是辣的，在这里生活必须学会吃辣椒。"学走路"就是学会乘车，在平原上100公里也就开一个小时，山区是三个小时也到不了，公路又都是盘山公路，只有途经乡镇时才会有一公里的柏油路，当地称"文明卫生路"，其余多是石子路和土路，晴天尘土飞扬，雨天泥水一地，颠簸、急转弯就会晕车。"学说话"，就是要学说云南当地话，因为当地百姓听不懂也不会说普通话，所以我们还要学说当地话，便于与老百姓沟通交流。

大山里的交通和通信状况，是我们这些来自平原的人所未见与未闻的。记得在思茅地区景东县召开云南省扶贫工作现场会，安排与会人员实地参观上海援建的温饱试点村的点，车队一路颠簸，漫天尘雾还要时不时减速躲避，车上的雨刮器不停地刮擦着厚厚的尘土……司机告诉我们这是旱季下乡的场景，若是雨季，随车还需备好铲和锄等工具，方可穿越塌方或泥泞不平的路段。

"对不起，您呼叫的号码不在服务区"，这是我们一离开县城，手机通信的常态。当时只有在县城有无线信号，进入大山，所有的无线通信器具都成了瞎子的眼睛、聋子的耳朵——摆设。所以，我们必须提前给家人说一句"我下乡了"。

交通与通信的不足，直接给生活在这片区域的百姓带来了诸多的不便，优质的特产、物品因为运输成本、保鲜等因素只能滞销。这里虽物产丰富，但收入低下，国家级的贫困县、贫困乡为数众多，当时人均日收入超过一元人民币就算脱贫。陪同我们的扶贫办干部，向我们讲述了生活在山区的少数民族兄弟，一家能变现的就一两百元，我们真的都不敢想象，边疆地区、少数民族地区竟然是这种状况。每每见到此景，就眼热心堵……

大山里的教育和卫生条件更为艰难，少得可怜的医院、卫生所、学校，再加上语言文字不通，使民族兄弟们饱受病痛的折磨和煎熬，产妇和婴儿死亡率非常高，人均文化程度的统计指标是以平均受教育年数来衡量。教育与卫生资源的奇缺，制约着当地百姓的生产、生活水平的提高。

统筹兼顾，落实帮扶项目

　　当年的帮扶资金和项目还没有全市统筹，市级项目由市财政拨款，区级项目由各区自行解决。记得那时的市级项目，主要是给三个地州的教育培训和科技应用提供硬件建设，重点是帮助对口贫困县推进建设"温饱试点村"项目。这里特别要说一说我们的前任——第一批援滇干部。"温饱试点村"项目，是上海援滇挂职干部和云南干部在深入思茅、文山、红河三地州贫困乡村调查研究，结合当地社会经济和村民的实际情况，总结各种脱贫经验后提出的一个开发式扶贫的"金点子"，即选择相对集中居住，户数在 20 到 30 户左右的自然村落作为扶贫实施点，每个点提供 15 万元援助资金，用一年时间基本解决贫困问题，主要用于解决供水、供电、通路和修建公共厕所等，改善村容村貌，资助村民选择种植或养殖业项目，增加家庭经营收入，实现村民脱贫。1998 年上半年，在云南三地州 22 个贫困县中实施的 44 个温饱试点村项目全面启动。为总结和推广该项目，上海、云南两地政府于 1998 年 12 月在景东县召开了"建设温饱试点村现场经验交流会"，时任上海对口云南帮扶协作领导小组副组长姜光裕在会上宣布：到 2000 年，把温饱试点村项目扩大到 300 个。"温

◀ 在江城县国庆乡了解温饱试点村建设情况，右二为薛晓虹

饱试点村"项目到 2000 年 12 月达 401 个，解决了云南三地州 5 万多农民的吃饭问题，为完成国家"八七"扶贫攻坚计划做出了一定的贡献，在上海对口云南的帮扶工作中发挥了重要作用。

金山区当时的财力还比较弱。我记得，每年区财政单列近百万元作为帮扶两个结对县的专项资金，主要用于援建希望学校、村卫生室，解决当地读书难和看病难的实际问题，提高劳动者的文化素质和身体健康素质，发动全区党政机关干部捐资助学，每年资助两个对口县百名学生上学。当时，金山区还充分发挥了种植西瓜、甜瓜技术优势，漕泾农业公司、金山农科站分别派出专业人员赴思茅地区结对县，租地带头示范种植优质西瓜、甜瓜，带动当地冬季种植业发展，增加农民收入，助推村民脱贫。这些付出的努力，在当地经济发展和农民增收方面发挥了相当好的作用，也在当地赢得了良好的口碑。

朝夕相处，忘不了的人和事

我当时挂职在思茅地区，任行署专员助理、思茅地区对口帮扶联络小组组长，同组还有杨浦、普陀、南市区的三位援滇干部，每个区对口两个贫困县。我们既是市援滇干部，又是区对口联络员，主要任务是共同做好市级扶贫项目

◀ 在普洱县（现宁洱县）同心乡勐海田希望学校现场商议后续建设事宜，左二为薛晓虹

和区级项目的联络、协调，督促项目保质保量如期建成。

在听取了地区领导介绍对口帮扶工作及首任援滇干部的工作体会后，我们四位同志不约而同地感到工作责任、工作压力很大。既然接任援滇工作，就一定要干出成绩。但到底怎么做？做什么？怎么做好？心中无底，有些迷茫。特别是我，对于如何当好组长，有些不知所措。每当想到这些，我的脑海里总会跳出几个鲜活生动的人影……

叶行根，我的好师兄。他是我的前任，是他陪伴我走访两个县的扶贫工作点，一一交代清楚；是他面对面、手把手地传授帮助我，使我放下思想包袱，轻装上任，增添了无穷的信心和动力。从我之后的历任金山援滇干部都尊称他为"大师兄"。叶行根在部队带过兵，为人热情，喜欢交朋友，善于沟通和宣传，在挂职期间，得到了当地干部群众的认可和称赞。他爽朗的笑声、幽默的语言，传播着信心、乐观的正能量，赢得了"金山人民广播电台"的美誉。

杨少峰，我的忘年交。他退休前是金山区农委的高级畜牧师，特别是对猪和鸡的养殖具有扎实的理论功底和丰富的实践经验，在思茅是知名度极高的上海金山人。10多次亲力亲为地上课，手把手地传授，他培养了不少的学生。普洱县的罗宗强、江城县的李春光是他的两位得意门生，掌管着两个县的枫泾猪种猪场，为思茅地区及周边城市的养猪业和当地农民的脱贫致富做出了很大的贡献。当地干部群众都亲切地喊他"杨公公"（当地方言的发音，意为杨高工）。

孙黎，江城县的"老克勒"。当时他已年近五十，且刚刚接任江城县扶贫办主任。在江城县的扶贫点，有一个项目推进不太顺利，工作难度大，记得第一次陪同省扶贫办副主任周振球到江城检查工作，孙黎郑重地立下军令状："两个月之后，扶贫项目再上不去，我就地辞职。"江城县地处老挝、越南交界，是有名的边疆地区，交通不便，信息闭塞，扶贫工作难度极大。然而两个月之后，以红疆乡朵把村为代表的温饱试点村的村容村貌焕然一新，生产生活井然有序；村部新建了卫生室、有线电视室；农户增添了沼气灯、沼气灶；猪入圈、鱼入场、菜入园……原先15万元的帮扶资金，一部分用来投资改水、修路、发电，更大一部分投在养猪、养鱼、种蔬菜上，实现了输血和造血的结

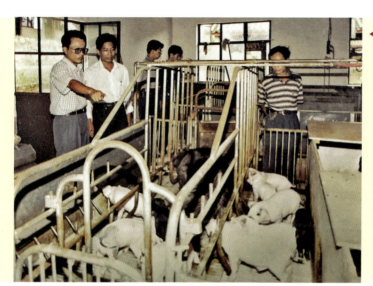

▶ 在普洱县（现宁洱县）种猪场查看生产情况，左一为薛晓虹

合。村民们洋溢着喜悦和自豪之情。前来检查的另一位省扶贫办领导说了这么一句话："哈尼族人养猪进棚，是千年的一大进步！"殊不知，孙黎的夫人患严重肾病，家中还有两个未成年的儿子需要他照顾……

张永发，普洱县的"孩子王"，他是普洱县教委办公室主任。当时我们每年选 100 名成绩优良、家境贫困的三年级孩子助学，由金山各镇、各部门的干部个人出资认领，资助上完中学。张永发心里牢牢记着一长串的学生和资助者的名字。每当期中、期末考试之后，每名受助的学生都会提笔写信，向资助者报告学业和生活情况，表达感恩之情。这一封封来自边疆地区的信件，到达每位资助者手中，他们是何等激动和喜悦。学生练笔提高了文字表达能力，也培养了各民族之间的浓厚感情。不少人至今还在书信来往，有的甚至认了干儿子、干女儿……

还有那江城的灰包河寨子，以他们最高的传统礼仪——宰牛设宴欢送我的乡亲们。还有地区行署办、扶贫办、经协办的全体同仁们，普洱、江城两县的教育、卫生系统的同志们，当时还在普洱的上海老知青，还有那一批批的志愿者，还有陪伴我们风里来雨里去、会写诗作词的驾驶员陈朝佑……

两年时间，700 多个日日夜夜，转眼间就过去了，盘点回顾所经历的事，所建的项目，个中艰辛，早已遗忘，唯余一阵阵欣慰。每当看着那崭新的教学楼和整洁的校园，一个个挂着红十字的村寨卫生室，一片片瓜果田园；每当听着那朗朗的读书声，回忆着一张张天真、美丽、纯洁的笑脸，是那样甜美和舒畅，我的内心就会像喝了上好的陈年普洱，沁入心脾，美不可言。

现在是 2020 年仲春，屈指数来，我已离开整整 20 年了。但时至今日，那片土地、那些人、那些事仍令我魂牵梦萦。援滇的人也换了一批又一批，2019年已是第十一批，上海与云南、金山与普洱的合作关系愈来愈紧密……

40 岁以前的我偶尔喝茶，40 岁以后的我与普洱相识，与普洱茶结缘。现在是年逾花甲，退休在家，泡上似红宝石般浓艳的普洱茶，一切烦恼与不顺都烟消云散。边品味着普洱茶，边回忆着普洱的人与事，是我退休生活的一门必修课。

责任扛肩上，
为打赢脱贫攻坚战贡献力量

　　吴斌，1969年1月生，现任上海金滨海文旅投资控股集团有限公司党委书记、董事长。2003年5月至2005年5月，担任云南思茅地区扶贫办副主任。

口述：吴　斌
采访：李　丹
整理：余晓金
时间：2020 年 3 月 31 日

　　新中国建立特别是改革开放以来，我国的社会、经济发展举世瞩目，人民
生活水平逐年提高。中国大地幅员辽阔，但区域发展极不平衡，西南边陲和沿
海地区差距较大，贫困人口众多，扶贫攻坚任务艰巨。上海是国际大都市，是
个高度发达的沿海城市，但上海的发展离不开边陲的稳定、民族的团结。从
1986 年原云南普洱县和原上海金山县结成友好县到 1997 年开始派出挂职干
部，金山和思茅的友情不断加深，帮扶合作交流不断深入。2003 年 5 月，通
过组织考察挑选，我作为第四批挂职干部赴云南思茅市扶贫办挂职学习锻炼。
两年期间，我走过了一段终生难忘的岁月，时至今日仍是感慨颇多。能为祖国
打赢脱贫攻坚战贡献自己的一份绵薄之力，我感到无上荣耀。
　　2003 年 5 月，带着上海市委、市政府和我们金山区委、区政府领导的悉
心嘱托，带着家人的牵挂和支持，我踏上了去云南思茅的征程，内心充满无
限的向往。思茅市（2007 年 1 月，经国务院批准云南省思茅市更名为云南省
普洱市，思茅市翠云区更名为普洱市思茅区）位于云南省西南部，境内群山起
伏，曾是"茶马古道"上的重要驿站，是著名的普洱茶的重要产地之一，也是
中国最大的产茶区之一。刚到思茅就被当地热心的民族同胞、纯朴的民族风情

和良好的生态环境所打动，同时也对思茅农村的贫困状况感到震惊。从同胞们殷切期盼的眼神中，我顿时感觉到了自己肩上的责任，从而坚定了自己要在这两年时间里切切实实地为思茅、为贫困农户做点实事的决心，希望能用我的实际行动温暖他们的心。

勤于学习，善于思考

到达思茅不久，内心的责任感驱使我一刻也不敢耽误。为使金山区的各项帮扶工作落到实处并富有实效，我开展了长时间深入、细致的调研工作。随着不断深入农村，不断接触群众，我感到这不单单是一项社会帮扶工作，更是对思茅贫困农户的一份感情。

通过调查研究，我认为思茅各县均有各县的情况和特殊性，对口帮扶工作不能搞"一刀切"。一定要根据当地实际，做到切实符合当地群众的实际需求，切实符合当地发展的实际需求。因此，我在征得金山区委、区政府领导的同意后，把我们金山区的对口帮扶工作侧重点放在了农民增收，改善受助农村生产、生活条件上。两年来，为使此类项目能够真正在当地起到作用、发挥效益，我坚持边学习边工作，边调研情况边安排项目，充分了解当地的农业产业结构，掌握当地农民的生产技能和素质水平，分析当地农村产业的形势和前景，征求当地领导的意见。同时，我积极主动向金山区有关部门汇报，共同确定帮扶项目。两年来，我共具体设计实施帮扶项目 39 项，操作帮扶资金 726.8 万元，均做到了资金先到位、项目先实施、工程先竣工，从而保证了各类项目在最短时间内发挥应有的效益。

挂职在扶贫办，使我能够有机会更充分、更完整地了解整个思茅的贫困状况和扶贫工作情况。在做好自己的本职工作以外，我尽可能多下乡，多掌握了解情况，及时汲取各县、区在扶贫工作中取得的成功经验。同时，虚心向市扶贫办的领导和各县扶贫系统的同志们学习工作经验，积极主动配合扶贫办新、老两位主任的工作，参与思茅各种扶贫政策措施的研究和制订，积极为思茅的扶贫开发工作出谋划策，得到了扶贫办领导和同志们的认可。

我充分认识到"项目一定，重任在肩"的深刻含义，这一点是我在两年工作中通过学习我们思茅市的干部特别是扶贫系统的党员干部艰苦奋斗、迎难而上、忘我工作的精神后所得到的思想认识。不能项目确定后就撒手不管。两年实施39个项目应该说是个不小的数字，因此，我除了合理安排时间外，在思茅从来没有周末和节假日的概念，面对项目多，分布广，我的主要精力和时间都放在项目实施过程中。跑工地、看项目、定设计、查进度、管资金，既保证各项目正常开展，又保证了帮扶资金全额落实在项目上，所有金山援建和操作的项目均顺利竣工并交付当地使用。

为此，两年中我没有回上海过任何一个节日，家人对我的工作也是非常支持的，没有一丝抱怨。有的时候会对他们产生愧疚感，但是转念一想，两年的时间太短暂了，我要在有限的时间里尽自己最大的努力帮助思茅的父老乡亲们多做点实事。我始终带着这样的信念度过在思茅的每一天。

勇于创新，敢于改革

我们金山区在江城、普洱两县的对口帮扶工作长期以来在思茅当地都有着广泛的好评和赞誉。面对思茅整个扶贫工作的不断更新，机制不断完善，金山区也在不断探讨新的工作思路和工作机制。

我作为第四批挂职干部，对于如何探索一条新的工作机制更是责无旁贷。根据金山区1997年以来在和思茅合作中积累的各种经验和金山区对口县的实施情况，我率先在整个思茅扶贫系统提出了开展"户户增收工程"，并在普洱县具体开展了农民养殖奶牛工程，取得了很好的经济效益。当时每户农户每月的收入均在1000元左右，从而闯出了一条扶持龙头企业、成立农民协会、产销结合的农民增收之路。同时，我提出了"滚动增值、反复覆盖"的帮扶资金使用办法，引起了上海市合作交流办和上海市农委领导的高度重视。这一举措也在思茅引起了关注，思茅市的有关领导在视察了该项目后，一致认为该项目开辟了农民增收渠道，填补了思茅农村养殖业的空白，的确是一个好的运作模式。后来，《思茅日报》以整版的篇幅报道宣传了该项目。经上海市合作交流办确定，2005年将由上海市人民政府投入400万元重点扶持该项目，扩大范围，真正起到示范基地的作用。在我回上海之前，该项目已通过前期论证，进入项目实施方案的制定阶段。根据方案，到 2005 年 6 月，养殖农户将由现在的 35 户增至 150 户，2006 年增至 200 户。经测算，一年后，可以为这 150 户农户增加 180 万元收入，企业纯收入在 125 万元左右，从而达到农民增收、企业增效的目的。

金山区委、区政府和有关单位历来高度重视和支持对口帮扶工作，这给我们在思茅具体负责开展工作的挂职干部无疑树立了一座强有力的靠山。金山区的项目签订、资金到位、实施进度，历来是走在前列的。我在思茅工作学习期间，除了尽自己所能做好工作外，还觉得有必要充分发挥金山区有关单位的力量，使他们共同加入帮扶行列，为思茅的贫困农户做贡献。为此，我利用两次回沪探亲时间以及平时利用电话、邮件，尽量多地向金山区的有关单位和领导宣传思茅，宣传在思茅开展帮扶工作的现实意义，以取得他们的理解和支持。

功夫不负有心人，两年来的工作取得了一定成效。金山区民政局和思茅民政局在 2004 年 4 月签订了对口帮扶协议，当时双方已派出三批 6 名干部进行交流学习；价值 12 万余元的 8 万件衣被发放至有关县的贫困农户中；在得知翠云区地震后，金山区民政局又在本身救灾款紧张的情况下挤出 10 万元救灾专款汇到了思茅市民政局救灾专户上，真正体现了两地民政一家亲的感情。金山区水务局出资 6.8 万元，为普洱县凤阳乡曼干坡村的 263 户农户和近千头大牲畜解决了饮水难问题，使该村告别了挑水吃的旧面貌。金山区实业公司出资 50 万元并派出工作组落实建设普洱县宁洱镇希望小学，使原来的镇小升高为县第二中心小学等等。我们金山区在思茅的对口帮扶工作领域不断扩展，参与帮扶思茅的单位队伍不断壮大。

心系云南，真情不断

回到金山后，我一直都觉得应该为思茅——如今的普洱，再多做些工作。凭借两年在普洱建立起来的深厚感情，我一如既往地关注着普洱，尽自己最大的能力支持普洱的扶贫开发事业。目前，我所在的文旅集团已与国家级贫困县普洱市景东县达成合作，联合打造全新的"金山生活"品牌茶系列产品。项目以"品牌＋文化＋普洱茶＋产业扶贫"的模式，将上海和金山特色文化内涵与精准扶贫工作融合，打造一个市场化运作特色扶贫茶产品系列。2019 年 3 月，公司派团队赴云南进行实地考察，走访了当地多家较有规模的茶园、合作社。经考察发现，普洱市景东县境内的无量山、哀牢山自然保护区拥有丰富的茶叶资源，但由于当地交通发展滞后、企业规模小、茶叶品牌概念缺乏，景东县茶叶一直处于产业链末端。团队经研究后决定，与景东县当地产业合作社协作项目，挑选当地优质的古树茶叶，融合金山本土文化（金山农民画元素、白蕉书画作品、金山三岛元素等），进行重新设计、包装，所有产品采用统一品牌形象、统一包装设计、统一安全标准，严格把控产品质量，跟踪生产过程，制作品质优良的产品。产品推向市场后，将"金山生活"茶系列产品销售额的一部分作为爱心基金，由景东县扶贫办返还至当地贫困家庭，等同于购买此项目产品的爱心企业、爱心人士向当地人民献上一份善心。

在思茅两年的时间并不长，自己觉得在思茅仍有许多工作没有完成，但是这两年在我一生有限的工作时间里应该是最宝贵、最有意义的。由衷地感谢党组织给了我这次学习锻炼的机会，使我在一个良好的环境下学习、锻炼、成长，让我获得了如此宝贵的人生财富。我永远也忘不了在思茅的岁月，忘不了与当地同胞间的情感，朴素而又真实，原本打算将这段弥足珍贵的岁月埋藏在心底，也不曾向任何人提及，因为自己做得实在太少且微不足道。衷心希望普洱的明天更加美好！

普洱是茶，是城市，也是战场

谭巧根，1965 年 8 月生，现任金山区金山卫镇人大副主席、总工会主席。2005 年 5 月至 2007 年 6 月，担任云南省普洱（思茅）市扶贫办副主任。

口述：谭巧根

采访：黄树婷

整理：黄树婷

时间：2020 年 3 月 26 日

2005 年 5 月底，我作为上海市第五批援滇干部离沪赴云南普洱，从事对口帮扶工作。虽然远离家乡，但时刻都能体会到普洱人民对我的深情厚爱；虽然远离家人，也时刻能感受到普洱市各级领导对我如亲人般的关怀。一路走来，随时有普洱的干部相帮、相伴；抚今忆昔，大家齐心协力，目标都是把对口帮扶工作做得更好。

记得我刚到普洱时，人生地不熟，但我得到了普洱市委、市政府及有关部门的热情关怀。市扶贫办等部门领导在我的居住、饮食等方面给予了全面的关心。有关部门的领导还热情指导帮助，向我介绍普洱市概况、当地风土人情、民族风俗等。特别是市扶贫办助理调研员、综合科长黄文春同志，当时他有两位家人病重住院，但在双休日还陪同我熟悉普洱市区道路、生活环境，帮助我了解普洱对口帮扶工作的情况，令我感动。

为使我们尽快熟悉 8 个对口县的帮扶工作情况，市政府专门下发通知，派出专人、专车陪同联络小组成员深入 8 个对口帮扶县进行调研。走村进寨，实地踏勘重点村建设、希望学校、产业发展等项目点，使我受到一次深刻的中国国情教育，也为我提供了一次深入基层、了解普洱农村、了解扶贫开发工作的极好机会。我们所到之处，当地县委、县政府皆热烈欢迎，有的县领导还全程陪同介绍对口帮扶情况，一些项目点的群众夹道欢迎，使我们感受到普洱人民的真情与热情，进一步增强了做好帮扶工作的信心和决心。

为了尽快落实和启动 2005 年上海对口帮扶工作，市扶贫办领导和相关科室，会同联络小组召开了联席会议，共同研究落实 2005 年上海市及四区对口帮扶的项目和资金计划，并协助联络小组落实项目资金，跟踪项目进度。在多次召开的扶贫干部会议上，我认真布置，积极指导各对口县认真完成 2005 年上海对口帮扶项目，确保上海对口帮扶项目发挥其应有的效应。

在项目的实施过程中，我不定期深入到各个项目点检查项目实施。每到一个项目点，那里的干部群众就拿出自己种植的水果、酿制的水酒，热情地招待我。我就像回了家一样，和村里百姓打成一片，了解他们的生产、生活，孩子的上学，百姓的就医情况，跟他们共同商讨如何解决困难。帮助群众尽快地摆脱贫困，过上幸福生活，这是我最大的心愿，也是当地群众最大的愿望。在我帮扶的宁洱县宁洱镇曼连村百姓房屋的墙上就写着这样一段话：学习上海谢金山，养好奶牛奔小康，吃水不忘挖井人，幸福不忘党中央。这样的口号，表达了普洱群众对上海人民的深情厚谊，也表达了他们脱贫致富的迫切希望。

我在普洱市扶贫办领导及同志们的关心和帮助下，快速进入工作角色，虚心向普洱市扶贫系统的同志学习，向前四批联络员学习，认真领悟新时期党中央关于社会主义新农村建设和扶贫开发工作的论述，深刻理解扶贫开发工作对于构建社会主义和谐社会的重要意义，努力以科学发展观来指导上海对口帮扶工作，并在实践中不断总结和积累扶贫开发的工作经验。

两年的扶贫工作，我进村扎寨，与百姓同吃、同住，共同为摆脱贫困而努力，与人民群众的感情日益递增。普洱市地处边疆，长期以来保卫祖国边疆安全，牺牲了发展的时间和机遇。上海对口帮扶云南普洱是构建社会主义和谐社会的需要，我能亲身参与扶贫攻坚战，感到非常光荣，同时肩上的责任也更重了，我要尽自己的全力为普洱市扶贫开发工作做出贡献。

努力成为联络组工作中的骨干分子

由于我挂职在市扶贫办，根据工作分工，除负责江城、宁洱对口帮扶工作任务外，在联络组主要负责上海市项目管理。两年来我承担了 8 个对口县上海市项目立项、申请、文本制作、资金拨付管理和统计、竣工验收总结等具体的操作和指导，做了大量细致的工作。我曾多次在普洱市扶贫工作会议上对上海对口帮扶项目作出指导，把精细化管理纳入了对口帮扶项目管理之中，使普洱市上海对口帮扶项目建设和管理井然有序，减轻了其他联络员的工作，也赢得了市、县扶贫系统干部和群众的好评，赢得了联络组长和其他组员的尊重，良好地树立了上海金山区选派援滇干部的形象。对于金山区对口县的项目，我逐个进行考察、落实、检查和监督，并根据项目的实施进度下拨好资金，确保项目能按照实施方案如期完成。在深入基层时，我认真抓好项目实施进度的跟踪、项目建设质量的管理、项目资金的统计，同项目点干部群众共同研究实施好整村推进项目，使项目保质、保量、按时完成，让项目的建设真正为贫困群众解决实际生产、生活问题，帮助项目点群众尽快脱贫。

除了做好上海对口帮扶项目以外，我还要做好协调，起到桥梁和纽带作

◀ 傣族整村推进项
目调研

用，联络上海与普洱建立更深更广的友谊。根据普洱市委、市政府和联络组的安排，两年来，我参与接待了几十批次的上海市各级领导和各界人士到普洱的学习考察活动，同时也组织协调选派普洱市干部到上海金山区考察和挂职跟班学习。特别是上海财税系统90名新任公务员来普洱考察体验生活，我作为总指挥，按照普洱市政府的布置认真做好后勤等服务工作，圆满完成任务，受到上海市财税系统领导和工作人员的好评。

做好工作沟通和汇报，把上海对口帮扶纳入普洱市扶贫开发工作也是联络组成员重要的职责。我和联络组长对上海对口帮扶的重点工作做出分工，分头负责，不定期与普洱市扶贫办领导和同志们进行项目建设管理等方面工作的沟通。同时，又分两次把上海对口帮扶工作专题向普洱市分管扶贫工作的领导作了汇报，把自己作为普洱的干部向领导汇报思想和工作的情况，普洱市主要领导很支持和关心上海对口帮扶工作，对我们联络组的工作做出高度评价，赞扬我们联络小组全体成员除了用手、用脚来开展对口帮扶工作外，还用心、用脑推进扶贫工作。特别是上海帮扶项目管理、资金管理有落实、有示范、有提升，不仅给普洱带来了援助项目和资金，更带来了上海观念、上海作风、上海干劲，值得普洱的干部学习。这些赞赏是对我们的鼓励，更激励着我认真地、一如既往地做好对口帮扶工作。

积极开展各项工作

两年来，金山区委、区政府高度重视和关心对口帮扶地区的发展。金山区主要领导先后来到普洱检查指导对口帮扶工作，并带来了新的项目和资金。时任金山区委书记李毓毅批准新增两个对口县40万元帮扶资金并赠送一批书籍和体育用品，帮助普洱市培育干部。金山区委宣传部新增43万元新建希望小学一所，捐资15.26万元支助翠云区50名贫困学生三至五年的学习和生活费用。金山区委统战部一行14人，金山中学一行3人，金山区亭林镇一行10人，金山区教育局一行7人分别来到普洱市统战部，普洱市一中（原思茅二中），普洱市宁洱县同心乡、墨江县、江城县进行学习考察交流。金山区委统战部与普洱市委统战部，金山中学与普洱二中签订了结为友好单位的协议。金山区 7 位教育专家在普洱举办了中小学校长、职业中学、县教师进修学校和各县教育局长参加的培训班，共 311 人次。金山区国资委等 54 位同志分三批到普洱学习考察，金山区委宣传部一行 10 人到普洱翠云区学习考察。金山区原税务局长姜世良援助 18 万元在宁洱县援建希望小学综合楼。江城县 40 位干部分两批到金山区学习考察，墨江县教育局 10 人到金山县教育局学习考察。两地友好往来，不断增进友情，共促和谐发展。

同时两地实施了普洱市干部到金山区跟班学习制度，按照 2005 年上海市金山区委组织部与普洱市委组织部干部培训合作协议书，两年来普洱市选派 29 位副处级领导干部和后备干部到金山区区级综合部门进行为期三个月的挂职跟班学习活动。金山区委组织部、金山区合作交流办、金山区委党校认真做好了跟班学员的工作和生活安排，不断推进两地干部培养、培训方面的交流。

两年中，我区共选派两批支教老师到墨江通关中学支教。第六批金山支教老师的生活和工作条件较为困难，我了解此事后，向普洱市分管教育的副市长作了汇报，引起领导的高度重视并及时解决困难，使支教老师能安心地工作，发挥出他们应有的水平。与此同时，我看望了金山区在滇的大学生志愿者，经协调落实了 4 万元资金帮助在红河州金平县者米乡的金山区青年志愿者完成两年志愿任务。

我结合普洱市资源优势，因地制宜组织实施对口县"一乡（镇）一品""一村一特""户户增收"等项目，进行产业培育，抓好示范，带动发展。如金山区先行在江城、宁洱县援建良种猪场，发展种草养牛，宁洱县 200 亩葛根种植开发及肉牛育肥冻改基地建设，配置动物防疫设备等项目，都是产业发展带动扶贫开发的新模式。

宁洱县作为产业扶贫的试点县，在推进产业开发方面进行了积极的探索。如利用上海市及金山区的援建资金，在 2003 年分别完成了 8 个乡级猪、牛供精站体系建设，种猪繁殖示范场改造扩建，人工孵化土鸡示范项目，活畜禽交易市场等项目；2004 年完成了种猪场续建，肉牛冻改及种植养牛示范项目，鲜牛奶有限公司扩建，名优水产养殖示范基地项目建设和种草养畜等项目。这些项目的实施，使不少农户走上了发家致富的道路，2003 年宁洱县有

123 户农民年获纯收入 1 万元以上，养殖业成为全县农村经济的重要组成部分
和农民增收致富的主要途径，这对促进宁洱县畜牧业发展起到了良好的示范
效应。

2004 年始，金山区在宁洱县探索扶持"龙头企业"带动周边农民增收的
路子，以宁洱鲜牛奶有限公司为龙头，分别由金山区在 2004 年投入资金 50 万
元，上海市 2005 年投入资金 400 万元，重点扶持奶牛产业化发展项目。通过
成立专业协会，带动周边农户增收，开辟了龙头企业带农户、龙头企业依靠农
户发展、农户依靠企业增收致富及扶贫资金滚动使用的新路。

以宁洱鲜牛奶有限公司为龙头，实施奶牛养殖，公司周边农户家家增收幅
度较大，户户生活有变化。有的买了液化气，有的买了摩托车，实现了从挑
担运奶到摩托送奶的转变。村民李朝芝说，她家一个月仅鲜奶一项增收 500—
600 元，效益比养猪、养牛都高，一家的电费、电话费就靠这头牛了。养牛户
要求增加饲养头数，未养户纷纷向县、镇有关部门申请饲养。实践证明，只有
选准产业扶贫的路子，让农民实现增收，让农户得到实惠，农民就能提高认
识，积极开展生产，实现脱贫致富。

抓好整村推进扶贫规划

通过总结扶贫开发工作经验，云南省普洱市紧紧围绕《中国农村扶贫开发纲要》，走"一体两翼"的扶贫开发路子，坚持以贫困村为主战场，以贫困户为主要对象，几年来使农村贫困人口减少了40万。其中，组织实施了以自然村为主的整村推进综合扶贫开发的工作措施，整合资源、集中力量、逐个突破，我认为是扶贫开发工作的很好形式。社会主义新农村建设任重而道远，要抓好扶贫开发工作的落实，做好整村推进的规划是很重要的一个环节。我认为要在规划内容上体现出"山、水、田、林、路、美、亮""吃、穿、住、行、乐"为一体的村级目标，在规划时间要求上有长远性，有发展的空间和具体的目标。在实施上要有时间表，每年要按照资金的力度来规划目标，同时要让群众积极参与规划，要对规划进行公开、公示，让每一位村民都知道今后村落的发展建设目标，以此来调动群众的积极性、主动性。

上海对口帮扶云南，从2006年整村推进项目开始制定行政村规划。规划制定上是一次完成，再按自然村逐步实施，并在实施中充分做到四个结合，来达到扶贫开发的目标：

◀ 身后为江城瑶族
整村搬迁项目

第一，整村推进实施与安居工程、基础设施建设充分结合起来。着手解决贫困村居住、用电、用水、交通、通信的迫切要求，在村容村貌的建设上重点加强"一池三改"，加强农村环境卫生的建设。

第二，整村推进实施与发展产业结合起来。以农民增收为目标，规则两至三个农业支持产业，按照"一个产业一个思路，一套实用技术，一套扶持措施"的办法，大力推进农业产业化，培育农村产业和龙头企业，延长产业链，提高农产品的附加值。

第三，整村推进实施与教育和卫生、文化建设结合起来。在实现基本教育和基本医疗后提升其服务的档次和水平，使其适应行政村发展的需要。

第四，整村推进实施与实现"农民知识化"工程结合起来。在规划中体现依托产业发展对农民进行农业实用技术培训和面向市场为农民提供职业技能培训，同时积极引导和教育农民勤劳致富，用自己的双手来改变自己的生活。

总之，扶贫开发工作是建设社会主义新农村的一项重要内容，整村推进是新时期建设社会主义新农村扶贫开发的主要形式。在两年的扶贫开发工作中，我以站在建设社会主义新农村的高度抓好行政村的规划，并分步制定出自然村的投资建设方案，通过逐年实施来减少贫困人口，解决农村环境脏、乱、差的现象，为对口帮扶地区建设社会主义新农村打下了良好的基础。

从自愿到自觉
援滇工作使我受益匪浅

　　庞旭峰，1970 年 8 月生，现任金山区体育局党组书记、局长。2007 年 5 月至 2009 年 8 月，担任云南省普洱市市长助理。

口述：庞旭峰

采访：王晓雨　黄　凯

整理：王晓雨　黄　凯

时间：2020 年 4 月 30 日

2007 年 6 月 13 日，上海第六批援滇干部普洱联络小组成员在上海陪送团及云南省扶贫办有关同志的陪同下，来到普洱市，正式开始对口帮扶工作。

深入一线：全面了解对口帮扶工作任务

普洱市地处祖国西南边陲，云南省西南部，面积 4.5 万平方公里，山区面积占 98.3%，是云南省面积最大的州（市）级行政区。全市辖 9 个少数民族自治县和 1 个区 121 个乡（镇）992 个村委会 13162 个自然村，居住着汉、哈尼、彝、拉祜、佤、傣等 14 个世居民族，当时的总人口为 257 万人，其中少数民族人口约占 61%，农村人口 202 万人，占总人口的 79%。澜沧是全国唯一的拉祜族自治县，墨江是全国唯一的哈尼族自治县。

普洱联络小组一到驻地，马上召开全体成员会议，明确工作分工和职责，并于 2007 年 6 月 13 日与第五批联络小组进行了工作交接。普洱市负责对口帮扶工作的是时任普洱市扶贫办副调研员、办公室主任黄文春，在他的陪同下，普洱联络小组分别到宁洱、墨江、景东、镇沅、景谷、西盟、孟连、澜沧、江城等县就对口帮扶及扶贫工作进行工作调研，以最短的时间掌握了对口帮扶工

作的第一手资料。通过实地察看、询问当地群众对对口帮扶项目实施的意见和建议、与地方党委政府座谈等方式，基本了解了对口帮扶工作的整体情况，为对口帮扶工作保持稳定性、连续性打好基础。我作为对口帮扶普洱联络小组的负责人，在协调做好整个对口帮扶工作的同时，还作为金山区的联络员，具体对口帮扶宁洱、江城两县，我坚持每月有两周的时间到对口县推进帮扶工作，平时及时与两个县的扶贫办沟通联系，确保了对口帮扶项目顺利推进。

经过一段时间的实地走访和调研，我发现造成当地百姓贫困的主要原因有两点：一是老百姓身处深山，交通不便。当地老百姓种植的农作物品质相当好，如茶叶、玉米、山药。有时候我们在山上看帮扶项目时，黄文春同志还会在现场介绍各种药材，可谓"万物皆为药，遍地都是宝"。但由于山村偏远，交通十分不便，缺乏与外来环境的交流，如此好的东西不得不面临着运不出去、卖不出去的困境，最终使得当地老百姓难以以此获得收益。二是教育资源匮乏，教学设施落后。"扶贫先扶智"，我发现越是贫困的地区，村民的文化程度越是低。那些帮扶地区的大部分学校存在办学条件艰苦、教学设施简陋、住宿生活条件差等困难。我走访过普洱9个县的村校，看到的情形都是不如人意，有些班级里的桌椅非常破旧，都是拼凑来的，有的窗户没有玻璃，有些孩

▶ 慰问贫困家庭，为
一对一帮扶儿童送
去学费

子冬天还穿着拖鞋上课，有些学校宿舍里一张床位上要挤两至三名学生。大部
分孩子周日下午翻山越岭去上学，还得自己背着一周口粮，再走五六个小时的
山路才能到学校。眼前的一切对我触动很深，我深感责任重大！

由于种种历史原因，当时的普洱经济欠发达，贫困面大，贫困程度深，有
8个县是国家重点扶持县。至2006年，全市农民人均纯收入1755元，贫困人
口还有92万，其中人均纯收入668元以下的绝对贫困人口有55万人，已基本
解决温饱但不稳定的低收入人口有37万人。全市还有163个村无卫生室；110
个村未通公路；112个村未通广播电视；58个村未通电；34万人未解决人畜饮
水问题；6万余人尚居住在条件恶劣的贫困山区，是一个典型的集边疆、少数
民族、山区、贫困为一体的地区，扶贫开发任务十分艰巨。

完善制度：有序推进对口帮扶工作

为进一步提高理论水平和工作能力，不断提高联络小组成员的政治和业务
素质，从而更加自觉地做好对口帮扶工作，普洱联络小组确定了月学习制度，
每月的第一周周五为学习日，积极开展政治、业务学习。在学习中，大家结合
对口帮扶工作的实际，经常进行热烈的交流讨论，一致表示在两年的对口帮助

工作中要进入角色动真情、融入乡情干实事、投入工作出实效，圆满完成新一轮对口帮扶的各项任务。

普洱联络小组的同志们始终以帮扶为宗旨，以产业开发为重点，以互助为原则，以资金为纽带，旨在探索一条以村民自主管理、互助发展的脱贫新路，探索在解决贫困农户生产资金紧缺问题的同时，通过提高农民进入市场的组织化程度，来有效推动农户脱贫致富新机制。为了进一步规范对口帮扶工作，在我的主导下，普洱联络小组在总结前五批工作经验的基础上，提出并制定了《2007年上海对口帮扶项目任务及责任分解表》和《上海对口帮扶项目的操作程序》，规定了对口帮扶项目的确定、审批、项目管理、资金管理等事项。为了加快推进2007年的项目建设，6月29日由市扶贫办下发了《关于认真做好2007年上海对口帮扶项目实施方案的通知》。7月10日，各对口县完成方案编报工作。8月9日，召开各县扶贫办主任会议，再一次部署对口帮扶工作。8月底，完成了项目的全部审批手续，全面启动了项目的建设并全力推进。

心系灾情：为灾后恢复重建出一份力

2007年6月3日5时34分56.8秒，普洱市宁洱县发生6.4级地震，地震震源浅且靠近县城，给村镇民用、公用房屋和水利、交通、电力、通信等基础设施造成了巨大损害。6月16日，在刚刚到达普洱、余震不断的情况下，联络小组在普洱市委组织部、市扶贫办、宁洱县政府负责同志的陪同下，到宁洱县宁洱镇太达村、同心乡曼连村等重灾区察看灾情。联络小组成员每人捐款1000元，同时，我发动交通大学EMBA同学会积极捐款共计38.32万元，为宁洱的恢复重建出一份力。

宁洱的"6·3"大地震，对开展对口帮扶工作带来了很大的影响。金山对口的宁洱县是震中，江城县也是重灾区，恢复重建的任务很重。当时，两县都按照市委、市政府在春节前让老百姓住进新家的要求，全力做好民宅的恢复重建工作。集中的大面积施工，使建筑市场发生了很大的变化。以水泥为例，地震前每吨320元，地震后每吨涨到560元，且主要保证民宅的恢复重建所需。当时江城的五个整村推进项目以及宁洱的四个整村推进项目中，产业扶持部分基本完成，基础设施建设虽已做好了前期准备，但建设成本的成倍增长，造成施工困难。两个县的希望小学、卫生室建设也面临同样的困难。在这一过程中，我们想方设法，积极协调各类资源，把帮扶工作与当地灾后重建工作紧密结合，共同推进，顺利完成了当年度的帮扶任务。

创新模式：共同创造美好生活

在 2008 年的对口帮扶工作中，时任中共江城县委常委、县人民政府常务副县长的金文胜同志给予我很大的帮助。我经常与他研讨江城县经济发展的相关事宜，讨论如何引进大企业、培育支柱产业，以加快江城县的经济发展。在他的陪同下，我走访了江城县整董镇整董村、勐烈镇大新村、康平镇瑶家山村等地，了解了对口帮扶工作推进情况。我对"直过区""直过民族"的贫困有了切身感受，开始思考"直过区""直过民族"的帮扶机制。

在调研中，我着重考察了上海实施的教育、卫生、小额信贷、温饱试点、小康示范村、畜牧养殖、"安居＋温饱＋社区"发展、整村推进等所有项目的建设情况。每到一个项目点，我都会到农户家里进行座谈。所有农户对对口帮扶项目都赞不绝口，特别是没有进行整村推进的农户，纷纷表示愿意投工投料

◀ 在宁洱县查看整村基础设施建设推进情况，前排左侧为庞旭峰

并拿出自己的积蓄实施整村推进。他们的建好家园、改善生活环境、提高生活质量的愿望非常迫切，这就是做好对口帮扶项目的基础。同时，我坚持从受援地区实际出发，坚持"输血"和"造血"并举，注重增强当地自我造血和自我发展的意识，探索形成了"六个进山""六个到位""六个到户""六个统一"的对口帮扶工作模式，这些都为对口帮扶工作取得实效提供了有力保证。

探索新模式、新机制，注重培育产业，实现农民增收。我在江城县康平镇瑶家山村调研时，看到的贫困情形与以往不一样。我随机发放了30份调查表，主要调查农户年收入情况。通过调查发现，这里的农户贫困程度非常高，年收入普遍为100至200元，年收入为300至500元的只有两户，年收入达到1000元的只有一户人家。瑶家山村的农户朴实而市场意识差、勤劳而劳动技能差、友善而组织化程度低，如何因地制宜、整合资源，帮助当地农户走出贫困是当时最大的难题。经过实地调研、深入分析，我提出了"龙头企业＋基地＋合作社＋社员"的互助发展模式、"市场价加保护性价格收购"的扶贫托底保护机制。我和金文胜同志多次到该村，与村干部、村民小组长、农户代表座谈，研究帮扶工作。在金文胜同志的亲自部署下，在镇、村两级干部的实施推动下，瑶家山村村民以户为单位成立了茶叶合作社，由位于瑶家山的普洱市扶贫龙头企业大过岭茶厂为带动企业负责指导，合作社社员按自家承包山地的具体情况每户开垦4至6亩台地，再由茶厂负责提供茶树苗，指导种茶，合作社按户抽选社员组成管理队，对台地茶进行管理。在项目实施初期，为增加农户收入，由龙头企业支付劳动报酬。三年后，自产出茶叶起，每年年初由茶厂与茶户签订鲜叶保护性收购协议，如果鲜叶上市时，市场价超过约定价格，按市场价收购；如果市场价格未达到约定价格，则按约定价格收购。这样既保障了农户的权益和收入，也使龙头企业新增一大批质量有保证的鲜叶基地。茶叶丰产后，一年一亩台地茶产出超过1800元，极大地提高了当地农户的收入。

2008年10月，在此模式的基础上，普洱联络小组启动了2009年对口帮扶普洱项目计划编制工作，我提出编制指导思想要体现"实"、工作定位要求"准"、产业培育注重"远"的原则，注重创新，努力探索产业扶贫新机制新体制。我在多次调研及瑶家村产业扶贫项目实施的基础上，形成了论文《瑶族直过区经济和社会发展的思考》，对创新扶贫新机制新体制进行了思考。针对普洱产业发展重点以及产品特点，加强了与普洱市经合办、市旅游局、市茶办的联系协作，充分利用一些文化交流等活动，积极向上海推荐普洱文化、普洱特色农副产品，增进两地的了解和沟通，为促进两地更加紧密的经贸合作打下坚实的基础。

援滇情谊：在对口帮扶路上的"摆渡人"

对口帮扶路上的"带路人"——黄文春。黄文春同志长期从事对口帮扶工作。自 1996 年中央确定上海与云南开展对口帮扶合作以来，从对接第一批上海援滇干部，到如今的第六批，10 余年以来，他对待这项工作兢兢业业、恪尽职守，对上海的援滇干部真诚以待、以心相交，让我们在政治上得到关心、在生活上得到照顾、在精神上得到关怀。在我开展对口帮扶工作的两年多时间里，他像老大哥一样给予了我最大的支持和帮助，甚至让我有一种生活在故乡的感觉。黄文春同志对上海与整个普洱市对口帮扶工作了如指掌、如数家珍，对每个项目点位都非常熟悉。他还单独陪同我走访了江城县整董镇整董村、勐烈镇大新村，宁洱县同心乡同心村等试点初选村，查看金山区的援建项目。每到一个点位，便为我详细讲解该地的基本情况、老百姓需求、对口帮扶如何开展、遇到的困难等内容。在"带路人"黄文春同志的帮助下，我对帮扶工作有了更为直观的了解和更加深入的认识，对当时的工作和努力方向更有抓手、更加明确。在两年多的时间里，我们始终保持高效沟通协调，密切协作配合，稳步推进了对口帮扶项目建设。通过项目实施促进了帮扶地区的一些群众思想观念、生产方式、生活方式的转变，同时也增强了贫困地区群众改变贫困面貌的信心和决心。

对口帮扶路上的"铺路人"——金文胜。金文胜，哈尼族，墨江县人，时任中共江城县委常委、县人民政府常务副县长，主要负责江城县经济、扶贫、对口帮扶等工作。在他身上，我看到了云南省普洱市干部的一个典型、一个缩影。他把工作单位当成了自己的家，常年劳碌奔波在脱贫攻坚第一线，三餐不定时导致他患上了胃病。在到江城县开展帮扶工作时，我经常看到金文胜同志大把地吃药。他时刻把脱贫重任扛在肩上，扑下身子扎实做好本职工作。在瑶家村帮扶实施前，为了充分发动农户，金文胜同志抱病到村、到组、到农户家走访，边了解情况，边宣传发动。甚至咽喉炎发作，经常含着润喉片继续走门串户，为项目实施进行预热。在他的努力下，农户们解除了顾虑，自身积极性被调动起来了，最终项目顺利落地。他真正把扶贫"扶"到了群众的心坎上，努力帮助村里的贫困户早日实现脱贫致富、过上幸福生活。

对口帮扶路上的"同路人"——李江。李江同志是孟连人，是普洱市政府办公室工作人员，长期联系服务对口帮扶工作，也是我在开展对口帮扶工作中的"同路人"。他待人热情细致，工作认真负责，对普洱市各县、镇、村的基本情况和行车路线非常熟悉。在他稳重且细心的陪同下，我才能更加专心地投身到对口扶贫工作中，和他一同完成组织交办的各项任务。来普洱市初期，我和李江同志几乎每天都开车行驶在山路上，为深入项目点，经常是行驶在悬崖峭壁之间。李江同志总能凭借着熟练稳重的开车技术，把我安全、按时送到每个工作点位。在保证驾驶安全的情况下，他给我介绍对口帮扶历年来的工作，使我尽快了解各个帮扶点的基本情况和项目推进情况，有时也介绍当地人文历史、民风民俗、奇闻趣事，使我对普洱市的人文风情有了更多认识。记得有一次，我要去江城县查看一个整村推进项目，途中遇到了施工修桥，车子通行缓慢，李江同志便调转车头，驶入丛林小径，驾车涉水过河，有惊无险地带我到达了项目点。可见他对当地地形了如指掌，对帮扶项目点了然于胸。当时普洱的交通状况虽有极大改善，但还是较为落后，从市里到县城都是黑色柏油路，从县城到镇上是台阶路，从镇上到村里是石子路、泥路，往往从县城出发到村里的项目点，需要开三个小时车。有一次，我去江城县的一个项目点，一早出发，中午才到，刚到点上就下起了小雨，李江同志认真分析了这块区域的气候和地形，坚定地要求返程。我不太理解，就没有同意，继续加快速度看项目，看好后马上返程。在返程路上才体会了李江同志的用意，因为下雨，时间一长，表层土松软，车子在下山的泥路上开就会打滑，行车安全难以保障。在我参加对口帮扶工作的两年零三个月的时间里，李江同志始终坚守在对口帮扶一线岗位上，他家中也有老小，每次去县里对接帮扶工作，一去就要一周的时间，陪伴家人的时间很少，但他没有一句怨言，没有一丝退缩，为脱贫攻坚事业默默奉献。我接触到许许多多的普洱扶贫干部，都是忘我地奋战在脱贫攻坚第一线。

我一直坚信，到云南挂职，就是去学习锻炼的，只有心怀感恩，才能锻炼成长、锤炼人生，只有动真情、扶真贫、求实效，才能对得起组织、对得起家人、对得起自己！扶贫工作意义重大，是最直接的一项惠民工程，是解决贫困老百姓最基本的民生问题，是密切党群、干群关系的最有效的工作抓手之一。我一直牢记临行前上海市委、市政府和区委、区政府领导的嘱托，把驻地当家乡，把普洱人民当作自己的亲人，把对口帮扶当作家事，从自愿报名援滇到自觉对口帮扶，全身心投入工作。普洱成了我第二个故乡。

在对口帮扶的路上，云影不动，山色不动，流动的，只有车和车上的我们。在对口帮扶的路上，初心不变，使命不改，改变的，是老百姓愈加灿烂的容颜。沪滇合作由来已久，在 24 年的时间里，一茬一茬的人换了，我有幸能够成为其中一名，留下的真情始终如一，在普洱和金山两地人民之间，种下了友谊的种子，不断续写着沪滇帮扶新篇章。

对口帮扶献真情
脱贫攻坚共小康

　　叶广贤，1965 年 5 月出生，现任金山区政协经济委主任、农业农村委副主任。2009 年 6 月至 2011 年 6 月，担任云南省普洱市发展和改革委员会党组成员、副主任。

口述：叶广贤
采访：吴　旭
整理：吴　旭
时间：2020 年 3 月 30 日

　　2009 年 6 月 16 日，经过组织推荐和选拔，我离开繁华的大上海来到祖国
的西南边陲云南普洱，从事光荣的对口帮扶工作，任云南省普洱市发改委党组
成员、副主任，开启了为期两年的对口帮扶生涯。两年的援滇工作、生活，得
到了云南省、普洱市各级领导的关心和帮助，现在回想起来，仍然对他们表示
深深的谢意。在我的内心深处，已经把云南当作是自己的第二故乡了，在云南
工作经历的点点滴滴使我终生难忘。

初识普洱

　　去云南之前，我对云南的相关情况知之甚少，只知道它是个充满魅力的
旅游胜地，充满向往和憧憬。2009 年 6 月，当时组织上确定我去云南挂职后，
我对云南特别是对普洱的关注度有了空前的提高，从网上查询云南和普洱的各
方面情况，尽可能地想对云南和普洱多一些了解。
　　真正比较全面了解云南、品读普洱还是在两年的援滇生涯中完成的。云南
又称"彩云之南""云岭大地"。普洱是普洱茶的故乡，号称"中国茶城"。普
洱具有悠久的历史、多姿多彩的民族文化，具有"一市连三国、一江通五邻"

的区位优势，与越南、老挝、缅甸接壤。普洱资源富集，拥有金、铁、铜、铅、钾盐等矿产，水能蕴藏量丰富，是"西电东送"的重要基地，当时全市森林覆盖率就高达 67%，是云南重点林区、重要的商品林基地和加工基地。普洱山川秀丽，气候宜人，冬无严寒，夏无酷暑，享有"绿海明珠、天然氧吧"之美誉。全市海拔在 317 米到 3370 米之间，中心城区海拔 1302 米。当时，普洱全市有"九县一区"，面积 4.5 万平方公里，人口 259 万，其中有 9 个少数民族自治县，居住着汉、哈尼、彝、拉祜、佤、傣族等 14 个世居民族，少数民族人口约占 60%。在看到普洱美好一面的同时，在援滇实际工作中，我对普洱的落后一面也有了真正的了解。普洱也是一个集民族、边疆、山区为一体的贫困地区，当时贫困人口近 100 万人，经济社会发展欠发达。气候条件也比较特殊，通常 6 月到 11 月为雨季，12 月到第二年 5 月为旱季，自然灾害频发，由于处地震带，小震不断。2009 年末 2010 年初，云南发生了百年一遇的干旱，给云南的经济和社会发展带来了巨大的影响。就是在这样的背景下，我开始了两年的援滇工作。

2009 年 6 月初，我们第七批援滇干部参加了市委组织部、市合作交流办举办的为期两天的培训班。在培训班上，市合作交流办对口支援处的相关处长介绍了云南的经济社会发展和民族文化及对口帮扶方面的政策、帮扶项目情况，第六批援滇干部代表介绍了在云南普洱工作、生活的情况，第七批援滇干部联络组组长和市合作交流办分管副主任分别向参加培训的援滇干部提出了要求，要求大家不折不扣地完成市委、市政府交予的对口帮扶任务，希望大家在当地党委政府和上海援滇干部联络组的领导下，认真贯彻各项对口帮扶方针政策，自觉遵守《援滇干部工作守则》，耐得住寂寞，守得住清贫，经得起考验。同年 6 月 16 日，我们第七批援滇干部在家属的陪同下来到了市委党校，市政府领导为我们举办了隆重的欢送仪式并与大家合影留念。仪式结束后，我们与家人依依惜别，在市委组织部领导率领的陪送团的带领下直奔虹桥机场，飞赴昆明。6 月 17 日云南省委、省政府在省政府礼堂举办了隆重的欢迎第七批援滇干部暨欢送第六批援滇干部大会。6 月 18 日，我们 16 位援滇干部分四组分别赴普洱、文山、红河、迪庆，深入对口帮扶地、州、市。同日下午，普洱市委、市政府召开了欢迎第七批援滇干部暨欢送第六批援滇干部大会，之后两天进行了第六批与第七批援滇工作的交接，从此我们接过了扶贫工作的接力棒。上海市金山区、黄浦区、杨浦区和普陀区分别对口帮扶普洱市宁洱县、江城县、澜沧县、孟连县、墨江县、西蒙县、镇沅县、景东县。来自黄浦公安局的汤宏、杨浦区卫生局的高贺通、普陀区人社局的汪志和金山发改委的我由于对口帮扶工作的缘分，分别担任普洱市市长助理、普洱市扶贫办副主任、普洱市商务委副主任和普洱市发改委副主任。在两年的援滇工作中，我们四人从互不认识，渐渐变成了相互关心、相互帮助的同事和朋友。

　　2009 年到云南开展对口帮扶工作时，我已经是一个有 25 年工龄的机关"老干部"了，但真的只身到西部地区工作，面对陌生的工作环境、人和事，这种感觉与在金山区内调动工作的感觉还是完全不一样的。虽然经过培训和了解，思想上已经有了一定的准备，但到了云南后，心中还是有些"茫然和忐忑"。好在我是从金山区发改委到普洱市发改委挂职，俗话说天下发改委是一家，所以，普洱市发改委的领导和同志们对我都很热情友好，我们彼此还是有一种特殊的"发改情结"。又因为我对发改委总体工作情况比较熟悉，彼此对发改委工作交流的话题较多，因此熟悉得比较快。在普洱工作的两年中，我

▲ 2009 年 8 月 9 日，在普洱市欢迎第九批支教老师座谈会上，与普洱市领导、金山区老师合影

认识了许多普洱市、县、乡镇、村的领导和群众，特别是对普洱市扶贫条线和发改条线的干部印象最为深刻，扶贫工作接触最多的是各级扶贫条线的干部和贫困群众。由于在发改委挂职，发改条线的干部自然熟悉了，在做好扶贫这项"本职工作"的同时，我也参与了许多发改委的工作，如参与国家、云南省发改委等部门领导来普洱市的接待，普洱市重大实事项目的讨论，普洱市"十二五"经济社会发展规划的制定等，对当时的普洱市经济社会发展情况我了解得更深一些，也学到了许多好的工作方法和经验。

在云南普洱从事对口帮扶工作，虽然很辛苦，但也得到了许多在上海工作不会有的收获和体会：一是结交了许多新朋友。如普洱市发改委的"一把手"段主任，曾经在普洱市几个区、县担任过主要领导，经验非常丰富，又是普洱市市长助理，在普洱市和普洱市发改委干部群众中有很高的威望，做事干练果断，协调能力强，因此普洱市发改委在当地凝聚力强、威信高。段主任对上海、对金山也有着很深的感情，对我们每任发改委挂职的干部工作上、生活上都给予关心照顾，为我在云南普洱工作、生活创造了很好的条件。委里有什么活动他经常邀请我参加，节假日有时还交代办公室主任组织一些活动让在普洱的援滇干部参加，使我们在普洱有一种在家的感觉，减少了我们在节假日和工作之余对家和亲人的思念。

刚到普洱，市政府还在月光路老政府办公点办公，各方面条件有限，我被安排在姓冯的副主任一间办公室工作。两人一张桌子面对面而坐，在工作和交流中得知，冯副主任年龄比我大一岁，家庭情况与我有许多相似之处：我们两家有一个同龄的儿子，同届同年考上大学，爱人都在金融系统工作。冯副主任原来在普洱市政府工作，人很随和谦虚，因此我们很快成了很好的朋友、同事和同桌。在他的引荐下，委里上上下下从领导到一般机关干部80多人我都很快认识和熟悉了，我也很快融入这个新的集体。

普洱市扶贫办的李主任，个子不高，皮肤黝黑，一看就是个标准的云南人，也在县里当过主要领导，对扶贫工作非常熟悉，经验丰富。云南人喜欢抽水烟筒，在办公室经常看到他抱着个"小钢炮"——一节50厘米长的大毛竹筒，上端镶着铜圈，距桶底20厘米左右的筒侧镶了个烟嘴，点着的烟插在烟嘴上，整个脸紧贴在铜圈上，用力吸一口，吐一口，吸着烟。李主任给人的感觉精干、话不多，但开会讲话、布置工作到位得体，平时也很关心援滇干部。

还有一位扶贫办对口支援和帮扶科的黄科长，长期与上海到普洱的扶贫干部打交道，经常来上海参加两地组织的会议和活动，是一个云南"上海通"，与每任上海干部"打滚在一起"，我们都称他为"黄老哥"。平时节假日他经常和我们在一起谈工作、聊天，当我们在工作中碰到烦心事时，都请他帮助协调，总能得到满意的结果，因此他成了我们的好老哥。在普洱的两年中，我们上海到普洱四个区的援滇干部，在日常的生活、工作中结下了深厚的友谊，彼此成了好朋友。我们组成一个援滇联络小组，在汤组长的带领下一起学习，一起讨论项目规划方案、实施情况，一起下乡去项目点验收项目。生活上我们彼此关心照顾。正是有了领导和同事的关心和支持，援滇干部之间的团结互助，才使我们的对口帮扶工作得以顺利完成。

二是进一步了解了国情和多姿多彩的民族文化。在上海生活只知道东部地区发展很快，也没感觉到特别之处，到了云南普洱感觉到东西部地区差别很大。由于区位和自然条件的限制，西部地区还有很多落后的革命老区、少数民族地区、边境地区、山区，还有一部分贫困群众，需要东西部协作奔小康，实现共同富裕。大家都知道我国有56个民族，但是包括我在内的很多人对此并没有直观感受。在云南，我才真正领略到我国民族的多样性，每个民族都有自己的文化和生活习俗。少数民族朴实善良，能歌善舞，他们会走路就能跳舞，会说话就会唱歌，会喝水就会喝酒。仅云南就有25个人口在6000人以上的世居少数民族，当时与我们交往较多的有彝族、哈尼族、傣族、拉祜族、佤族等，各民族团结和谐相处，给我们留下了深刻的印象。而且我发现当地有一个非常有趣的现象：佤族生活在山上，处于最高的位置，以打猎为生；山腰处居住着拉祜族、彝族，以种植茶叶和采集野山菌为生；山脚下居住着傣族，则以种植水稻为业。

三是爱上并推广普洱茶。普洱因普洱茶得名，因普洱茶而市兴，普洱号称世界茶源，有2700多年的普洱茶古树。普洱有高原山区和红土地，特殊的气候环境滋润了普洱茶。普洱茶具有自然花草的香味，具有降脂、降糖、消食减

2011 年 1 月 6 日，在江城县调研 2010 年瑶族大过岭茶叶基地产业扶持项目，听取大过岭茶厂刘华厂长关于茶叶基地建设和扶持农户发展的情况介绍

肥的功能，易于长期保存，而且越陈越香。在普洱工作之余，我们经常相邀到普洱的茶庄去喝茶，茶庄的主人多会热情地接待我们，为我们泡茶，讲解普洱茶的文化和知识。我对普洱茶从不了解到了解，也渐渐喜欢上了普洱茶。在普洱茶庄喝茶一般都不要钱，看中的茶买一点就行了，主人主要是为了交朋友日后做点生意，因此我们也成了普洱茶的"宣传员、推广员、销售员"，经常为上海的朋友、同事们采购普洱茶，自己也收藏一点纯正的普洱茶以备日后品尝。这也是对普洱茶产业发展和扶贫帮困的具体行动。喝普洱茶的习惯我至今没有改变。

在普洱挂职期间，两次经历给我留下了非常深刻的印象，在普洱工作很辛苦，贫困群众更苦。第一次是 2009 年 7 月，刚到普洱不久，下乡去调研，我们在普洱市扶贫办领导的陪同下，分别到 8 个贫困县调研。一路上山路崎岖蜿蜒、颠簸劳顿，行程 3000 多公里，耗时近半个月。每次去项目点，都要经过油路、弹石路、土路的颠簸，其时间之长、行程之辛苦在上海是无法体验到的。第二次也是印象最深的一次，是 2010 年 3 月，我们去澜沧县东朗乡大平掌村破弄二队调研。去之前，据县扶贫办的同志介绍，澜沧县在离县城 20 多公里的山区，村民还住着杈杈房，开始我们还有点怀疑。为了探个究竟，午饭后，在县扶贫办领导的带领下，我们出县城，沿着崎岖的土山路向目的地进发。车沿着山路向前行驶，前面车扬起的尘土就像浓雾挡住了视线，如果不保持一定的车距，根本无法看清前面的路。车开了近一个小时，我们来到了目的地，前面山坡上耸立着几座用瓦楞板和木板支撑起来的杈杈房。来到跟前，一个农妇怀抱光屁股的小男孩看着我们，猪在房前悠闲地"散步"。进屋一看，眼前的景象让我惊呆了，四面透风的木板围起来的房间内，除了两张床、破旧肮脏的被子和衣服外几乎没有其他东西，而且吃喝拉撒就在这么几平方米的范围内，贫困程度之深让我震动，让我难过，使我进一步认识了国家实施东西扶贫的重要意义，明确了自己肩上的责任。

奉献普洱

两年的援滇工作，我有机会参与普洱的经济和社会建设，有幸能够为边疆少数民族地区的发展贡献自己的一份力量，也给我提供了人生中一次难得的学习和锻炼机会。两年里，我始终牢记两地党委、政府和人民的嘱托，动真情、办实事，努力为边疆人民多办实事、好事。我始终把贫困群众所思所盼作为自己工作的努力方向，以推进帮扶项目建设为载体，以改善"四个基本"和提高贫困地区群众生活水平为目的，紧紧依靠受援地党委、政府和广大干部群众，实施好各类项目，较好地完成了各项援滇任务。在援滇工作中，无论是项目的申报、编制、实施，还是验收、评价，我都坚持依靠群众、发动群众，把当地党委、政府的要求和群众的期盼与上海方面的意图有机结合起来，把群众满意不满意、答应不答应作为衡量的标准。

在汲取历届对口帮扶工作经验的基础上，针对现阶段帮扶工作的新情况、新问题，我们在扶贫工作模式和方法上进行探索。按照上海市领导提出的"民生为本、产业为重、规划为先"的要求，我们在普洱市率先开展了江城县整董镇"整乡规划、集中连片开发"试点工作探索，并把试点的成果推广到宁洱县的扶贫工作中。整乡规划起到了示范引领作用，避免了人为随意定项目点、项目资金分散、项目建设效果不集聚的弊端。从那时起金山对口帮扶的项目，宁洱县都集中在同心镇实施，坚持"基础设施建设、产业发展、加强培训"三个轮子一起转。江城县已有黄浦区对口帮扶。两年里，共实施宁洱、江城县"三个确保项目""整乡、整村推进项目"和产业帮扶项目 47 项，帮扶资金 1700 万元。其中，整村推进项目 43 项，帮扶资金 1490 万元；产业项目 4 项，帮扶资金 210 万元。实施人力资源培训项目 9 个，涉及资金近 100 万元。其中，在普洱市举办的人力资源培训项目 7 个；在上海金山举办项目 2 个。帮扶项目的实施极大地改变了受援地群众生产生活条件，群众的精神面貌有了显著改观，村容村貌有了翻天覆地的变化，群众生活水平有了较大提高，干部的视野变得更加开阔，服务群众的能力得到进一步加强。记得当时宁洱县德安乡石中村实施对口帮扶项目后，时任老支书怀着激动的心情，为了感谢党中央、国务院的东西扶贫战略好政策和上海人民的无私奉献，专门赋诗一首，其中写道："……'整村推进'扶我村，石中更把喜事添。水泥道路'之'字弯，一直修到寨中间；村民出进不粘泥，做客上街皮鞋穿。……发展变化如何来，翻来覆去想联翩；感谢党的好领导，上海人民记心间。"

　　两年的对口帮扶工作经历是我人生的一笔宝贵财富。两年中我克服了很多工作、生活中的困难，顺利完成了组织交予的对口帮扶任务，经受了艰苦环境的磨炼和考验。通过帮扶工作，我对我国的基本国情有了更全面的了解，增进

◀ 2011 年 1 月 11 日，在宁洱县同心乡富强村检查 2010 年整村推进项目情况时，与乡、村干部群众座谈

了与云南人民的感情，也为打赢脱贫攻坚战贡献了自己的一份力量。同时，两地党委、政府也给了我很高的荣誉，我获得了普洱市发展和改革委员会 2009 年度、2010 年度优秀共产党员和 2010—2012 年度金山区优秀共产党员的荣誉，2009—2011 年度连续三年考核优秀，普洱市委、市政府给予记三等功一次，被评为 2009—2011 年度上海市对口支援与合作交流工作先进个人。

心系普洱

两年的援滇工作和生活虽然早已结束，我也回到上海多年，但是这份经历，以及与普洱干部群众结下的深厚友谊，我一直珍藏心底。我深深地喜爱上了那块红土地，普洱的蓝天、白云、山、水、森林，普洱的人民已镌刻在我的脑海中，融化在我的血液里。两年里，我们共同克难攻坚，我们共同战胜了百年一遇的干旱自然灾害，我们共同见证了普洱的快速发展和变化。今天，普洱经济社会发展之快令人叹为观止。普洱的人在变，变得更有精神、更有底气了；普洱的山在变，变得更翠绿、更秀美了；普洱的水在变，变得更清澈、更有活力了；普洱的路在变，变得更通畅了；城市在变，乡村在变，到处都在变，变得更加美丽繁荣了。

两年云南行，终生云南情。人虽离开，心一直都在。这些年，我始终关心关注云南及普洱的发展和变化，始终不忘做一些力所能及的事情，努力成为上海和普洱两地交流共进的桥梁和纽带。

回到上海工作以后，我心里始终牵挂着当地扶贫工作的发展，曾先后 5 次赴普洱考察开展对口帮扶工作。2012 年随金山区代表团赴普洱，参与两地商讨对口帮扶工作，检查对口帮扶项目实施情况，看望慰问我区第八批援滇干部蒋根木同志。2013 年下半年，带领张堰镇经济小区和部分企业赴普洱开展对口帮扶考察，看望普洱的老朋友、普洱市发改委的老同事，慰问第九批援滇干部江菊旺同志。2018 年 4 月，带领廊下镇代表团赴普洱市开展对口帮扶工作，与对口帮扶结对镇——普洱市宁洱县同心镇一起探讨脱贫攻坚工作，了解同心镇在脱贫工作中碰到的问题，以及同心镇需要廊下镇支持解决的需求，针对同心镇扶贫资金短缺的问题，廊下镇经过集体决策给予 30 万元的扶贫资金支持，参与考察的廊下企业为贫困村、贫困户和贫困学生奉献爱心。2018 年 9 月、2019 年 5 月两次随金山区政协代表团赴普洱开展对口帮扶工作，考察金山区对口帮扶的"两不愁，三保障"项目情况和普洱茶产业发展等情况，考察了金山政协委员在宁洱县投资建立的茶叶加工厂，实地考察了同心镇曼海村、锅底塘村脱贫攻坚开展情况，委员企业家还分别为两个村和困难群众、学生奉献爱心，看望慰问了我区第十批援滇干部夏文军、宋杰、奚朝阳、俞曙明和驻昆明办事处干部许旸。

如今，脱贫攻坚到了关键时期，2020 年现行标准下的贫困县必须脱贫摘帽。我知道，在云南、在普洱还有一部分和我一样的同志坚守在脱贫攻坚一线，任务仍然艰巨，当地经济社会发展还面临着许多困难，但我坚信，在党中央、国务院的正确领导下，在云南省委、省政府和普洱市委、市政府的带领下，经过云南各族人民的努力奋斗，云南的明天、普洱的明天会更加美好，人民生活会更加幸福。最后，衷心祝愿普洱更加繁荣兴盛，人民更加幸福安康！

真情帮扶，情满普洱

蒋根木，1967 年 4 月生，现任金山区金山卫镇副镇长。2011 年 6 月至 2013 年 6 月，担任云南省普洱市招商合作局副局长。

口述：蒋根木
采访：黄树婷
整理：黄树婷
时间：2020 年 4 月 20 日

我是上海市的第八批援滇干部，于 2011 年 6 月到 2013 年 6 月赴云南普洱市招商合作局挂职锻炼两年。

赴滇之前，对普洱的印象就是偏远、落后、贫穷，也是盛产普洱茶的地方。记得是 2006 年，我们单位来了第一位来自普洱的挂职干部，是江城县的县委副书记，这才有机会真正认识普洱人。当时我是金山区农委办公室主任，与其他同志相比，接触挂职的同志可能更多一点。随后几年又陆陆续续地有几位普洱干部在区农委挂职，让我对普洱有了更深的了解。因此，在 2011 年 5 月选派报名的时候，我主动地报了名。

承蒙组织的信任，选派我去云南挂职。说心里话，当正式得知要去的时候，我是很忐忑的，怕工作能不能做好、怕生活能不能适应、怕人际关系能不能处好。好在历任的援滇老大哥向我传授了宝贵的经验，对我来说是莫大的鼓励和支持。

我们是 2011 年 6 月 17 日出发离开上海的。记得到普洱的第一天是 6 月 18 日下午，陪送团的领导去宁洱县同心乡检查对口帮扶工作，我就一起跟了过去。那天去了同心村老郭寨和富强村大凹子，检查了整村推进和烤烟种植等

▶ 检查帮扶项目实施
情况

项目，第一次了解了对口帮扶项目实施情况，虽然还是概念性的、模糊性的，但也明确了这是此后两年我们将要开展的主要工作。

按照惯例，在进行短暂的工作适应后，第一件事情就是工作调研。此次调研有两个目的：一是要掌握工作情况，尽快进入工作角色；二是做好上海市党政代表团检查指导的踩点任务。我们联络小组的四位同志加上宝钢的同志一起，花了 10 天的时间，行程约 3000 公里，到 8 个贫困县，实地踏勘上海对口的重点村寨建设和产业发展项目等 20 多处，通过召开座谈会等开展集体调研活动，初步达到预定目的。

一个月后，上海市党政代表团赴云南学习考察，召开上海—云南对口帮扶合作第十三次联席会议，会上对援滇干部提出了新的工作要求。会议要求进一步自觉继承和发扬上海援滇干部的优良传统，认认真真向当地干部群众学习，勤勤恳恳为当地人民服务，扎扎实实为边疆建设作贡献。市领导会后又赴普洱检查指导上海对口帮扶工作，这对我们是一种莫大的鼓舞，我们深感做好工作是我们应有的责任。

"雨后春笋" 的扶贫项目

抓好扶贫项目的建设是我们对口帮扶工作的重中之重。两年里，我们牢记上海对口帮扶工作的总要求，特别是在突出资源整合、加强产业扶持、积极塑造品牌、谋划帮扶亮点等方面，发挥上海资金在帮扶中的引领性、示范性和探索性作用。实际工作中，我们按照制度规定，对每一个项目都认真落实并做好全程跟踪监管，最后保证资金的使用规范和绩效良好。其间，金山对口宁洱、江城两县的帮扶资金总额为 2250 万元，项目涉及 51 个，市级资金对口两个县为 500 万元，项目涉及 8 个。普洱和上海虽都属于亚热带季风气候，但上海是四季分明，而普洱具有明显的雨季和旱季。项目启动和实施推进是根据当地气候特点确定的，常态下 5—9 月是雨季，不宜基建项目的施工，这个时候是做项目的前期相关准备；10 月以后逐渐进入旱季，是基建项目集中建设的阶段。对于实施的项目，一般情况下我每个点至少去三次，包括选点时、施工中期、完工后。特殊情况下，就要去好多次。在项目推进阶段，要比平时更频繁地去两个县，主要是去查看进度、查质量、催推进，特别是对项目实施有困难或者自己感到有问题的，每次必到。

◀ 老百姓投工投劳
实施村内道路等
建设

　　大多数帮扶项目我们不担心做不好。一些公共基础设施等改善生活条件的项目，深受老百姓欢迎，如村内道路修缮和活动场所、房屋改造等。因为这些项目都涉及老百姓的利益，老百姓投工投劳的积极性也非常高，每家每户都会出劳力，和工程队一起干活劳动，计入项目投入成本。他们对项目的监督也非常严格，既是劳动者又是质量监督员，特别是村庄改造一类的项目，水泥路浇到哪家，或者房屋修到哪家，哪家的劳力肯定要一起出勤做小工的。倒是产业扶持的项目难度较大。一是产业的方向本身选择就难，我们扶持的产业项目多数是农业生产方面的，加工类的不多，其他的就更少了，结构调整是农业产业发展的难题；二是普洱农田少，有一定面积的平地更少，集中连片发展产业需要土地流转，但在宁洱和江城，当时的土地流转费每亩为1200—1500元，比我们金山区都要高好多。如果农民和经营者的利益都要得到保障，那么必须选择高效益的产业项目。一般在产业扶持方面，大多是推荐大棚项目，这类项目在落实的时候最怕大棚搭起来了，种植什么、经营什么却还没有想好。记得刚去不久，在推进2011年的产业项目时，宁洱县有一个50亩的大棚蔬菜项目，项目地点一度无法落地，主要的原因是担心大棚建成后蔬菜种出来了卖不出去。我了解情况后，就找了宁洱县的原扶贫办主任、后担任农科局局长的徐建波一起商量、讨论。宁洱和金山不同，宁洱本地蔬菜由于气候和人口因素是不缺的，缺的是特色，难的是外销，而且向外销售还有物流时间和蔬菜新鲜度的问题。后来我们请了一个昆明的种植大户过来承包经营，解决了外销问题，消除了先前的担忧。

　　同年，江城县的大棚产业项目在推进时，也遇到类似的问题，项目地点定了以后，项目建设进度和产业落实工作一度滞后。我们得知项目推进缓慢的原因主要在思想方面，当地农户和镇干部都认为大棚蔬菜种植技术要求高，还担心卖不出去，不如种植香蕉省力，收入也不低。在旁边不远处，就有一大片一大片的香蕉林。面对农户和经营者的畏难情绪，我请市扶贫办副调研员、综合科科长黄文春一起到点上找县扶贫办主任和整董镇主要领导商量，从调优农业种植结构、推动现代农业发展、推广优质高档果蔬角度讨论，同时还对基地的茬口等进行了建议。我还特地从金山带了2亩金山小黄冠的西瓜种子过来，让

◀ 指导农户药材生产管理工作

农户试种。后来大棚建成后，种植了黄瓜、生姜、西瓜、番茄等。

　　有了第一年落实产业项目的经验，在第二年的项目选择上，就特别注意可操作性的问题。首要条件是老百姓要支持，其次经营者要有信心，生产过程中要有技术支撑，当然还有研判市场前景等。譬如在选择 2012 年宁洱同心乡石膏井村的药材种植项目时，经营者非常有信心，产品也有来自昆明医药公司的收购意向，种植技术在当地基本已经成熟，所以这类项目后来推进相当顺利，基本上是边搭大棚，边组织生产物资，边进行种植，花了不到两个月时间项目就完成了，药材也种好了。我回到金山后的第二年，种植户还专门将收获的药材鲜条寄了一点给我，以示项目的成效。同样，2013 年江城县的一个产业项目，选择了当时市场上比较看好的豪猪养殖，后来据说该养殖户经营得也不错。

"翻天覆地"的那柯里

　　宁洱县的帮扶项目安排在同心乡。同心乡最有名的地方大概就是那柯里了。两年里，我已记不清去了多少次。我每次去宁洱查看项目时，都会去那柯里。每次领导、朋友来普洱，我也推荐去那柯里，那里有我们金山对口帮扶的工作任务，可以查看所做项目一点一滴的进展，看看我们的项目给那柯里带来的新变化。同时，随着那柯里旅游开发的不断深化，古道驿站所不断焕发的魅力也吸引着人们前往。

我们积极支持茶马古道旅游产业发展。2011 年我们注入帮扶资金 145 万元，并实施与农业休闲、乡村旅游相结合的农家乐建设，对那柯里村的房屋风貌进行改造，在村庄内部打造特色土特产一条街、开设茶文化体验馆等，在原有的基础上进一步提升了那柯里的环境面貌和整体形象。

那柯里，是古普洱府茶马古道上的一个重要驿站，是唱响中央电视台《马帮情歌》的诞生地，具有深厚的普洱茶文化、茶马古道文化和马帮文化，保留有列为全国重点文物保护单位的云南茶马古道那柯里路段遗址和拥有百年历史的荣发马店、那柯里风雨桥等遗址及马帮所用之旧物。当地政府结合 2007 年"6·3"地震恢复重建、社会主义新农村建设和旅游特色村建设的要求，按照"旅游文化活县"的发展战略，对那柯里进行重点打造，实施民房恢复重建、村内基础设施建设，修复了那柯里段茶马古道，建成穿寨茶马古道、古道陈列馆、千锤打马掌、驿站广场、洗马台、碾子房、实心树、连心桥等近 20 个景点和基础设施项目，还在不断挖掘和整理古道文化和茶文化。那柯里经过了多年的修建打造，无论是老百姓住房条件还是周围环境面貌、产业发展、农民收入，都发生了翻天覆地的变化，可以说是社会主义新农村建设的示范。熟悉那柯里的人对当地老百姓说，那柯里这几年变化真是太大了。

千年古树与傣寨

江城县的帮扶项目在整董镇。整董原来的名字叫勐桑洛，属十二版纳之一，是以傣族为世居民族的一个小镇。傣寨最为集中和典型的是城子（镇政府所在地）的三个寨子，三个寨子分别叫曼乱宰、曼贺井、曼贺，虽说是三个寨子，160 多户，实际上却户户相联，家家相对。傣寨的传统住宅是干栏式竹楼，上百年来，这里仍然保持着生态、原始、古朴的建筑，房屋分上下两层，上层住人，下层养家畜、堆放农具什物，下层空旷，通风好，冬暖夏凉。当时，大多数房屋有点陈旧，环境有点脏乱，散养的鸡鸭随处可见，道路凹凸不平，公共厕所破旧。为了配合这三个傣寨的民族特色保护，金山投入帮扶资金145万元用于傣寨民居改造、环境治理和产业发展，助推傣族文化产业发展和老百姓生活水平的提高。

勐桑洛广场坐落在寨子西侧，由德高望重的整董籍人原西双版纳州长召存信题名，意思是纪念傣族先人勐桑洛。

传说，很久以前，这里曾经发过大水，当老百姓们面临灭顶之灾时，天空中突然出现了一只金马鹿，衔着一棵仙草，向广场方向飞来，仙草落地突然变成四棵大榕树，老百姓纷纷涌向大榕树下避难，因此幸运地逃过了一劫。于是，这四棵大榕树成了护佑当地人民的神树，人们认为只要大榕树枝叶茂盛，他们就会风调雨顺，生活美满。后人为了保护这些珍贵的千年榕树，兴建了这个广场，广场的整体造型为开屏的孔雀。在傣族，孔雀被誉为神鸟，榕树被誉为神树，神鸟依神树，百姓免离苦。广场的中央还有一个大型的圆形水池，每年的4月中旬，当泼水节到来时，这里便成了人们泼水狂欢的场所。我直到现在还遗憾，由于工作的关系，没有亲临现场感受一下傣族人泼水节的狂欢盛景。

"三优"普洱的招商引资

不下乡的时候，我们都在普洱市上班。当时，正值普洱市申报和创建国家绿色经济试验示范区，招商引资是全市经济工作的重要组成部分。局全体干部职工肩负着全市对外招商引资的重任。我作为挂职干部，也深知责任和使命重大。招商工作虽不是我的强项，但我还是积极主动地为单位分忧解难，多次代表市招商局去北京、上海等地，开展招商推介活动，经常接待陪同客商参观考察普洱市相关企业或区县，做了一些力所能及的事。这几年，普洱市致力于发展软环境，秉承亲商、安商、富商和"你发财、我发展"的理念，努力构建社会和谐、民风祥和、服务周到、办事高效的发展软环境，形成了以服务促招商、以效率促招商的良好氛围，招商引资的力度不断加大。

确实，普洱市有着优越的投资环境，吸引了无数的投资者参观考察。2011年、2012年，连续两年全市的招商引资总额突破了100亿元，获得云南省招商引资提质增效奖，招商工作一年一个新台阶。说起普洱的投资环境，突出体现在三个"优"。

第一个"优"是区位优越。普洱地处中国面向西南开放的"桥头堡"的黄金前沿，是大湄公河次区域和中国—东盟自由贸易区的中心区域，具有"一市连三国，一江通五邻"的优越区位。昆曼铁路、普洱新机场、澜沧机场及景东机场等重大建设正在快速推进，便捷高效的水、陆、空、铁路立体交通网络正在形成之中。

第二个"优"是资源优厚。普洱土地面积居云南省第一，为4.5万平方公里，热区面积2.32万平方公里，也居云南省第一位。森林资源全省第一，森林覆盖率达到67%；区域内分布着2个国家级和4个省级自然保护区，生态环境好，生物多样性丰富，是"动物王国"云南的缩影。普洱矿产资源相当丰富，已发现的矿产资源有40多种，矿产地600多处。旅游资源绚丽，世界上最大规模的野生古茶树群落、千年万亩古茶山以及传承至今的普洱茶文化，加上"南方丝绸之路"的马帮，这一切的一切，成就了普洱市"世界茶源、中国茶城、普洱茶都"的美誉。

第三个"优"是环境优美。普洱有北回归线上保存最完好、规模最大的一片绿洲。冬无严寒、夏无酷暑，负氧离子含量高于世界最高的七级标准，是最适宜人类居住的地方之一，被世界旅游组织、联合国环境规划署的专家等称为"世界的天堂、天堂的世界""绿海明珠""天然氧吧""茶林里长出的城市"等。

每一位援滇干部都会唱这么一首歌曲——《实在舍不得》："我会唱的调子，像山林一样多，就是没有离别的歌，我想说的话，像茶叶满山坡，就是不把离别说，最怕就是要分开，要多难过有多难过，舍不得哟舍不得，我实在舍不得。"就像歌中所唱，普洱，舍不得你，想对你说的话很多，但最想说的是，愿你的明天更加辉煌！

援滇之旅是使命，
更是担当

江菊旺，1977 年 10 月生，现任金山区廊下镇党委副书记、镇长。2013 年 6 月至 2016 年 6 月，任上海市第九批援滇干部普洱联络小组组长，挂职云南省普洱市人民政府市长助理。

口述：江菊旺
采访：戈晓莉
整理：戈晓莉
时间：2019 年 11 月 13 日

2020 年是全面建成小康社会之年。自 1979 年中央提出并实施对口支援以来，金山区（县）在市委、市政府的领导下，勇担历史责任，积极开展对西藏、新疆、云南的援建工作，与当地干部群众手拉手、肩并肩，结下了深厚的情谊。很荣幸，在 2013 年，我也成了其中一员，踏上了我的三年援滇之旅。飞越 2000 多公里，一来到普洱，我就带领普洱联络小组 4 名成员，13 天行程 1770 公里，走过了有泥石流的山路，蹚过了湍急的河流，跑遍了普洱市 8 个国家扶贫开发工作重点县。一路上，无数自然美景映入眼帘，但是，我们还看到了贫困老百姓破旧的板房，泥泞的弯曲道路，靠天吃饭的传统农业……看在眼里，急在心里，我们认真思考着我们的工作和使命，暗下决心，一定要尽我们最大的努力，全心全意为当地老百姓服务，让他们过上更安稳、更舒适的生活。

民生为本："输血"项目接二连三应运而生

金山区对口帮扶江城县和宁洱县，两县贫困面广、贫困程度深、贫困人口多，亟待做的事情很多。我们根据"中央要求、当地所需、上海所能"的工作

◀ 深入村寨查看道路硬化工地

方针，在当地党委、政府领导下开展工作。在基础设施建设方面，我们主要是参与了普洱市的美丽乡村建设，以"整村推进"和"新纲要示范村"为载体扎实开展帮扶工作。

三年来，我们通过各方平台、资源和力量，多跑、多求、多争、多说，累计为普洱争取援建项目 247 个，援助资金 19226 万元，共实施整村推进项目 167 个。

开展帮扶工作，涉及项目必然会涉及资金，我们通过"群策群力""结对帮扶""主动申报"等方法和方式，依托整合各方资源，三年来共实施了 34 个整村推进项目和 6 个新纲要示范村项目，投入了 9662.10 万元，其中上海帮扶 3010 万元，整合资金 6652.10 万元。

基础设施建设是最基础的帮扶工作，我们主要完成了道路硬化 30.65 千米，建造了安居房 1048 个、垃圾处理池 48 个，配备了太阳能热水器 365 个、太阳能路灯 129 盏，铺设了饮水管道 28.2 千米等。记得 2013 年 8 月，有一次去国庆乡么等村团山组查看试点项目，因为恰逢普洱的雨季，路上遇到了多处泥石流，不仅要行驶一段泥泞之路，还尝试了一次车子冲过河道到对岸的经历，当时情况非常艰险，内心十分紧张，还好有惊无险，着实让我印象深刻。

我们除了帮助团山组硬化了串户路之外，还积极帮助他们修建了一座桥，桥修好后，物资能运得进，土特产就能拉得出，一来一往，打通了发展的"瓶颈"。为此，村民们特别感激我们。有一次一位白发苍苍的老者，看到我后认真地向我敬了一个军礼表示感谢，他是一名老兵，这样特殊的礼遇让我心里久久不能平复，一辈子都无法忘怀。

小康不小康，关键看老乡，低下的民生保障水平无疑是地区发展最大的限制，因此我们特别重视涉及民生实事的工作。2016—2017年，上海人和经贸发展有限公司分别捐献了160万元援建宁洱县和墨江县两所小学。2017年5月，金山区红十字会接受一服装企业捐赠的500件衣服转赠景东县贫困地区，社会捐献也逐年增多。此外我们还新建文化活动室28间，厕所51间，解决群众的生活困难之余，满足村民群众的精神需求。

对于我和我的同事们来说，云南之行是有归期的，但是云南普洱的人民需要更多当地的人才"内动力"，深入当地，持续参与到发展自己家乡的队伍中。所以，三年来我们始终把打造一支"带不走"的人才队伍，作为我们工作的重要内容之一。连续三年，我们组织和安排了在上海举办的为期15天的综合素质培训班，共培训了538名学员，选派了9批共计69人前往上海挂职，7批59位技术人才来沪培训，组织了35位上海教师交流讲学，选派了4批17位上海医生赴江城县人民医院支医半年，协调开展劳动力科技培训192期，共计17414人次。"一年之计，莫如树谷；十年之计，莫如树木；终身之计，莫如树人。"即使我们有一天终归要回到上海，但有了他们建设自己的家乡，云南的明天一定会更好。因为我们相信，他们就是继续带领村民脱贫攻坚的重要的持续力量。

产业为基："造血"项目涓涓长流般汇成大海

三年来我们共扶持当地17家企业（合作社），扶持江城蔬菜基地150万元，新建大棚100亩、合作社43户，长期聘用15人，每年实现利润60万元，现已成为江城县农业科技示范基地。

当初为了配套打造2014年新纲要示范村么等村龙潭小组，我们安排了20

◀ 指导大棚种植

万元扶持栽植 2 万株三丫果树，想必现在已经硕果累累，一定美极了，现在想想都觉得幸福感油然而生。三丫果是一种集观赏、食用、药用为一体的多用物种，也是一种经济价值开发潜力极高的植物。这里每年都要举办三丫果节，吸引了越来越多的游客光临，成了一道独特的风景线。相信产业的兴旺必将形成一二三产融合发展，有效提高当地的经济水平，从而进一步提升村民群众的生活质量。

刚来到普洱的时候，我们一直在想：普洱有什么独特的产业？普洱的优势在哪里？应该从哪方面着手发展普洱的经济？普洱具有良好的生态、优美的环境、丰富的资源，但是为什么群众却富不起来？很多村寨仍然依靠种玉米维持生计，传统农业靠天吃饭，挣钱全靠外出打工。后来通过一段时间的熟悉、观察和调研，以及多年的农业管理岗位经验，我们发现普洱这片土地四季温差小，雨量充沛湿度大，对于发展食用菌菇特别合适。因此，我们决定依托这些当地的自然资源优势，把发展黑木耳、香菇产业定为精准的扶贫项目，大胆采取"公司＋合作社＋农户＋基金"的发展模式。一开始推广总会有阻力，所以我和同事们一户户上门去磨嘴皮，2014 年我们找到了发展前景较好、带动能力较强的华谊公司为合作对象，并申请到了 50 万元专项资金，专门用于补助菌包种植户。公司按照成本价垫资向农户提供菌包和种植技术，黑木耳种植出来后，公司按照基准价全部收购。相当于菌包成本为每个 4.5 元，企业先赊 2.5 元，扶贫资金再补助 1 元，群众只要付 1 元就行。这样既保障了收益，又调动起了大家的劳动积极性。

宁洱县同心镇小冲子村的郭成书一家抱着试试看的心态种植了 1 亩，没想到当年就见效，扣除菌包费用还净赚了 1.3 万元。看到希望的村民们终于都踊跃地参与进来，2015 年又成立了 200 万元的食用菌菇产业发展基金，稳定了地方产业，让企业和群众都吃下了一颗定心丸。至 2016 年，食用菌菇种植共带动 400 多户贫困户，户均增收 2 万多元。

除了种植食用菌菇带动当地农民致富，我们还招商引资了 9 家企业，累计投资 6 亿多元。一方面我们引进上海干货销售龙头企业收购野生菌菇、蜂蜜等高原特色产品销往上海，打通销售渠道，促进农民脱贫增收；一方面引进沪滇对口帮扶以来上海第一家来普洱投资兴业的自在庄园；一方面充分利用普洱独特的环境生态优势，引进两家企业租赁 5 万亩森林，仿原生态种植石斛、名贵中草药，他们的到来，不断促进就业，促成引领产业，着实增收提效。三年来，我们齐心协力，努力让知名企业"走进来"，让优质农产品"走出去"，积极推动"云品入沪""沪企入滇"工程。

情谊为源：一次普洱行，一生普洱情

普洱市委、市政府，市扶贫办，县委、县政府，挂职单位及相关委办局，项目点所在地的乡镇、村民小组，以及普洱联络小组 4 位成员……三年来，我认识了很多当地人，自己三年的成长以及拥有的成果，离不开当地支持和鼓励我的领导们，也离不开帮助和关心我的同事们。

上海市合作交流办，上海援滇联络组，金山区委、区政府，金山区合作交流办，以及金山区各职能部门，三年来，他们全力指导和支持我们的工作，让我们做事有"冲劲"，更有"底气"。前方的诉求需要得到后方的回应，后方的资源要在前方实施，三年来我们所做的一切都是前方和后方支持的结果。我们是中间枢纽，是"快递员""通讯员"，也是"信息员"，我们始终认为我们不是"孤军奋战"，我们是有组织做后盾的，这既是一份责任，更是一种荣耀。

李江是普洱市人民政府专职司机，算上我已为五个挂职市长助理开车了。依稀记得 2013 年 10 月，经朋友介绍，我负责落实上海鲍氏贸易有限公司在宁洱县磨黑镇购买 1057 亩茶山事项。在注册普洱自在庄园有限公司时，李江说，这是对口支援 17 年以来第一家来普洱投资的企业。可能是这个缘故，也可能是相处一段时间后的感觉，李江居然一本正经地对我说："我知道你是个实干的人，第一次握手，强劲有力，就明白你是干实事的。"他的这句话，成为一句一直鞭策我的话。很多当地的事情我都会征询他的意见和建议，他是一个很有想法的人，对当地情况也相当了解，两人相处在一起亦非常融洽，大家彼此珍惜，也成了诤友。除了李江，还有村民们，还有一起奋战的同事们，三年来一直对我倍加关心，陪我走田头，到户头，蹚河水，跑山路，一个个项目一点一点地落实，一座座村庄一个一个地建设。没有他们的陪伴，我们的努力不一定能"事半功倍"；没有他们的陪伴，我们的成果不一定能如此闪耀。三年来也遇到过困难和迷茫，但是有他们在，我就有动力和引擎，有他们在，我就有勇气和方向。

离家三年，家人叮嘱过我要注意安全，保重身体，记得按时吃饭，记得休息好……但印象最深刻的是，有一天我老婆和我说："老公，你还是不回来的好，一回来我就要生病，因为没你在家的时候我一直神经高度绷紧，见到你我就彻底放松了，人也就垮了。"普洱联络小组四位兄弟在一起交流时，都流露出援滇三年最内疚的是欠家人太多。老婆的这句话让我心疼不已。我们出门在外，尤其像我这种新上海人，老人都不在身边，孩子又小，整个家里里外外全托付给了老婆。当然组织上很关心，逢年过节都会派人去看望，嘘寒问暖，给予无微不至的关怀。但正如一位挂友所说：一些日常生活中的小事比如电跳闸，总不便也不好意思向组织上反映，可这对女人来说却是一件大事，因为这样的事曾经都交给男人来做。老婆的坚强和努力，孩子的懂事和理解，老人的关心和支持，让我这个离家三年的人深感愧疚。但是，正因为有他们在后方的付出，才有那个在外努力奋斗的我。没有他们的付出，我怎能全身心投入？没有他们的付出，我怎能脚踏实地地干事？因为心疼他们，所以更加不想让他们失望，三年来，我尽心尽力做好事、做实事，不愿愧对组织和家人朋友们的信任和支持。

2016 年，回到上海后，我依然放不下对普洱的挂念，借助着合作交流办的平台，继续找资金拉项目，想让更多人参与其中，营造起社会帮扶的大氛围。2016 年 9 月 22 日至 23 日，由中国国际扶贫中心主办、东盟秘书处及亚洲开发银行等机构支持的第四届"东盟 +3 村官交流项目"在金山顺利举行。2016 年 12 月 14 日至 15 日，中国国际扶贫中心、南非农村发展和土地改革部共同主办的第二期"南非农村发展政策与实践研修班"在金山设立考察点，学习金山区农村发展经验。我带领团队圆满完成了两项国际扶贫交流项目。2017年 4 月 27 日作为东西部扶贫协作地区上海唯一的代表，我参加了中联部举办的首场"中国共产党的故事"专题宣介会，以"精准扶贫——不让一个民族掉队"为主题，介绍在云南的扶贫工作实践，引起国际友人的极大兴趣。我一直以来都有一个梦想，尽自己所能宣传推介，人人愿帮扶，人人能帮扶，小康路上一个也不少。民生为本、产业为重、立足实践、攻坚克难，这是我的使命，也是我的责任。

还记得 2016 年 3 月 25 日，陪同金山区第四批援滇医疗队到江城县人民医

◀ 调研危房改造工程

院报到后，我再次前往 2014 年新纲要示范村么等村龙潭小组，想了解一下那里的村民现在生活怎样，感受又如何。因为到 6 月援滇工作就要结束了，我想再做一下回访。车辆行驶在绿树丛林中，看着当初为了配套打造龙潭小组，安排了 20 万元扶持栽植的 2 万株三丫果树逐渐在长大，心里喜滋滋的。当时心想若再过三五年，三丫果树上都将挂满成串成串的三丫果，红彤彤，似鲜红的珊瑚念珠，煞是好看，招人喜爱。沿着三丫果大道朝着龙潭小组前行时，国庆乡乡长白云华在车上一直称赞不已，说国庆乡整体变化非常大，老百姓获得感满满的，非常感谢我们这三年的援助。

穿过三丫果树林，就到了李进荣家，也是 2015 年 9 月金山区党政代表团进行交流的一家。我习惯性地上了二楼，打开侧门，走到平台上，因为这里可一览寨子的全貌。经过这几年的进一步完善，现在每家每户都成了一道靓丽的风景，拼在一起则成了一幅美丽的山水画。

如今，回想起 2013 年 8 月参加的第三届三丫果节的热闹场面，现在想参加三丫果节也只能成为一种美好的愿望罢了。

走是已经走了，但我依然舍不得。一眨眼，三年援滇结束了，距今也已经有三年时间了。在普洱三年的一切都历历在目，依稀记得第一天到达的情景，也时常怀念在那边一起奋斗的日子。这段人生经历，对我来说是一笔宝贵的财富。我虽然离开了普洱，不在普洱工作，但是那里就如我的第二个故乡，我一如既往地关注着普洱的发展情况。那里，大概是我这一辈子的牵挂了吧。

脱贫吹号角，攻坚正当时

夏文军，1970年2月生，现任金山区经济工作党委副书记。2016年6月至2019年7月，先后担任普洱市招商局党组成员、副局长，普洱市扶贫办党组成员、副主任，普洱市宁洱哈尼族彝族自治县委常委、副县长。

口述：夏文军
采访：曹　阳
整理：曹　阳
时间：2020 年 3 月 24 日

　　繁忙的午后，冬日暖阳下，我正忙着整理近期工作要点，突然收到云南省普洱市澜沧县委副书记（原普洱市宁洱县扶贫办主任）王旭的一条微信："夏副，功夫不负有心人，有您的支持，魔芋种植成功了，现场测产 2.5 至 3 吨，平均户值 2 万元以上。"熟悉的人名，熟悉的项目，一切似乎又回到了那个奋斗了三年的援滇战场。

　　2016 年 6 月 20 日，我作为上海市第十批 15 名援滇干部之一，远赴云南省普洱市开启沪滇对口帮扶工作。临行前，在市委党校参加为期 4 天的援滇培训，市委、市政府主要领导专程为我们送行，区委主要领导、区委组织部领导亲自找我谈心。带着组织的深切叮咛，带着使命和责任，我怀着忐忑不安的心情踏上了脱贫攻坚战的战场。

流水的战线，铁打的目标

　　记得刚到普洱，我参加的第一场大会议就是普洱市脱贫攻坚动员大会，一下子就把我这个"扶贫新手"带入了紧锣密鼓的脱贫攻坚战之中。几场脱贫攻坚相关会议的精神令我记忆犹新，"任重道远"四个字深深埋在了我的心底。

党的十八大以来，以习近平同志为核心的党中央以高度的责任感和使命感，把扶贫开发摆到治国理政的重要位置，把扶贫开发工作纳入"四个全面"战略布局，实施精准扶贫、精准脱贫，扶贫开发工作呈现新局面。2015年底，在中央扶贫开发工作会议上，习近平总书记提出："脱贫攻坚已经到了啃硬骨头、攻坚拔寨的冲刺阶段，所面对的都是贫中之贫、困中之困……必须以更大的决心、更明确的思路、更精准的举措、超常规的力度，众志成城实现脱贫攻坚目标。"2016年7月，在银川东西部扶贫协作座谈会上，习总书记强调："东西部扶贫协作和对口支援，是推动区域协调发展、协同发展、共同发展的大战略……必须认清形势、聚焦精准、深化帮扶、确保实效，切实提高工作水平，全面打赢脱贫攻坚战。"

2016年底，上海市全面深化东西部扶贫协作工作大幅度调整了援滇工作的责任分工，将"沪滇对口帮扶"改为"沪滇东西部扶贫协作"。通过2016年12月和2017年8月两次调整，对口援助由6个州26个县扩大为13个州76个县，援滇干部从15人增加到113人，帮扶资金由3.36亿元增加到28亿元（2017年数据）。从2017年起围绕"组织领导、人才支援、资金支持、产业合作、劳务协作和携手奔小康"6个方面67个项目，采用省际交叉检查进行国家级"东西部扶贫协作"考核，并将考核结果分为"好、较好、一般"三个等级，由国家扶贫办向中央政治局汇报，其中考核"一般"的省市主要负责人由中央进行约谈。诚如某位领导所说："一旦我们考核是'一般'，我们三年工作就白干了。"这对于我们援滇干部而言压力很大。

三年时间，我先后挂职普洱市招商局副局长、市扶贫办副主任，宁洱县委常委、副县长，涉及宁洱、江城、墨江、镇沅、景东和景谷6个县的东西部扶贫协作工作。尽管挂职岗位多，扶贫地区广，但我始终奋战在脱贫攻坚战的第一线，跑了无数的镇、村，走访许多致富带头人和贫困家庭，翻阅了许多以前的援滇项目，检查了所有在建援滇项目，倾听县、镇、村和致富带头人、贫困户的心声，把他们心底最真实的期盼和亟待解决的问题一一记录在册。2016—2019年由我承接的上海市普洱市对口支援建设项目共90个，总投资额6.55亿元，援助资金1.05亿元，受益人口8.15万人，其中建档立卡户人

▲ 扶贫项目考察路上

口 2.49 万人。

让我印象最深的，是由国家第三方对普洱市宁洱县退出贫困县进行的专项评估。退出贫困县的程序是县级申请、州（市）审核、省级核查和国家扶贫办实地评估检查、公示审定、批准退出。主要考核指标为：综合贫困发生率不得高于 3%，脱贫人口错退率不得高于 2%，群众认可度不得低于 90%。经过大量的前期准备工作，2018 年 7 月中旬，普洱市宁洱县申请退出贫困县接受由广西师范大学的 120 多名研究生（他们都是经过精心培训挑选的留校研究生，据悉培训考试达到 110 分以上（满分 120 分）的学生才有资格参与）及老师组成的国家扶贫办第三方专项评估组的实地评估，每天早 7 点到晚 7 点，为期一周，抽检宁洱县 60% 以上的村进行专项评估。

7 月 13 日晚 10 点多，我接到评估组将于第二天到我挂包村同心镇漫海村评估的通知。真到了这一刻，我的内心既激动又紧张。挂包村是宁洱县处级领导协调推进村级脱贫攻坚而采取的具体举措，处级领导负总责与直接领导责任。我来宁洱县挂职后，县委分配给我的便是挂包同心镇的漫海村和大凹子村，其中漫海村相对贫困些。尽管前期已做了大量准备工作，但对明天的检查我还是不放心，怕辜负了组织对我的期望，于是我随即邀请时任县委政法委书记的张鹤翔同志（他比较有经验，也经常帮我一起到漫海村检查分析问题）一起去村上。当晚 11 点多，我们在村委会进行再动员、再布置、再细化、再落实，直至凌晨 2 点。第二天早上 7 点，我陪同评估组成员从酒店出发，8 点到达村委会，简短听取村委书记对脱贫攻坚情况的汇报。当场打开地图，由评估组组长确定上午抽查 3 个小组 40 多户贫困家庭，随即分车前去评估。我陪同大组长一起详细听取村脱贫工作汇报，并查阅相关脱贫资料。中午 12 点左右，上午检查人员陆续回村委会，午饭后确定下午到回龙寨普查所有农户。我陪同一起下去，检查组分 10 组，3 人一组（由讯问员、记录员、录像员组成），由检查组指定的一名县上翻译员陪同（不允许其他人员陪同），详细询问家庭人员、收入及住房、生活以及对县镇村脱贫帮扶认可度等情况，并对家庭住房、生活用品等进行全面核查。整个评估过程及结果等情况均不得向评估县泄密。后来得知"进展顺利"，我这颗悬着的心总算落了地。

2018 年 10 月 1 日，央视财经频道推出长达 10 个小时的"致敬改革开放 40 年　央视财经十一大直播"直播节目，宁洱县成了主角。宁洱县委书记走进直播间讲述了宁洱县三年来脱贫攻坚战的艰难历程。亮眼的扶贫成绩单，让我喜悦无比。云南首批全省 10 个州（市）的 15 个贫困县（市）退出贫困县序列，率先脱贫摘帽，宁洱县位列其中，脱贫攻坚战取得了阶段性胜利。

创新的机制，积极的成效

品一口浓香的普洱茶，一股熟悉的味道触动着我的味蕾。远眺西南，思绪飘到普洱，落在了这三年我积极探索的扶贫项目上。如上海安信农业保险公司的"咖啡产业保险金融扶贫"、上海财经大学的"社会众筹扶贫"、世界旅游联盟的"重走茶马古道"、西南大学的魔芋种植、日本友人的"日本紫苏种植"、金山区农委的"金山小皇冠种植"、普洱市"金山宁洱产业区"和金山奇异莓种植等等项目。不知它们是否如同魔芋种植一般，像我预期的那样茁壮成长？三年多的援滇，我抓住脱贫攻坚的主要难点是如何激发贫困地区的内生动力，调动贫困人口的积极性。在坚持"输血"和"造血"相结合的基础上，我更多地在思考如何"造血"，实践如何创新扶贫机制，引入高附加值的高原特色经济作物，加大产业扶贫，建立可持续的扶贫实效。咖啡产业保险金融扶贫模式和"龙头企业＋合作社＋农户"的扶贫机制是我离开前已初具成效的两个项目。

普洱是中国的咖啡之都，全国咖啡产量的50%以上在普洱。宁洱县又是咖啡种植的重点县，全县有生态咖啡园面积10.35万亩，咖啡产量1.06万吨，咖啡产业是宁洱县农民增收致富的支柱产业之一。近年来，由于咖啡价格波动较大，并持续走低，咖农的收入得不到保障，严重影响咖农家庭脱贫。为了增强抵御价格波动风险的能力，稳定和提高咖啡种植户生产效益，2016年8月起，我积极会同上海安信农业保险公司，利用上海农业保险的经验，结合宁洱县咖啡种植情况，在大量调查摸底和研究分析的基础上，制定实施《普洱市政策性咖啡价格保险试点方案》。从2016年11月起在宁洱县实施"咖啡价格保险"的金融扶贫模式的试点，投保宁洱县咖啡种植面积15133亩，其中建档立卡户种植面积6172亩，非建档立卡户种植面积8961亩。保险费每亩220元，共计332.92万元，采用上海帮扶资金支持200万元，县财政补贴67.46万元（建档立卡户、非建档立卡户中的低保户保费补贴比例为80%；咖啡种植户、合作社、企业保费补贴比例为60%），种植户承担65.46万元，形成"三个一点"相结合的精准扶贫模式。

2017年6月，整个咖啡收购季结束后，投保户获得赔付款195.15万元，其中建档立卡户79.59万元。2018年获得赔付款488.14万元，其中建档立卡户233.19万元。咖啡价格保险模式，大大促进了宁洱咖啡产业的健康发展，稳定了咖农的收入，开创了保险金融精准扶贫模式。该扶贫项目有幸获得2017年度国家扶贫项目创新奖。

在实地走访企业过程中，我了解到宁洱县有家香菇种植企业——云南绿润食用菌发展公司。该企业经营者程承武为福建人，从2007年起在宁洱县发展至今。经过多次深入交流，我发现此人对香菇种植技术特别精通，又有一定的经营管理能力和产品销售渠道，普洱又特别适宜香菇种植，只是近年来困于资金等因素无法扩大规模化种植。于是我与他一起出谋划策，提出由上海帮扶资金以贫困村集体资金入股的方式提供支持，建立"龙头企业＋合作社＋农户"

产业扶贫机制，助推香菇产业发展。这得到了县委、县政府的高度肯定和支持。2017 年，我们利用公司拆迁之机，分三年投入上海市帮扶资金 1350 万元，全面建设以宁洱镇般海村"食用菌制种车间"及 30 亩标准香菇示范种植基地为核心，其他 6 个乡镇 10 个贫困村香菇扶贫车间为支点的产业中心。

截至 2019 年，25 个村集体入股上海市援建资金 1350 万元，每年入股资金资产收益金 67.5 万元，受益建档立卡贫困户 891 户 3068 人。11 个村流转土地 510 亩，土地流转费收入每年 66 万元，带动种植香菇农户 50 余户，吸纳建档立卡贫困户到公司和基地就业 16 人，季节性务工 57 人。企业生产能力从 2016 年不到 100 万个菌包增加到 2019 年 700 多万个菌包。公司销售额从 2016 年的 500 多万元增加到 2019 年的 2600 万元。利润从 2016 年的几十万元增加到 2019 年的 361 万元。云南绿润食用菌发展公司已成为普洱市"龙头企业 + 合作社 + 农户"产业扶贫示范企业。

不同的方式，相同的精神

时光荏苒，援滇的日子既充实又难忘。从招商局到扶贫办，再到宁洱县委，不同的岗位和经历，不一样的工作方式，不一样的生活习惯，不同的理

◀ 与建档贫困户谈心

念观点，却都拥有着同一种精神，我把这种精神称为"脱贫攻坚精神"，即以坚定的理想目标，以滴水穿石的精神、敢于担当负责的态度、舍己为人的忘我投入和钉钉子的敬业，全力奋战于脱贫攻坚战之中。我刚到普洱市的时候，还不了解当地扶贫的情况，对贫困的概念更是没有一个全面的、感性的认识。于是，我就一个人，一辆车，一星期，5 天时间跑了 2100 多公里，去了 2 个县城，4 个镇、5 个村，与镇长、村主任聊项目聊扶贫，与村民聊生活话家常。

每一次到建档立卡户的家中，那"真贫"的模样总能深深刺痛我的内心，那一幕幕画面永远印在我脑海……那是一对年近七十的贫困老夫妻，家里一根烂了的树桩就是一张饭桌，卧室的地面泥泞不堪，床就是木板上铺几层稻草，食物就是门前小土坑里的产出，勉强维持着生存，我感觉"生活"二字对他们而言都是奢侈。但镇上驻村第一书记及县上挂包员对他们的脱贫充满了坚定信心，并从村民的生产、生活、居住方面制定了详细的"一户一策"脱贫措施，我真正感受到了总书记强调的"决不能落下一个贫困地区、一个贫困群众"在基层的贯彻落实。

挂职期间，我接触最多的就是当地的扶贫干部，他们对于扶贫工作的敬业态度与无私付出都使我敬佩万分。肖英是普洱市扶贫办社会帮扶科科长，也是

▶ 与挂包村村委会
成员座谈

联系我们东西部和中央定点扶贫的扶贫干部，工作特别负责、细致，说是一个科室，实际上就她一个人。刚到普洱之时，是她负责我们东西部扶贫的具体工作，帮助我们更快熟悉普洱基本情况，我说她是"辅导员"。后来我才知道，她白天忙于业务联系，晚上时常加班到 12 点左右。她又经常需要陪同上海及中央定点单位同志来普洱下县考察，一走就是 4 天左右。白天陪同走访，晚上加班，一年到头都没能照顾家里，我又称她为普洱的"女汉子"。2017 年底，国家第一次东西部扶贫考核抽到普洱市澜沧县，第三天考核人员就要来澜沧县考核，她第一时间赶到县里，从项目可行性到资金拨付清单和项目带贫机制等，反复推敲，有时推倒重做，连续奋斗 48 个小时，直至第三天早上 6 点完成，上午 10 点接受国家东西部扶贫考核。事后，澜沧县的东西部考核受到考核组的表扬，并为云南省 2017 年东西部考核取得"较好"等级加了不少分。

在普洱，类似的扶贫干部还有很多。有一次我去宁洱县某镇，同分管扶贫的镇长一起检查工作，他工作娴熟，为人自信。晚上，我们一起喝茶，聊起家庭情况，得知他们夫妻俩在两个不同镇上做镇长，已经有 3 个多月都没回家了。正聊着，他接到家里老人的电话，说孩子想他了，5 岁的孩子已经好久没有见到爸爸了。电话里父子俩聊了 5 分钟左右，我在一旁看到他湿润的眼眶，但是电话里，他还是倔强地说忙完就回去。我想有他们的存在，就一定能坚决打赢脱贫攻坚战，一定能完成好这项对中华民族具有里程碑意义的历史伟业。

"艰难困苦，玉汝于成"，我们援滇干部都以实际行动诠释了这个简单的道理。三年的援滇生涯，也让我充分感受到了"家"的温暖。三年中，我家里也遇到了许多困难，是家人的全力支持，是组织的真挚关爱，让我心无旁骛，专注援滇工作。离开普洱回到金山半年有余，我始终牢记援滇老前辈的教导，"援滇是经历不是资本"。我的宝贵经历我会深深珍藏心底。

金山温度融入普洱茶香

俞曙明，1973年7月生，现任金山区国资委党委委员、副主任。2017年9月至2019年7月，担任云南省普洱市墨江哈尼族自治县委常委、副县长。

口述：俞曙明
采访：马燕燕
整理：马燕燕
时间：2020 年 4 月 20 日

　　从云南回来已经 10 个多月了，可触及心灵深处的那老百姓渴望摆脱贫困的迫切眼神，至今历历在目。我清晰地记得，初次与云南普洱墨江县的同事一起到乡里调研时的情景。

　　2017 年 9 月 19 日，我作为上海市第十批援滇挂职干部，怀着满腔热情，辗转 3000 多公里来到素有"哈尼之乡、回归之城、双胞之家"之称的墨江哈尼族自治县，开展为期两年的挂职锻炼。

　　"人杰地灵"是我初到墨江县的印象。墨江县位于云南省西南部，居住着 25 个民族，少数民族占总人口的 73％，其中哈尼族占总人口的 61.8％，是全国唯一的哈尼族自治县。全县共有 1200 多对双胞胎，双胞胎出生概率为 6‰，远超过全球 2‰的水平，孕育了神奇的"双胞文化"现象。北回归线穿城而过，墨江县也被称为"太阳转身的地方"。墨江县盛产紫米，2007 年被中国特产之乡推荐暨宣传活动组织委员会授予"中国紫米之乡"的称号。然而，我到云南墨江县，心中萦绕的不是墨江悠久的历史、文化以及丰富的自然资源，而是全县 9 万多的贫困人口将如何如期脱贫的问题。

　　我在挂职锻炼前做了很多功课，也思考这里的"贫"到底该怎么扶。我了解到，墨江作为国家扶贫开发工作重点县，是典型的集中连片特困地区，贫困面广、贫困程度深。2017 年末，全县共有贫困村 144 个，其中深度贫困村 57 个；"建档立卡"贫困对象 23838 户计 95301 人。墨江县定于 2020 年上半年迎来脱贫验收检查工作，我和墨江县的同志们一起全力以赴、不辱使命，相信该县将一举"摘帽"！

在短短两年时间里，如何充分发挥沟通协调的作用，有效搭建沪滇扶贫协助的桥梁，对于我来说，是一次全新的、严峻的挑战。我深感使命光荣、责任重大，更要不忘初心，牢记使命，实现最初的援建承诺——脚踏实地打赢脱贫攻坚战。

积极克服重重困难，用心主动融入当地

2017 年 9 月我初来乍到，想要尽快融入当地的工作、生活。我想，必须尽快听懂当地方言，才能顺利开展工作。由于墨江县当地方言与普通话有一定的差别，特别是到乡村地区，一开始听起来非常吃力，可以说是基本听不懂，与当地干部群众交流沟通十分费劲。要做好脱贫工作，交流怎么能成为障碍呢？听不懂当地群众语言，就无法服务于群众，这样是绝对行不通的！

▶ 2017 年 12 月，到坝溜镇出洞村牛尼山组走访农户

于是，我不断走访、入户，面对面与当地基层干部、群众多交流、认真听、反复听、不懂问、仔细记。通过深入走访，我逐步克服了语言交流障碍，融入了当地的工作、生活。

除了语言关，又遇到高原反应、水土不服的情况。刚到墨江可能是由于地域的差异，我基本上每天凌晨3点左右才能入睡。同时，睡眠质量不高，造成第二天上班头昏脑涨，没有精力去开展工作。通过一个月的调整和适应，我努力克服了水土不服带来的反应，逐渐适应了墨江的工作、生活环境。

我当时在那里还遇到了地震。印象深刻的是，2018年9月8日上午10点31分，墨江县发生5.9级地震。第二天仍然余震不断，对于来自上海、几乎没有遇到过地震的我来说还是感到害怕的。令我感到非常温暖的是，墨江的领导、同志们和上海家乡的同志们了解情况后，从生活、工作上关心我，解除我的后顾之忧，让我在那段特殊的时期内深感异地"大家庭"的温馨。

在那段时间里，我尽心熟悉并投入脱贫攻坚工作，积极参加县脱贫攻坚工作例会，及时学习、掌握墨江县脱贫攻坚工作基本情况和相关政策措施，更好地推进沪滇合作工作的开展。我深入基层开展调研，利用工作与休息时间走访、调研全县15个乡镇，往往一个项目点要走上两三遍，偏远的乡村去一次

◀ 2018年1月，到挂钩村调研

就要耗去一周的时间，总共调研 60 余次，召开专题协调会 20 多次。这一段段山路何止"九曲十八弯"，与我同行驾车的同志都是老司机，急弯都很少减速，因此早饭我基本不吃，省得到时候吐得不行。同时，我认真向基层干部群众学习，与乡镇、村、组的基层干部群众进行面对面交流，尽心尽职学习他们的工作经验和方法，听取他们对上海帮扶工作的新感受、需求和建议，不断丰富自身基层工作经历，为更好地开展东西部协作积累经验。

通过调研，我逐步厘清了脱贫发展思路，明确了工作重点。根据对口县帮扶工作需求和项目片区的不同情况，以及关于对口帮扶要"贴近实际，关注民生"的要求，我及时提出帮扶工作设想。数据已经显得苍白无力，走过的路、翻过的山、蹚过的河记录下我援滇的人生轨迹。这条路叫"精准扶贫路"，这座山叫"深度贫困山"，这条河叫"情洒云南河"。

我还充分利用县里召开"两会"各代表团分团讨论的有利时机，积极听取基层代表的心声，并介绍上海云南东西部协作的主要任务、近年来开展工作的情况。

把脉定向提质效，助群众增收致富

援滇干部的主要职责之一，就是要落实好沪滇协作项目。我到墨江之后积极投入，找准定位，为墨江的发展"把脉定向"，努力做好联络协调。其间，我认真梳理总结了 2015 年以来上海援墨项目的情况，针对项目在实施中碰到的不同问题，与县扶贫办一起认真研究对策，调整工作方法，提高工作效率，加快推进力度，让上海援墨资金发挥出最大效力，助推墨江打赢脱贫攻坚战。

一是查缺补漏。我对 2015—2017 年上海援墨项目开展情况进行实地检查、调研，并提出工作要求；对项目点已竣工验收的项目，要求乡镇严格按照规定完善相关痕迹档案资料，做好上级部门验收、审计等准备工作；梳理中央、上海市、云南省以及金山区和普洱市关于东西部协作的政策文件、项目要求、资金管理等文件资料并汇编成册。

二是统筹推进。我对 2018 年项目计划点开展专题调研，分别到联珠镇、坝溜镇进行走访，听取项目计划点的安排情况，并与镇、村、组干部进行座

谈，共落实 2018 年上海援墨资金 1100 万元，分别用于联珠镇、坝溜镇三个深度贫困村组的基础设施建设。我要求联珠镇、坝溜镇有效抓住施工的黄金期，积极落实项目各项工作。同时通过规模化、组织化的发展模式引导专业合作社、种（养）植大户来发展产业，带动"建档立卡"贫困户共同致富。2018年，我安排计划外资金 100 万元，大力帮助坝溜镇黄牛养殖以及景星镇茶业种植产业的发展。2019 年，我积极协调项目资金安排，投入东西部扶贫协作项目资金 3450 万元，始终坚持把"打基础、补短板、强后劲"作为脱贫攻坚的重要支撑。

三是提质增效。我发动建立了墨江县东西部协作项目微信工作群。自2018 年 4 月起，东西部协作项目涉及的乡镇（部门），每月在微信群内报送项目开展情况、工作动态，并通过微信群及时为基层答疑解惑、提供工作支持，进一步提升工作效率。

结合墨江资源条件和产业发展现状，我充分尊重群众意愿，围绕高效种植业、特色养殖业等优势产业，突出利益联结机制。同时，我积极协调做好墨江文化旅游、农特产品推介工作，推动墨江优质农特产品进机关、进食堂。第一批输送 20 吨生态爱心芭蕉进机关、进食堂，为墨江农特产品进金山跨出了重要一步。

2018 年，上海市金山区各界人士购买墨江农特产品 49.08 万元。2019 年，积极响应中央 1 号文件精神，大力开展消费扶贫工作。截至 2019 年 3 月底，上海市金山区各界人士已经购买墨江农特产品 22 万元。回到上海后，我又发动金山的 14 家区属企业对普洱开展消费扶贫工作，共计消费资金 50 余万元。

援滇期间，我还深入推进"云品入户"工程，进一步促进消费扶贫工作，协助墨江县培育电商带头人、扶贫车间、农业合作社等载体，切实帮助创业群体带领老百姓增收致富。

东西联动下功夫，探索协作新模式

扶贫要先扶智，教育是减贫脱贫、阻断贫困代际传递的根本之举。在实地走访学校，并与教育系统的领导、教师代表开展交流后，我积极协调推进两地教育结对帮扶。

2017 年以来，先后有金山区廊下镇中学与墨江县那哈乡中学、金山区东风幼儿园与墨江县幼儿园、朱泾小学与通关镇小学、朱泾第二小学与联珠镇第一小学、廊下小学与那哈乡小学、上海师范大学第二附属中学与墨江县一中等完成结对帮扶。截至目前，两地教育系统共开展 6 批 23 人交流学习。2019 年，我积极主动做好金山区 4 名支教老师和 4 名支医医生到墨江开展为期半年的支教和支医援助期间的沟通、协调、服务等工作，支教老师和支医医生在墨江圆满完成了援助工作。

健康扶贫是脱贫攻坚战的重要一环，是实现农村贫困人口脱贫的一项重要超常规举措。为有效改善贫困地区医疗条件，提升墨江医护人员医疗水平，我在听取墨江县卫计委、中心医院等对上海帮扶工作的建议意见后，统筹协调墨江县卫生系统的 4 名医师分批赴上海市第六人民医院金山分院进行为期 3 个月的医疗人才进修培训。

墨江县的医疗资源极度匮乏。有一次，我在调研墨江县人民医院时，从院长张东强处了解到，墨江特别需要金山的专家医生来医疗支援、传授经验、现场问诊等，可一周时间实在太短了，希望能将帮扶时间延长。当听到这个迫切需求后，我立即联系金山区卫计委协调延长帮扶时间，并很快得到了答复：将上海金山医疗专家来墨江帮扶的时间从原先的一周延长到一个月，尽金山所能满足墨江所需；创新对口支援形式，积极建立医疗信息共享、远程会诊合作项目，进一步提升医疗帮扶质量。截至 2019 年 7 月，上海市第六人民医院金山分院共有 2 批（次）18 人医疗专家，深入贫困乡镇开展义诊 4 次，为贫困妇女儿童免费看病、诊断 300 多人次，提供健康保健咨询 1500 多人次，开展知识讲座 2 期，120 多人参加培训。

实现稳定就业，是助力西部地区脱贫的关键。为促进劳务输出，积极发展东西部劳务协作。自 2018 年 1 月以来，以金山区人社局在墨江县走村入户，开展"劳务协作大调研"为契机，我主动协调并参与制定以就业专场招聘会、就业信息平台共享、技能培训输送、校企合作互助为载体的"劳务协作搭平台，助推脱贫攻坚战"三年行动计划，并于 2018 年 3 月成功招聘了 18 名群众（其中 10 名为"建档立卡"贫困户）赴金山区劳务就业，西部劳动力到东部就业的劳务协作工作迈出了可喜的一步。

围绕"一人就业，全家脱贫"的理念，我着力搭建贫困劳动力就业平台，精准、高效推动沪滇劳务协作工作，与张江（金山园）人才服务平台洽谈劳务输出工作，并签订了《劳务输出合作协议》，加挂上海—墨江劳务服务联络站牌子，进一步建立了劳务协作对接机制，强化信息互通，加强资源共享，为对口就业扶贫工作提供了强有力的组织保证。2018 年，组织建档立卡贫困人口开展各类培训班 20 期，计 1344 人次；组织东西部劳务协作专场招聘会 18 场（次），有 119 家企业参加招聘（省外企业 34 家），提供 1262 个岗位；完成劳动力转移就业 2003 人（其中，就近转移就业 1936 人，异地转移就业 67 人），到沪转移就业 55 人。2019 年，有序转移至上海 38 人（其中建档立卡户 28 人）。

在劳务协作工作中，给我留下深刻印象的是当地干部。时任墨江县人社局副局长杨梅，帮助我们出谋划策，风里来雨里去，工作上更是雷厉风行。有一次，她笑着跟我说："我是从你们上海金山的干部中学到了工作节奏要快，要多深入百姓调研，多听他们的需求和建议。最近跟着你们走访调研，肤色也跟着深了几个色号……"墨江的干部和我们金山的干部一样，心往一处想、劲往一处使、智往一处谋、拧成一股绳！工作推进得非常顺畅有效。

社会力量扶贫是新时代精准扶贫、精准脱贫战略部署的重要内容。在此期间，我积极协调上海人和经贸有限公司、精灵家园等企业、社会公益组织、个人到墨江县开展公益扶贫、结对帮扶服务。2017年社会帮扶捐款捐物累计303.43万元。2018年，上海人和经贸有限公司、吕巷镇机关工委、精灵家园等再次为墨江县开展公益扶贫、支援服务，社会帮扶捐款捐物累计超过37万元。特别是墨江发生5.9级地震后，金山区委、区政府更是十分关心墨江的灾情，在第一时间发来慰问信并向墨江伸出援助之手，结对单位共捐款168万元。

2019年，金山区有5个乡镇、企业帮扶墨江县6个结对乡镇携手奔小康资金156万元。

在援建中有所获，在扶贫时感真情

2019年7月19日，我结束了墨江县两年的援建工作，回到上海金山。能到云南墨江挂职是组织对我的信任和培养，是我人生中一次难得的学习和锻炼机会。带走的是无尽思念，留下的是深情一瞥。在与墨江干部群众朝夕相处的两年中，我对地处偏远的墨江干部群众"不甘落后，奋起直追，攻坚克难，昂扬向上"的精神状态和良好的工作作风由衷地敬仰；对墨江在政治、经济、社会和文化等各方面取得的可喜成绩，我更是由衷地高兴！

尤其令我欣慰的是，我在2019年完成工作即将返沪时看到，墨江县碧溪村、镇沅县恩乐镇等地昔日落后贫瘠的乡村，户户通了水泥路，住上宽敞明亮的砖瓦房，用上了太阳能，有的村寨还建了水渠水窖，就连村民养殖的家畜也有了整洁的窝棚。村里文化室的电视、报刊成为村民了解大山外精彩世界的一扇窗口。最让村民心里踏实的是那已然成林的果木，漫山遍野的茶树、石斛等经济作物，让老百姓尝到了幸福的味道。那时我想，我们援滇干部的温度已然融入普洱茶香中。

两年来，我能顺利地在墨江开展工作，主要得益于墨江县委、县政府和相关部门的帮助、指导，得益于在思想上、工作上、生活上等各方面给予无微不至的关心的当地基层干部。他们体贴入微，真诚待人，更把我们当亲人，把墨江的一切耐心地传授给我们。我也把他们当作自己的老师，当作自己的家人，真心相对，虚心学习。在此结下的深厚友谊，是我一生中的重要财富。

欲问秋果何所累，自有春风雨潇潇。经过两年挂职锻炼，自己的综合素养得到了较大提高。两年的援建工作让我获得了很多好评和肯定，我被评为2018年度"沪滇扶贫协作立功竞赛活动"先进个人，在2018年度墨江哈尼族自治县市管领导干部考核中被评定为"优秀"，并记三等功。

两年援滇路，一生墨江情。我将倍加珍惜人生中这难得的机遇，不忘初心，牢记使命，充分运用在挂职期间学到的知识和经验，以更加开拓的攻坚精神、更加务实的工作作风，加强学习，扎实工作，锐意奋进，给组织和人民交一份更加优秀的答卷。

两年镇沅人　一生镇沅情

　　奚朝阳，1976年1月生，现任金山区人民政府办公室副主任、区政府合作交流办公室副主任。2017年9月至2019年7月，担任云南省普洱市镇沅彝族哈尼族拉祜族自治县委常委、副县长职务。

口述：奚朝阳
采访：何世坤　张碧涛
整理：何世坤　张碧涛
时间：2020 年 5 月 10 日

在中央加强东西部扶贫协作工作大背景下，2016 年底，上海云南两地将对口帮扶结对关系作了调整完善，增强各项帮扶力度。自 2017 年起，根据上海市统一部署，金山区从过去对口云南省普洱市宁洱哈尼族彝族自治县、江城哈尼族彝族自治县，调整为对口宁洱哈尼族彝族自治县、墨江哈尼族自治县、镇沅彝族哈尼族拉祜族自治县、景东彝族自治县，而江城哈尼族彝族自治县改由黄浦区结对。在援建干部选派上，市里也提出了新的更高要求，确保每个结对县至少有一名援滇干部挂职，专责分管东西部扶贫协作。因此，在第十批援滇干部到位一年后，市里决定于 2017 年下半年，再补充增派一批。

报名

记得当时看到区委组织部增派援滇干部通知时，我的脑海里一下子浮现出一张张曾经看到的贫困地区孩子生活求学的照片，记忆也被拉向了大学时代的云南同学以及曾在科委挂职的普洱干部。虽然我有过两次云南旅游的经历，但没有去过金山对口帮扶的普洱市。那里经济社会的发展情况如何？脱贫攻坚的目标任务有多重？前几批援滇干部中有几位我认识，对他们远离家庭、克服困难，带着崇高的使命去开展对口帮扶工作，我既感到敬佩，也心有向往。因此，在看到通知的第一时间，我毫不犹豫地做出了报名的决定，并得到家人坚定的支持。

组织经过考察，最终确定我和宋杰、俞曙明三位同志作为金山区第十批增派云南的干部，并明确我去镇沅县挂职。当听到这个消息时，想到即将亲历脱贫攻坚这项伟大的事业，我的心情无疑是万分激动的。在赴滇前的一个星期，全市增派的援滇干部都集中到市委党校接受援建干部教育培训。而此时，经过前期与区政府合作交流办的沟通，加上市委党校的培训，我对东西部扶贫协作工作内容有了基本的认识。东西部扶贫协作，顾名思义，即东部地区帮助西部地区开展扶贫工作，主要包括资金支持、人才支援、产业合作、劳务协作、社会帮扶等等，首要任务是帮助西部贫困地区在 2020 年前如期脱贫，确保全面实现小康社会。

上海的扶贫协作工作一直走在全国前列，这根本上得益于市委、市政府对对口帮扶工作的高度重视，按照"中央要求、当地所需、上海所能"的原则，投入真金白银，真情实意地帮助贫困地区群众改善生活，带动产业发展。每年市领导都亲自率领党政代表团赴对口地区考察，深入一线听取当地干部群众意见和建议，举行高层联席会议，商定年度重点工作，签订帮扶合作协议。同时，上海自身的丰富优势也是做好这项工作的重要保障，包括相对充裕的财力、大量的教育卫生人才资源、众多企业和就业机会以及较高的社会公益精神等，都是开展好扶贫协作工作极其重要的物质基础和资源支撑。

金山区的扶贫协作工作历史悠久，早在 1986 年，当时的金山县就和普洱县（今宁洱县）自主结对，比 1996 年沪滇正式结对提前了 10 年。30 多年来，金山与普洱的感情十分深厚，许多援滇干部的事迹在当地广为流传。而金山许多市民也都非常熟悉对口帮扶普洱工作，一方面是因为两地多层次、密切的人员往来，建立了深厚的民间感情，另一方面是以普洱茶为代表的当地农特产品，经过援滇工作的帮助，逐步走入金山，受到广泛欢迎，唱响了对口帮扶的故事。

赴滇

2017 年 9 月 19 日，我们第十批 33 名援滇增派干部正式踏上赴滇的行程（此后的 2018 年 1 月和 8 月，又有两批增派援滇干部赴滇），上午先是在上海市干部教育中心举行了一个简短的送别仪式，当时区委组织部和派出单位的领导以及援滇干部家属都前来送行，惜别的场面至今还记忆犹新。经过了 3 个多小时的飞行后，我们抵达昆明长水机场，并被接往昆明震庄宾馆，在那里我们与 2016 年 6 月已先期赴滇的 15 名援滇干部会合，我发现已在普洱援滇一年的夏文军同志肤色黑了不少，显然这里的日照和紫外线很强。下午，云南省委、省政府隆重举行欢迎援滇干部的座谈会，陈豪书记代表云南省委、省政府对全体援滇干部表示欢迎，向大家介绍了云南省脱贫攻坚和经济社会发展情况，并寄语全体援滇干部，要把援滇作为一种担当、一种责任、一种奉献，继承和发扬前期援滇干部优良传统和作风，一任接着一任干，在新岗位上建功立业，推动沪滇合作向更深层次、更宽领域拓展。我记得陈豪书记还引用了明代开国元勋刘伯温的一首诗表达对云南未来的憧憬："江南千条水，云贵万重山。五百年后看，云贵胜江南。"当时我们都心潮澎湃，对这片山河更加充满了敬意和热爱。在一个全新的工作环境，怎样更好地肩负起东西部扶贫协作的责任，我心里有一些忐忑，更充满了期待。

9 月 20 日上午，援滇干部分头向各自所在州市行进，我们由昆明飞往普洱，普洱市委组织部又举行了欢迎第十批援滇增派干部的简短座谈会。在赴普洱之前，夏文军同志告诉我，镇沅县有一位宝武集团挂职副县长的干部，名叫董晋斌。那天，董副县长和镇沅县委组织部杨军副部长一起来市里接我去县里。20 日下午，我们从普洱市区前往镇沅县，由普洱市区上昆磨高速经臭水收费站出来后就开始沿着小水线这条山路一路经过宁洱县的德安乡、梅子镇以及镇沅县的古城镇进入县城，全程 170 多公里。一路上山路九转十八弯，阳光与大雨相伴，常常转过一个弯大雨倾盆，再转过一个弯又艳阳高照，我真正领略了一番"云南十八怪"之一的"这边下雨那边晒"，感受这"十里不同天"的多变气候。

由于修路的原因，我们在傍晚时分才抵达镇沅县城。镇沅县位于云南省西南部、普洱市北部，地处"两山一江"（哀牢山、无量山与澜沧江）之间。2020年，全县辖8镇1乡111个村（居）民委员会1673个村（居）民小组，总人口21.38万人，居住着汉族、彝族、哈尼族、拉祜族、傣族等民族，有少数民族人口12.22万人，占总人口的57.14%。国土面积4148平方公里，其中山区面积占97.7%。2001年认定为国家级扶贫开发重点县，全县有贫困乡（镇）3个、贫困村76个、建档立卡贫困人口10611户37677人。镇沅县城处在大山深处，暮色中的小城干净整洁，大街上人也不多，整个小城静默在群山的怀抱里，宁静而美丽！我被安排住进了县政府的周转房，是在县政府后面居民楼里的一套住房，也就是和当地居民住在一栋楼里，住房面积不大，但设施基本具备，我觉得挺满意的，只是后来冬季时，如果碰上连续几天的阴雨，太阳能热水器就很难保证洗澡供热。

聚焦东西部扶贫协作

镇沅县是金山区开展扶贫协作工作的新阵地，在结对关系调整优化前，先后由普陀区、崇明区进行帮扶。金山"接棒"后，面临的首要问题就是如何尽快熟悉当地情况，建立沟通对接机制。时任区委书记赵卫星同志、副区长吴瑞弟同志先后带队到镇沅县实地察看县情贫情，对接两地扶贫协作工作，两地建立了定期会商和沟通协调机制。

我是金山区派到镇沅县的首位干部，心中有一种油然而生的使命感，一到镇沅，我就坚定了服从服务大局工作的信心和决心。怎样答好东西部扶贫协作资金支持、人才支援、产业合作、劳务协作、社会帮扶这份新的考卷？对我而言，第一就是学习，通过学习中央、上海市和云南省关于脱贫攻坚的指示和文件精神，做到政策清、责任明。第二是走出办公室，认真向身边的领导和同志们学习，虚心向基层的干部群众学习，学习他们投身脱贫攻坚的好思路、好作风，学习他们处理复杂问题的好办法、好措施。通过学习与调研，我深刻地认识到扶贫工作的必要性和艰巨性，认识到扶贫事业的伟大与光荣。要打赢脱贫攻坚战，必须要有坚定的决心和毅力。云南地理环境特殊，镇沅山高箐深、道

◀ 到上海帮扶项目现
场进行检查

路崎岖，群众居住分散，雨季道路常见塌方，基层干部工作十分艰辛、难处多多，因此，扶贫事业需要非凡的智慧和定力。在工作中，我结识了许多良师益友，他们的敬业奉献和淳朴友善给我以榜样、给我以温暖，许多的人和事都给我留下了深刻的印象。

　　进入10月了，利用雨季渐渐结束的有利时机，我花了近一个月的时间完成了首次的年度帮扶项目调研，了解项目资金使用情况、现场查看项目推进情况。因为之前雨季的影响，有些帮扶项目进度不理想，我与扶贫办跟项目所在地的乡镇领导一起研究对策，倒排时间，确保项目的推动建设与尽早见效。2017—2019年，根据镇沅县的发展规划和脱贫规划，围绕培育和壮大特色产业、改善农村生产生活设施、增强贫困人口自我发展能力等任务，在县委、县政府主要领导的支持下，我与分管扶贫的王副县长、县扶贫办明确项目布局，加强服务管理、协调督促，共投入沪滇帮扶资金7265万元，实施产业发展、基础设施建设、人才培训、劳务协作等项目。沪滇帮扶资金基础设施建设项目极大地改善了镇沅农村人居环境、方便了群众出行。产业发展项目以"企业+村集体+农户"等产业扶贫模式，建立村集体、企业（合作社）、贫困农户间的利益联结机制，加大特色优势产业培植，不断提升贫困群众自我发展能力，实现了帮扶协作由"输血"向"造血"、由"授鱼"向"授渔"的转变，有效激发了贫困群众的内生动力，实现了建档立卡贫困户收入可持续，确保脱贫效果。

还记得到镇沅县的第一周，我到县委白兆林书记办公室报到时，白书记就布置了一项任务，请我与董晋斌副县长一起策划好镇沅蔬菜首次入沪销售的活动。后来我了解到，当年的7月，上海市商务委、云南省商务厅在云南省曲靖市举行了"沪滇精准扶贫协作项目对接基地座谈会暨签约授牌仪式"，镇沅县同云南省其他10个县，一同被授予"蔬菜产销对接基地"的称号。镇沅县委、县人民政府紧紧抓住这一发展机遇，积极组织落实冬早蔬菜种植面积，出台政策扶持龙头企业，通过龙头企业带动发展，实现冬早蔬菜种植的产业化、组织化、规模化，而县委的目标就是要让镇沅蔬菜成为云南省蔬菜产销对接基地中首批进入上海市场销售的蔬菜。我和董副县长充分领会县委的意图，立即与镇沅冬早蔬菜龙头企业富农公司、上海农产品中心批发市场等进行有效对接，并制定了详细的活动方案，在向白书记进行汇报并得到他的认可后，白书记说："县里的蔬菜一旦有量能上市，就马上赴上海举行镇沅蔬菜入沪销售的活动。"

经过一系列精心和紧张的准备，11月22日，镇沅县在上海农产品中心批发市场举办了上海（镇沅）精准扶贫产销对接基地蔬菜开售仪式，镇沅基地成为云南省蔬菜产销对接基地中首批进入上海市场销售的蔬菜基地，被《新民晚报》《云南卫视》等多家媒体予以报道。镇沅蔬菜作为上海云南精准扶贫蔬菜产销对接基地的首批蔬菜进入上海销售，是落实习近平总书记关于精准扶贫、精准脱贫及加强东西部扶贫协作工作要求的具体行动，也是落实上海市委、市人民政府及云南省委、省人民政府关于精准扶贫、精准脱贫的实际成果，是镇沅县为上海的大力支持和帮扶交出的一份答卷，使以"造血"为目标的精准扶贫有了落脚点。至今，镇沅向上海市场供应冬早蔬菜已成常态化，每年冬季向上海市场供应冬早蔬菜3000—4000吨。在"爱心扶贫、有你有我"——"自然的馈赠"2018年大型精准扶贫行动启动会上，我现场推介镇沅农特产品，镇沅产"普洱紫米"成为普洱市唯一进入"爱心扶贫大礼包"的云南农特产品，40多吨"普洱紫米"供货"爱心扶贫大礼包"。如今，金穗粮油、古茶坊、源九等镇沅本地扶贫企业，通过展销会先后进入上海市场，他们的扶贫产品丰富了上海市民的餐桌。

我不是一个人在战斗

"4月10日，我上门诊，约了很多病人，他（她）们的就医欲望很强烈，听说有上海专家来，连夜坐车赶到镇沅县人民医院让我来检查。我约了病人第二天做心超，这里下午两点半上班，我怕病人回去赶山路太晚太危险，就提早一个小时为他们做检查……"

"门诊很多病人在省立医院治疗过，听说这里有上海医生，慕名而来，记得有一位门诊病人，还未生育过，之前上级医院做过宫腹腔镜检查，盆腔严重粘连，术后三年未怀孕。其他医院诊断为盆腔包块，比较大，建议手术，但医院都不愿意收治，我们收了下来，第二天就给她做了手术，查房时她情况非常好，手术顺利让她非常开心，再三感谢我们……"这些朴实的语言来自2018年4月金山区亭林医院第三批到镇沅县人民医院开展医疗帮扶的医疗专家。

对口帮扶镇沅县以后，金山区动员全区力量，在结对帮扶、人才支援等方面给予镇沅县大力帮助。针对镇沅县专业人才缺乏的情况，金山区实施教育、

◀ 帮爱心人士与结对困难孩子视频通话

医疗组团式帮扶活动，区内 3 家医院、5 所学校结对帮扶镇沅 3 家医院和 5 所学校，每半年选派 4 名教师和 4 名医生赴镇沅县进行为期半年的支教支医，保持县里长期有 4 名教师和 4 名医生开展帮扶工作，同时还经常有一批批医生、教师来镇沅开展短期的支医、支教活动，努力解决困难群众贫困代际传递、因病致贫、因病返贫等问题。我在镇沅的那两年，亭林医院共输入了普外科及妇产科微创、腹腔镜全腹膜外疝修补等多项医疗技术和医院信息化系统建设。支教教师所指导的当地教师和所带的班级教育水平有了明显的提高。

结对帮扶是拓展帮扶资源的重要渠道，在区政府合作交流办的组织安排下，漕泾镇、张堰镇、廊下镇、新金山投控集团、金山资本集团与镇沅县九甲镇、和平镇、按板镇、振太镇、者东镇开展携手奔小康行动，实现镇沅县贫困乡镇结对全覆盖，每年金山的结对单位都投入不少帮扶资金在镇沅当地实施帮扶项目，真情实意地让当地群众和建档立卡贫困户获益，通过双方共同努力助力巩固和提升镇沅县脱贫成效。同时还有许多社会力量参与对镇沅县的精准帮扶，进行捐赠电脑、图书、衣物及资助困难学生等活动。在和妻子的电话沟通中，我跟她说："我在这里并不孤单，更不是一个人在战斗。"

迎接贫困县退出

2018 年，是镇沅县脱贫攻坚的关键时期，全县上下从年初到年末，都在为迎接贫困县退出第三方评估做准备。一次次开会议，一次次督查，一次次整改，而第三方评估组的到来时间也是一次次推迟。当时镇沅县坚决执行"五级书记抓扶贫"的要求，实行党政"一把手"负责制，建立"三个 50%"帮扶体系，下派 50% 的县处级领导、50% 的科级干部、50% 的工作人员驻镇驻村工作，做到每个乡（镇）有 1 名县处级领导驻镇督导指挥，有 2 名以上科级领导挂职专抓，每个村至少有 1 名副科级领导脱岗驻村工作，所有贫困村都有 1 名处级领导挂钩。

按照县委、县政府的安排和要求，由我负责挂包九甲镇甸坑村、勐真村，其中勐真村贫困面比较大，全村有 35% 的农户是建档立卡贫困户。我认真履行挂包责任，积极开展挂包督导，进村入户深入了解建档立卡贫困户、弱势群

▶ 在农户家了解生产、
生活情况

体在人居环境、收入支撑、政策享受、生活保障等方面的情况，排查存在的问题，特别是错退漏评等风险，会同村委会班子及驻村工作队共同分析、研究对策。那一年，是我援滇工作中最累的一年，但我始终把在滇的每一天都作为援滇的最后一天，倍加珍惜，全力以赴地投入到东西部扶贫协作和镇沅县脱贫攻坚工作中；那一年，也是我最有成就感的一年，时光不负有心人，经过全县上下的共同努力，至年底时，贫困发生率从 2013 年末的 17.7% 降至 1.36%。在 2018 年 12 月贫困县退出的第三方评估过程中，勐真村被纳入第三方评估抽查范围并顺利地通过了测评。镇沅县也于 2019 年 4 月，经过社会公示，正式退出贫困县序列。那一年，镇沅县许多党员干部、工作人员在下村入户落实脱贫任务的过程中，因交通事故、雨季泥石流、动物攻击等意外受伤，甚至有的同志因长期疲劳过度而牺牲在岗位上。

亲历脱贫攻坚这场硬仗，我切身感受到了在以习近平同志为核心的党中央的坚强领导下，贫困地区干部群众为打赢脱贫攻坚这场硬仗在和平年代所付出的艰苦卓绝的努力。他们扛起责任，擂响战鼓，广大党员干部把对党的忠诚刻进骨子里，融在血液里，谱写了一曲曲奋力脱贫、合力攻坚的慷慨壮歌，铭刻了反贫困斗争伟大决战的时代画卷。

回顾两年的援滇挂职经历，我始终把组织的要求、援滇的情怀体现在工作作风中、体现在责任担当中、体现在讲求奉献中，与镇沅县的同事们一样融入镇沅的工作、融入镇沅的群众，不负组织的信任、不忘援滇的初心，情系云南，竭尽全力为镇沅县脱贫攻坚贡献自己的智慧和力量。2019年7月，我结束了两年的援滇挂职工作，无论是在镇沅县的工作、学习、生活经历，还是镇沅县的风土人情、干部群众，都给予我宝贵的人生财富，留下了难忘的美好记忆。对于镇沅，我是匆匆过客，而镇沅对于我，就是第二故乡。两年镇沅人，一生镇沅情。回到金山以后，我持续关心、关注镇沅县的发展和进步，而对镇沅的思念，如同镇沅千家寨的瀑布一样，从不间断地冲击着我的心灵，他们摆脱贫困的故事和精神始终激励着我继承好、发扬好、利用好镇沅给予我的经历、经验和财富，以饱满的热情投入金山的经济建设和社会发展。

春种一粒粟，秋收满园籽。千百年来，我们祖先写在典籍里的"小康"两字，在2020年年底，将写满每一寸神州大地。这是中国共产党领导下的人类历史上史无前例的扶贫成就，每一个中国人，都将为此感动而自豪！

跑好接力赛　搭好连心桥
走好历练路

张海涛，1978年8月生，现任金山区人民政府办公室副主任。2019年7月至今，担任普洱市人民政府副秘书长。

口述：张海涛
访谈：何世坤
整理：戚之彬
时间：2020 年 4 月 20 日

　　开展东西部扶贫协作，助力对口地区打赢脱贫攻坚战，是党中央作出的重大决策部署，也是各地必须完成好的一项重要政治任务。1996 年，上海和云南正式建立结对帮扶关系，实施沪滇扶贫协作。金山区帮扶云南省普洱市起步于 1986 年。2017 年，根据上海市委、市政府部署安排，金山区对口帮扶地区由宁洱、江城两县调整为宁洱、墨江、镇沅、景东四县。二三十年来，在对口帮扶两地的携手努力和一批批援滇干部的接续奋斗下，对口帮扶工作取得了累累硕果。

　　我来自河北农村，尽管自己生在最好的时代，但祖辈、父辈在物质匮乏年代的经历，让贫穷在我心里留下了深深的印记，第一次到爱人的广西老家，当时就被没有电、没有自来水、没有硬化路，都是土房子这一贫穷落后的农村场景所震惊。力所能及地为贫困地区、贫困百姓做点事，也就成为我内心的一个想法。在各级组织找我谈心的时候，我都坚定地表达了这一想法。之前，我也报过名，但出于种种原因没能成行。这次，经过组织层层挑选，我有幸成为上海市第十一批援滇干部中的一员，到云南省普洱市开展为期三年的对口帮扶工作，担任普洱市人民政府副秘书长。

　　临行前，金山区委、区政府有关领导亲切看望慰问即将启程的援滇干部，区委组织部和各派出单位也都通过座谈会等形式，表达组织的关心、关怀。2019 年 7 月 10 日，上海市委书记李强等市领导会见援派干部，殷切期望大家"当好突击队、搭好连心桥、跑好接力赛、走好历练路"。这让包括我在内的每一位援派干部都精神振奋、倍受鼓舞，深感援滇工作责任重大、使命光荣。7 月 15 日，在上海市委党校举行了简短但不失庄重的欢送仪式，我们带着组织的重托和亲人的叮咛，正式开启援滇之旅。此时此刻，自己的内心十分复杂，既有立足新岗位、履行新使命的兴奋和激动，也有远离金山、远离亲人的不舍和离愁，特别是发车那一刻，望着窗外一双双挥动的双手、一道道不舍的目光，心里涌上阵阵酸楚。其实，在外工作，不仅自己辛苦，家人更辛苦，她们需要付出更多。

普洱印象

　　到云南后，云南省委、省政府举行了热烈的欢迎仪式，省委书记陈豪亲自接见全体援滇干部并合影留念，普洱市委、市政府举行了援滇干部工作座谈会，第十批、第十一批挂职干部代表作了充满感情、富有激情的发言。透过发言，我能真切感受到第十批干部的浓浓不舍之情，更能感受到新一批干部"撸起袖子加油干"的使命担当。金山区委组织部副部长蒋雅红、黄浦区委组织部副部长沈伟代表陪送单位作了讲话。普洱市委副书记陆平对新一批挂职干部提出了六点希望：在熟悉普洱上全面深入，当好知心人；在工作岗位上履职尽责，当好明白人；在脱贫攻坚上真抓实干，当好带头人；在合作交流上牵线搭桥，当好热心人；在宣传推介上讲好故事，当好代言人；在实践锻炼上提升素质，当好开路人。这"六个人"成为自己在普洱挂职工作的定位和指南。第十一批挂职干部与第十批挂职干部进行了简单的工作交接后，即在各县组织部部长的陪同下，奔赴各自对口县开始正式工作。

　　来挂职之前，我对普洱并不陌生。由于工作需要，我不时关注普洱的市情、县情、贫情等情况。2018 年 9 月，为积极落实金山普洱两地文旅扶贫协议，我带领单位职工来普洱进行了为期 6 天、行程比较宽松的职工疗休养，对普洱宜人的气候、良好的生态、淳朴的民风、可口的美食等有了直接而深刻的印象。当时，在宁洱县金山援建的那柯里小学前我们还拍照留念。时隔不到一年，自己又一次踏上了普洱这片土地，这也许就是一种缘分，与疗休养时相比，只是转换了一种身份，肩上增添了一份责任。

时间过得真快，转眼间，我来普洱工作已9月有余，对普洱的印象也更加全面、深刻。一是普洱拥有得天独厚的生态环境。全市森林覆盖率71.18%，年平均气温19℃，负氧离子含量高于世界卫生组织"清新空气"标准12倍多，素有"中国天然氧吧"之称。坊间有这样的一句话："中国的春城在哪里？在昆明！云南的春城在哪里？在普洱！"二是致贫有多方面的原因。交通基础设施建设滞后，严重影响人流、物流、信息流，这是客观方面。但发展理念滞后、就业技能缺乏、内生动力不足依然是导致贫困更为重要的主观因素。比如，在劳务协作过程中，"转不出、稳不住"的问题就是很好的证明。三是脱贫攻坚成为统揽经济社会发展的"总抓手"。各级党委、政府都紧紧围绕脱贫攻坚、围绕"两不愁三保障"开展工作，做到人力、物力、财力下沉，特别是在其过程中涌现的团结、互助、奉献、奋斗的脱贫攻坚精神更是一笔宝贵的精神财富，值得很好地总结和弘扬。四是地方党委、政府高度重视挂职干部，在工作生活等方面都做了精心的安排和保障，希望挂职干部既要聚焦主责主业抓好项目实施，更要依托各自优势，负责更多工作，特别是在招商引资等方面发挥更大的作用。五是多年来真金白银、真情实意的对口帮扶工作很有成效，在当地百姓中帮出了口碑、帮出了人心，实现了双赢共赢。记得刚来普洱不久，有一天晚上，在下班打车从行政中心回宿舍的路上，司机师傅应该是从口音听出我是外地人，就问："您是上海金山来的吗？"我很吃惊地回答："是的。"司机师傅说："金山这么多年给了我们很大帮助，我们非常感谢你们！"听了司机师傅这些话，当时我的心里暖暖的。

我的职责

与上批不同的是，第十一批挂职干部担任各州市政府副秘书长的同时，不再兼任县委常委、副县长。我认为，这一组织人事安排的调整变化，使得担任政府副秘书长职务的挂职干部工作重心上移，更加注重整体工作的统筹协调和督促落实。由于普洱市由黄浦、金山两个区对口帮扶，因此，普洱市人民政府副秘书长这一职务是由两个区挂职干部轮流担任的。我到岗后，尽管与黄浦区挂职干部进行了工作交接，但由于前任县上也有职务，平时工作重心基本都在县上，对履行好副秘书长职责给的信息、教的方法不多。东西部扶贫协作工作涉及产业发展合作、基础设施建设、专业人才支持、帮扶资金监管、携手奔小康等各个领域，需要前后方各方面精准对接、高效协同，要把东西部扶贫协作各项工作抓实、抓好、抓落地，必须成为会管理、善协调、懂业务的全才，这是我个人半年多来最大的工作感受。在这种情况下，我坚持边学边干、边干边学，多请教、多走访、多调研，实现了普洱市级东西部扶贫协作主要成员单位和各县走访调研的全覆盖，特别是 2019 年底和 2020 年初全程参与上海市、云南省开展的东西部扶贫协作考核和国考迎检工作，使自己对东西部扶贫协作干什么、怎么干、干到什么标准，都有了更加清晰的了解、理解和见解。

在其位，谋其政。结合半年多的工作体会，我将挂职干部履行副秘书长的职责定为"当好五个员"：一是当好小组队伍的管理员。作为援滇干部联络组普洱小组组长、临时党支部书记，我始终把 12 名小组成员的思想政治建设

◀ 2019 年 12 月 13 日，与景东贫困户座谈慰问

和队伍管理抓在日常、做到经常，每月召开小组例会、定期召开支部（扩大）会、按要求召开专题组织生活会，传达学习重要讲话、重要文件、重要会议等精神，交流、研究、部署阶段性工作，特别注重廉政、工作、生活等纪律教育，强化反面典型案例教育，做到逢会必提、逢会必讲，努力确保小组成员政治、经济和人身安全。二是当好项目推进的督查员。按照上海方"交支票不交责任"的要求，确保项目保质保量完成和资金使用安全，是每一位挂职干部的主责主业，这也是各级考核的重中之重，容不得半点马虎。近年来，上海对口普洱的市级统筹帮扶资金逐年大幅增加，2020年已超过4亿元，计划实施项目105个。要确保项目高质量，挂职干部必须全过程参与项目的计划编制、组织实施、效果评估。2020年，在上海实行"红黄蓝"亮灯机制的基础上，我提议建立了"三查（察）一报"工作机制，即蹲点督查、交叉检查、领导视察和月度通报，要求每位挂职干部每个项目点进行实地检查，组织小组成员进行交叉检查，对推进难度大、进展慢的项目由市领导亲自督战，对所有项目进展情况和存在问题每月通报一次，力促项目能早则早、能快则快推进实施。三是当好辅助决策的参谋员。挂职干部要做好帮扶工作，既要立足当地、主动融入、因地制宜开展工作，更要依托后方、加强沟通、主动汇报、争取支持。这就要求身处一线的挂职干部应为两地政府决策提供更多有价值的建议。正是基于这样的认识，我在全面熟悉工作、走访调研、对照分析的基础上，起草了《金山区东西部扶贫协作存在问题建议》《关于进一步做大金山消费扶贫的思考建议》等专报，呈送区政府领导决策参考。四是当好两地沟通的联络员。对口帮扶是协同战，全社会共同参与扶贫的格局已基本形成，两地政府间、企业间、社会组织间的交流交往日益频繁。我始终将自己作为两地联系的桥梁和纽带，认真做好两地政府代表团互访交流和考察学习的接待工作，精心安排学校、医院以及各类社会组织间的工作对接，用心服务金山来普投资兴业的企业、开展专业帮扶的兄弟姐妹，帮助协调解决发展难题。总目的只有一个，就是通过自己的工作，尽可能让两地间的帮扶更加深入、更加有实效。五是当好扶贫故事的宣传员。对口帮扶工作不仅要做得好，而且要讲得好。我感受比较深的一点是，与其他省市和上海兄弟区相比，金山对口帮扶工作的宣传力度还

◀ 2019 年 10 月 14 日，参加联络组召开的各州市小组会议

不够，尽管实施了一些具有开创性、示范性、引领性的帮扶举措，但未能很好地进行总结宣传。去年刚到普洱工作不久，我了解到金山区廊下镇社区卫生服务中心的杨医生通过传帮带，帮助宁洱县中医院引入小针刀诊治技术，并开设了专门科室，就诊病人络绎不绝。我当即协调普洱市委宣传部，请《普洱日报》、普洱电视台进行了专题采访报道，取得了比较好的宣传效果。

接续奋进

　　做好东西部扶贫协作意义重大，是一场需要全力以赴去拼的接力赛。有人说，第十一批挂职干部是幸福的，因为第十批已为我们打下了坚实基础，积累了宝贵经验；有人说，第十一批挂职干部是幸运的，因为我们将从事并亲历见证中国全面脱贫、全面建成小康社会的庄严神圣历史时刻；但更多人说，第十一批挂职干部是任务艰巨的，因为脱贫攻坚剩下的"硬骨头"需要我们去啃掉，巩固脱贫成果防止返贫的硬任务需要我们去落实，做好脱贫攻坚与乡村振兴接续转换需要我们去实践。说一千道一万，归结到一点，就是脱贫攻坚任务艰巨，挂职干部使命光荣。

　　2020 年是"十三五"规划收官、"十四五"规划谋划之年，是决战决胜脱

▲ 2020 年 4 月 26 日，到镇沅县调研 2020 年项目组织实施工作

贫攻坚、全面建成小康社会之年。习近平总书记在新年贺词中指示，要万众一心加油干，越是艰险越向前，把短板补得再扎实一些，把基础打得再牢靠一些，坚决打赢脱贫攻坚战。3 月 6 日，习近平总书记出席全国决战决胜脱贫攻坚座谈会并发表重要讲话，这是今后一个时期开展东西部扶贫协作工作的基本遵循。我将认真学习贯彻习近平总书记关于脱贫攻坚的系列重要论述，聚焦主责主业，下沉工作重心，切实发挥好统筹协调、督查落实、桥梁纽带作用。坚持目标导向，做到既要高位引领，更要落到实处；坚持问题导向，做到既要分析问题，更要解决问题；坚持结果导向，做到既要考核高分，更要群众满意。

一个人的人生能够和一个地区蜕变式的成长一起书写，是幸福的，也是荣幸的，更是值得珍藏的。在 2020 年初普洱市委、市政府召开的挂职干部春节座谈会上，普洱市委常委、组织部部长肖峰勉励全体在普挂职干部要有"六种心态"：要有既来之则安之的融入心态；要有干与闲都是一天，何不只争朝夕不负韶华的奋斗心态；要有脚下有多少泥土，心中就有多少真情的深沉心态；要有挂职时间毕竟有限，面面俱到不如尖刀突破，伤其十指不如断其一指的主线心态；要有个人力量毕竟有限，特立独行不如服从集体的团队心态；要有后面带着组织，形象不仅代表自己的严肃心态，慎独慎微慎终如始挂职。在接下来的工作中，我将谨记在心，依托组织，依靠团队，不忘初心，牢记使命，履职尽责，共同书写东西部帮扶协作的普洱新篇章、提升"人生海拔"的新高度。

一次普洱行，一世普洱情。我相信，三年的援滇工作，一定会让自己增长一份见识，得到一次历练，做出一份贡献，收获一份友谊。

援滇千里行　扶贫付真情

　　张兴，1974年12月生，现任金山区信访办副主任。2019年7月至今，担任云南省普洱市宁洱哈尼族彝族自治县委常委、副县长。

口述：张　兴
采访：李　颖
整理：李　颖
时间：2020 年 4 月 16 日

2019 年 7 月 15 日，我和金山区的其他 4 名同志，很荣幸地作为金山区派出的上海市第十一批援滇干部从上海启程飞赴云南。出发前，市委、市政府领导在市委党校举行了简单的欢送仪式。抵达云南的当天晚上，云南省委主要领导接见了上海市第十一批援滇干部，并发表了热情洋溢的讲话。7 月 16 日，我们一行 5 个人在金山区委组织部领导的陪同下，于昆明转机飞赴普洱市。17日，转车奔赴各县，我挂职的是云南省普洱市宁洱县，担任常委、副县长，为期三年。

到目前为止，已经是在普洱市宁洱县工作的第九个月了。回顾八个多月以来的挂职历程，历经了从出发前的纠结、顾虑，到就任后的适应、融入，进而到目前的展望、思考。一届又一届的援滇，既是上海市对云南省脱贫攻坚的协作帮扶，也是金山区与普洱市三十多年源远流长帮扶情怀的延续和传承。对我来说，更是人生路程中珍贵的机遇和磨炼。

为了责任与担当，义无反顾报名援滇

2019 年 5 月，获悉上海市第十一批援滇干部即将开始筹备报名人选，看着相关文件，我的内心久久不能平复，这或许是我能参与报名的最后一次机会。虽说内心很激动，但是还有很多顾虑和担忧成为我援滇路上的羁绊。工作方面，我担心自己不能担此重任，辜负了领导对我的期许；家庭方面，作为父亲的我放心不下家里的孩子，只身前往云南，而且一去还是整整三年。经过一段时间的反复考虑后，我将自己的想法向分管领导等做了汇报，得到了各位领导的充分肯定和支持，并鼓励我大胆报名。区信访办鞠悦斌主任意味深长地告诉我："脱贫攻坚的责任理应一代接着一代干！"

我深知这次机会来之不易，从上海到云南，从条线到块上，工作跨度的变化正是对挂职干部的一种锻炼。与此同时，在下定决心之后，我和爱人进行了一次深谈。她一开始听说我要前往云南支援的时候，虽然嘴上没说，但脸上的表情却向我表示拒绝。经过一夜的思考，第二天清晨，妻子握着我的手，噙着满眼泪水慎重地点了点头。最初的不舍和眼泪，最终还是化作理解和安慰。我至今忘不了妻子那句话："放心去吧，家里的父母和爷爷奶奶我会定期代你去看望，我在哪里，家就在哪里。"原来陪伴才是最长情的告白。刚刚过完成年礼的儿子，在这一刻也变得十分懂事，他像与我承诺一般："爸，你放心，我已经成年了，家里的事情你放心，我会照顾好妈妈的！"家人的态度，打消了我最后的顾虑。不禁回望，两次离开上海，第一次是 25 年前，我选择离沪上学，是为了成就更好的自己；而 25 年后的今天，我选择离沪工作，是为了责任与担当，更是身为一名共产党员的无上光荣。而这一次，有了领导的支持和家人的理解，相比 25 年前那个稚嫩懵懂的自己，我有了更多的信心和决心，也懂得了责任意味着什么，既然选择了远方，就必须要扬帆起航。

考虑到我们援滇工作的特殊性，行前由时任区委书记赵卫星、组织部部长白锦波等领导安排专题谈话谈心。7 月 17 日，区委组织部副部长蒋雅红亲自陪同我到宁洱县报到、交接，并实地察看了办公场所、居住地点。宁洱县委、县政府对上海来的援滇干部也给予了周到的安排，县领导亲自过问、部署有关工作和生活情况。在各级领导的高度重视下，整个赴滇行程非常顺利，抵达宁洱县后我也很快地适应了当地的工作、生活环境，迅速转变角色，逐步调整、适应新岗位的要求，投入到决战决胜脱贫攻坚的工作中。

初入宁洱转变角色　积极投入扶贫攻坚

宁洱哈尼族彝族自治县位于云南省南部、普洱市中部，海拔 1320 米，国土面积 3669.77 平方公里，是一个典型的高原农业县。全县辖 6 镇 3 乡、85 个村民委员会、4 个社区居民委员会，总人口 19.5 万人，少数民族人口占 55.5%。"名茶、名道、名碑、名人"是宁洱的四大文化品牌。勤劳智慧的宁洱先民在长期的探索和实践中，铸就了普洱茶这一驰名中外的历史品牌，孕育了底蕴深厚的普洱茶文化。茶马古道从宁洱起源，通往全国、走向世界，孕育了内涵丰富的茶马古道文化。县内有被誉为"新中国民族团结和民族工作第一碑"的全国重点文物保护单位、全国民族团结进步教育基地——民族团结誓词碑。宁洱也是主演电影《五朵金花》《阿诗玛》的著名彝族演员杨丽坤和全国英模张培英的故乡。县内有云南省第一所开设新学的百年老校——普洱中学，有省级爱国主义教育基地——磨黑中学，有省级国防教育基地——杨正元故居，是新民主主义革命时期滇西南革命的活动中心、省级革命老区。

初入宁洱，我便感到这是一片有故事的土地，相信在三年的挂职期间一定会给当地带来上海人民的情谊和帮扶。刚到县里的时候，遇到了意料之中的一些困难和问题。首先便是饮食方面的，云南菜以酸辣为主，而我从小在上海长大，短时间内很难适应这里的饮食习惯。县里领导考虑到地区之间饮食习惯的差异，特意关照食堂师傅每餐要有沪菜风味的菜品。另一个问题就是水土不服，可能是更换生活场所的原因，刚到几天我就有轻微的上吐下泻等症状，经过一段时间的调整和运动锻炼，身体才慢慢地适应了。

宁洱县的历届援滇干部在推动沪滇扶贫协作、助力当地发展中始终发挥了积极的作用，留下了良好的口碑。我的主要工作内容一方面是要落实好上海市委、市政府关于东西部扶贫协作工作的各项要求，另一方面是要统筹协调好当地的各个相关部门，结合县里的实际情况，找短板、排项目、抓进度，推动年度工作目标任务有序完成。这既包括上海资金帮扶项目的实施、东西部劳务协作人员的培训和输送等，还有县委、县政府安排的其他业务工作。近年来，宁洱县由一个国家贫困县逐步发展到如今初具规模的县城，这里面既离不开当地

2020 年 3 月 17 日，实地调研东西部扶贫协作奇异莓种植项目

干部的辛勤工作，也包含着众多上海援滇干部的心血和汗水。

在各级领导、各个部门的共同努力下，2019 年的东西部扶贫协作工作顺利开展，并通过了云南省、上海市的年度考核。2019 年 8 月底，金山宁洱产业园区的第一个项目（普洱丰用食品有限公司）正式进场施工。为了推动县里特色产业的发展，金山、宁洱两地积极探索加强高附加值水果的种植。10 月初，宁洱县磨黑镇 300 亩奇异莓的种植项目正式签约落地。11 月下旬，金山区委书记胡卫国等领导到宁洱县交流考察，实地查看了金山宁洱产业园区的建设情况，对园区的建设表示肯定，并且要求园区高标准建设、高质量招商，加强与上海相关企业的合作，打造产业优势，在全国范围内打造有特色的品牌优势，打开中国甚至是世界的市场，把金山宁洱产业园区建成普洱地区乃至云南地区沪滇合作的典范、脱贫攻坚的示范。

发挥特色优势、调动相关资源对宁洱县脱贫致富相当重要。援滇干部要做的就是在原有的基础上帮助宁洱地区特色产业提升价值链、打通运输链、整合产业链。由于独特的气候优势，宁洱县物产丰富，有很多有潜力的特色产业。但由于本地经济不发达，内部市场比较狭窄，而且受限于落后的交通方式，当地产品以普通的货运车辆作为主要的运输工具，所以通往外部市场的渠道不通畅，特色产业的优势难以得到发挥。农业、畜牧业以及相关生产企业难以向规模化、专业化的方向发展，所以生产的产品以初级成果为主，附加值和经济效益很低。通过一段时间的观察和探索，我发现要想推动当地的特色转化为经济优势，必须要出台强有力的政策支持，需要政府的扶助和引导。在各方的努力下，同时结合国家关于加快农村电商发展的政策导向，我们推动县里的电商平台规模化、精细化发展，先后在京东、天猫、拼多多等电商平台开设了宁洱县农特产品扶贫馆，加快了县里的农特产品走向全国。进一步扶持县里的企业参加上海市的对口帮扶"百县百品"评选，其中磨黑镇的腻瓦香肠成功入选。香肠一经销售，货架瞬间清空，顾客们好评如潮。除了举办评选活动，我们还安排了带贫机制明显的企业参加上海市及金山区的"10·17"国际扶贫日展销活动。在展销活动上，企业抓住机遇，把本来自产自销的产品从云南带到上海，有具有当地风味的特色食品，像腊肉、腊肠等，还有融合普洱文化的手工艺制品，比如香包、竹制品等。这些来自贫困区的企业在展销会上找到数家合作伙伴，为自家的产品寻得合适的销路，同时取得了理想的社会效益和经济效益。

要进一步发展当地的优质特色产业，就必须要让当地的产品走向大市场、走向一线大城市。通过多方努力，在沪滇两地的积极沟通下，2019 年 10 月我们首次成功邀请阿里巴巴旗下的盒马鲜生大型商超来县里考察。盒马鲜生负责人对宁洱县绿色无污染的农作物生长环境表示充分认可，当场与县里的农业龙头企业富德核桃签约，把该企业的系列坚果产品上架盒马鲜生西南地区的所有门店，以支持和鼓励富德核桃企业带领当地 1 万多户农民通过种植核桃等坚果实现脱贫增收。双方的合作既为宁洱县的产品进入全国性大型商超开创了记录，更为 1 万多家农户提供了就业渠道、增加了收入来源。此次与盒马鲜生的合作为其他产品走进大超市、走向大市场树立了典范和榜样。

当地的贫困人口基数依然较大，致贫的因素也比较复杂，当地政府的力量是有限的。根据中央的安排，云南地区的脱贫，要积极发挥沪滇两地的联动作用。因此，在脱贫攻坚过程中，金山人民时时刻刻传递着对云南贫困地区的关爱和帮助。2019 年 9 月到 12 月，金山区各个镇"一对一"帮扶宁洱县所有乡镇，并开展了"携手奔小康"帮扶行动。金山工业区不仅援助资金给结对的黎明乡，还赠送了各项物资，帮助当地小学配齐教学物资，为当地的孩子提供良好的学习环境。党工委书记高峰更是亲力亲为，驱车 4 个小时，为黎明乡党政班子及各个部门负责同志上了一堂生动的党课。他把发达地区先进的理念、观点、经验，传递到了祖国的西南边陲地区，镇里同志们听完高峰同志的专题党课后，纷纷表示深受启发和感动，进一步拓展了加快地区经济社会发展的思路，坚定了打好脱贫攻坚战的信心和决心。2019 年秋季开学前夕，金山爱心人士扶助的宁洱县贫困学生规模不断扩大，这些孩子大多都是留守儿童，家境贫寒，有了外界的资助，他们才得以上学。孩子们陆续得到从上海市寄过来的课本、铅笔和书包等学习用品，一个个爱不释手。2019 年 11 月，在各方的动员下，还举行了金山爱心企业捐赠宁洱县普洱中学 200 万元仪式，极大地改善了当地的办学条件。2020 年元旦期间，从上海募集的棉服、棉被等御寒的物件从金山区顺利抵达宁洱县并及时分发给贫困群众。"一切为了群众，一切依靠群众"，群众的力量是强大的，人与人之间的爱是可以跨越山海、温暖寒冬的。

"新冠"疫情暴发以后，正值回上海休假期间，在接到县里的求援电话后，我一方面向区里领导和相关部门汇报，另一方面通过各种渠道积极募集各类抗

◀ 2019 年 9 月 30 日，参加庆祝中华人民共和国成立 70 周年走访慰问优秀党员活动

疫物资，在金山区委、区政府以及金山区爱心企业和各界人士的帮助下，在较短的时间里迅速募集到口罩 2.8 万个、手套 2000 个、防护服 1000 套、消毒剂 210 公斤，助力宁洱县的疫情防控工作，及时解决了当地防疫物资短缺的问题。

不忘初心全情付出　敦促自己砥砺前行

时光如白驹过隙，在云南的 8 个月转瞬即逝。过去的时光里，我忙碌着，成长着，并且收获着……展望余下的援滇时光，我仍会坚守自己的初心，为沪滇东西部扶贫协作、为县里的发展贡献自己的力量。对于宁洱县来说，2020年是脱贫攻坚的决战决胜之年，对标的各项工作任务更加繁重。对我来说，2020 年也是三年挂职承前启后的一年，是帮扶的重点由扶贫转移到扶智和扶志的关键之年。一日之计在于晨，一年之计在于春。在 2020 年开春之际，谋划好这一年的工作，把握好承前启后的一年对三年挂职工作征程来说尤为重要，这关系到宁洱县以后的发展，关系到这片热土的未来，关系到生活在这片土地上淳朴的人民。我只有努力奉献了，真正为宁洱县做出看得见的成就了，在惜别这片热土时我才能发自内心地骄傲、自豪，才能对得起这三年来的自己

◀2020 年 4 月 16 日，调研东西部扶贫协作敬老院改扩建项目

和坚守的家人，才能无悔地度过余生。不论是平凡人还是身为领导，都要坚守自己的初心、真心和善心。

我不会忘却来到这片土地的初心。来到这里的初衷本就是燃烧自我，奉献人民。我会带着党和国家对贫困地区的关心，带着上海人民对云南人民的爱心，带着金山人民对宁洱干部群众的热心，服务好这里的每一位群众，带领他们闯出新天地，认真地落实振兴乡村的政策，打赢这场脱贫攻坚持久战。

我不会忘却来到这片土地的真心。还记得刚到宁洱县时，人生地不熟的我受到当地干部群众的热情招待。他们善良、淳朴，勤劳地在宁洱县的土地上耕耘，用汗水播种下希望的种子。他们真诚地善待我这位全新的宁洱人，面对这么一群纯洁善良的人民，我没有理由不付出自己的真心，没有理由安于现状。我会竭尽所能地奉献自己的智慧和力量，用踏踏实实的努力和看得见的行动，为全县的人民谋幸福，为全县的孩子们谋未来，为全县的经济谋发展。

我不会忘却来到这片土地的善心。"一日宁洱人，一世宁洱情。"虽然帮扶文件上有对援滇工作的规定、措施，也有界限，但是只要在宁洱县一日，我便是一个真正的宁洱人，我就应该站在当地群众的立场上，做出真正对他们有益的贡献。我始终坚守"勿以善小而不为"的信念，为群众的努力应该从细微处入手、在细节中体现，做到每一个细节都能与人民群众的生活挂钩。从化解眼前的困难曲折到思考长远的内生动力，从督促产业园的兴建到筹划特色产业的扶植，从希望小学到群众活动，从文具到棉服，汇集了多少人的心血和期望。我唯一的心愿就是帮扶到更多贫困的群体，授人之所学，希望我的这颗"善心"能够改善更多人、更多家庭的生活环境，实现更多孩子的梦想。

"春蚕到死丝方尽，蜡炬成灰泪始干。"最后，我要感谢坚守在宁洱县的自己：你一直在砥砺前进，没有半途而废，尽力善待每一位宁洱县的人民，无私地奉献着。希望你在未来的时光更加努力地燃烧自己，宁洱县需要你，这里的人民需要你，脱贫攻坚战需要你，沪滇合作更需要你——援滇干部！

在山野情怀中燃烧着的岁月

宋杰，1976年10月生，现任金山工业区党工委委员、管委会委员。2017年9月至今，担任中共云南省普洱市景东县委常委、副县长（由第十批援滇干部转为第十一批援滇干部留任）。

口述：宋　杰
访谈：周兰珏
整理：周兰珏
时间：2020 年 3 月 20 日

　　1996 年，金山积极响应国家号召，贯彻落实国家扶贫开发战略，开始了沪滇帮扶协作，对口支援云南省普洱市。我的父亲就是第一批参与援滇的志愿干部中的一员，常年奔走在沪滇两地之间。妻子也于 2016 年以上海医疗专家志愿者的身份到普洱进行了为期半年的智力帮扶。常被灌耳音，对云南、对普洱，我早已有了一种莫名的情怀，对云雾缭绕的神秘高山仿佛有种失落已久的亲切。也是热血干部的本心，也是不甘落后的倔强，曾想有机会的话我定要援滇，为西部地区贡献自己的一份绵薄之力，践行一名党员报国的热忱。终于，2017 年 9 月，听闻金山区将挑选 3 名干部援滇，我主动请缨。经过层层考核，可能也是组织上考虑到我的岗位优势和受援地需求比较吻合，最终从 20 余名志愿报名干部中选中我成为金山区第十批援滇干部中的一员。父亲和妻子都给予我很大的鼓励，以各自的经验叮嘱我。家庭的支持让我没有什么后顾之忧，只是我可能来不及回到上海陪伴正在念初二的女儿参加中考。她平时和我最亲近，现在一改常态爱答不理，却也并不吵闹，她是怕我放心不下。赴滇出门时女儿什么也没说，自顾回到房间里，也许这是我们最好的告别方式。

　　了愿的机会来了，激动之余也有些忐忑。因为我们这一批援滇同志将下沉到县级层面，之前的援滇干部都到市级履职，听说市县差别大，县里山路更难走。没离开过平原地区，即将面对的陌生的生活环境对我来说也会成为一种挑战。

景东历史文化悠久，汉朝时就属中央政府管辖，唐南诏时设银生节度，是南诏疆域最广阔的节度，被誉为"银生古城"。景东位于滇西南中部，普洱市最北端，与楚雄、大理、临沧 3 个州市的 8 个县区相连。辖 10 镇 3 乡，166 个村民委员会、4 个社区、2363 个村民小组，总人口 36.74 万人（最近一次统计为 37.02 万人）。全县总面积 4532 平方公里，其中山区面积占 95.5%，坝区占 4.5%。境内居住着彝、汉、回、傣、布朗等 26 个民族，少数民族占总人口的 50.8%，其中彝族人口占总人口的 42.9%，是云南省 6 个单一彝族自治县之一，也是全国 8 个单一彝族自治县中彝族人口最多的县。境内有无量山和哀牢山两个国家级自然保护区，是全国为数不多的同时拥有两个国家级自然保护区的县区之一。全县有 58 个村在高寒山区，半山区有 80 个村，坝区（平地）仅有 28 个村，是国家扶贫开发工作重点县之一。2013 年末有建档立卡贫困村 36 个，建档立卡贫困人口 17078 户，55914 人。2017 年末，全县仍有 98 个建档立卡贫困村、30359 人未脱贫出列，贫困发生率为 10.51%。

山路何止十八弯

2750 公里，飞机辗转，又经过 7 个多小时山路的蜿蜒颠簸，悬崖峭壁间的疾驰让我一度不敢睁开眼睛，进入了景东这座小山城，终于松了一口气。一下车，颤抖的心尚未平复，就又升起疑惑：对于一个县来说景东的城市建设并不差，怎么资料显示这里的贫困程度这么深呢？直到后来开展下乡调研，我才发现这里比我阅读资料时想象的更加贫困。

为了尽快熟悉景东情况，摸清景东家底，了解景东急需什么，金山能做什么，我怎么样才能够发挥桥梁作用，搭建金景协作平台，我在不到两个月的时间里，跑遍了景东的 13 个乡（镇）和多个自然村。对于习惯了平原地区的我来说，下乡坐车也是一项挑战。景东以山区为主，乡镇分布广阔，山路何止十八弯，简直全是弯，甚至有的弯道车辆直接转弯是转不过的，进入弯道需要倒一次车才能通过。从县城到最远的一个镇，路面崎岖不平，而且时常大雾弥漫，即使不到 100 公里，也需要 5 个多小时的车程，在此之前这对我来说是无法想象的。这也让我理解了全县资源集中于县城发展的原因。到乡镇尚且不易，到村、组更加困难，有的入户路面在雨天即便单人驾驶摩托车也要小心翼翼。透过车窗看着村民挥着锄头在笔直的山坡上，顶着高原的紫外线耕作，却只有微薄的收入，想尽一切办法、用尽全力为景东脱贫攻坚贡献自己一份力量的决心更加坚定，更加迫切，我也倍感压力！两年，我能做什么？我能做多少？！

　　这是金山首次外派干部到景东，帮扶工作没有规范、有效的机制，之前的帮扶工作比较单一，主要是实施批复的帮扶项目，没有更多的帮扶措施。我就像来到了一块新大陆，一切都要从头开始。在工作开展中发现、解决问题，我摸索着建章立制，牵头组建景东县沪滇扶贫协作领导小组，指导出台《景东彝族自治县关于鼓励外来投资若干政策》，并协调成立景东彝族自治县对外企业交流服务中心。

　　经过一段时间的走访调研，我发现阻碍西部贫困山区经济发展的因素在景东有集中体现：一是交通严重不便致使扶贫供求差等问题更加凸显，人口居住分散导致扶贫供需因空间过度分散而被割裂，难以形成有效对接，信息严

◀ 2018 年，引进上海香菇种植企业。2019 年 10 月，香菇大丰收

重闭塞、物资交换困难等因素又反作用于经济文化的发展；二是产业以种植业为主，规模养殖发展不足，土地贫瘠且零星破碎，不宜农耕，耕地又多以陡坡为主，质量不高，干旱、泥石流、山体滑坡等自然灾害频发，农业现代化程度低，农业生产成本高，生产资料向产品转化率低；三是产业培育发展不健全，产业关联度低，无明显支柱产业，工业增值长期疲软，规模以上企业多处于停产或半停产状态，信息技术落后，难以以市场为导向，市场风险抵御能力低下，缺少品牌化，小微企业发展动力不足，维持困难；四是山区生活环境差，居民长期与外界缺少交流，思想守旧，观念落后，盲目跟风，见他人得益则纷纷效仿，产业单一，产品同质化严重，虽有大量优质初级农产品，但缺乏精深加工能力。

在对景东有了较为细实的分析之后，我开始规划帮扶工作思路：一是要硬件和软件相结合，既要有保障性的措施稳定根本，开发性的举措激发"造血功能"，实现良性裂变，又要有文教卫的拓展，以转变观念实现高质量发展；二是长期和短期相结合，既要有长远的发展规划又要着力解决眼前迫切的现实问题，并且在处理眼前问题的同时做好长期考虑以免留下可预见性隐患。毕竟很多同样的路较发达地区也走过，有很多历史经验可以借鉴。秉持着东部的思维，以东部的发展史来对待景东的脱贫攻坚，是我所践行的思路。但因为沪滇两地的工作习惯、处事思维的差异，在开始学习、磨合的时候也时常会出现不协调的地方。

在云南各地州中午一般是有 3 个小时休息时间的，很多人都有睡午觉的习惯，我对此还没有完全适应且着急工作，时常中午想到问题了就立刻拿起电话打过去，听到对方语音低沉，我才反应过来，不好意思地一阵道歉。云南少数民族地区基本上家家户户都有自烤酒（自家用粮食酿造的蒸馏酒）。无论早晚，到了农户家里，泡杯茶、倒杯酒是最基本的待客礼仪。开始聊天之前一定要客气地给客人倒上一杯，即便推辞几个来回，主人家也都要先忙活着去洗杯子，再拒绝就有些不近人情了。这对于不会喝酒的我来说在喝与不喝之间又多了一重考量，最终也只能边解释工作纪律并且说自己也不会喝酒，边接过来抿一下嘴唇。这样表示一下后，对方也会感到很开心，觉得给到了面子，认为这是

"自己人"，可以谈。

淳朴的民风也是性情之所在，好谈的事要喝一点助兴，不好谈的事更要喝一点破冰，所以一般村支书、主任都是好酒量。越难开展的村民工作越要慢慢坐下来喝几杯，酒一倒一喝，毋庸多言，气氛就已经缓和。酒是重要的业余生活的媒介，每日凌晨依旧热闹的烧烤摊也让我理解了午休的必要性。后来在劳动力转移就业的工作中，我发现有酒精依赖性患者，才了解到很多人喝酒不知节制，特别是单身贫困人群。这是脱贫攻坚工作的一个难点，也引起了我对景东医疗事业的关注。

医院和学校

我多次到县里公立医院、乡镇医院、村卫生室走访，倾听院方的诉求，了解到县里总体诊疗技能不高、医疗设施设备缺乏，有的电子仪器虽然配备，但医务人员不会熟练使用，导致资源的闲置；乡镇卫生院连不间断电源设备都没有，又经常停电，需要冷藏的药品难以保障使用；很多村卫生室房屋简陋甚至漏雨，让我阵阵揪心。从此下乡走访，村卫生室成了我必到的点之一。晚上空暇时，在和家人的视频电话中，我向身为医生的妻子寻求帮助。在妻子的鼎力支持和沟通协调下，争取到了金山区中西医结合医院等几家医疗机构和景东主要医疗机构结对共建，探索长期双向带教，搭建起了金山和景东医疗帮扶的桥梁。后来又在县中医院授牌设点，成立上海专家门诊，聘请医疗专家长期坐诊。

改变往往是受到现实的刺激，以思想重心的转变影响行为的改变。女儿的成绩总在下滑，在一段时间里成了我的心病，对孩子成长陪伴的缺失使我自责，可是职责所在，无暇他顾。一次回沪开会，和女儿匆匆见了一面，女儿不再掩饰，"景东多了一位好干部，我失去了一个好爸爸"。我知道这是女儿不舍的撒娇，却比嘶吼的喊话更让我的心沉甸甸。或许是"补偿心理"又或许是"视网膜效应"，刚好前一阶段帮扶项目告一段落，我对景东的教育有了更多的关注。扶贫扶智，教育为先。阻绝"贫二代穷三代"，孩子的教育是关键，学校也列入了我下乡时一个必到的点位。

有一天正午，我准备离开县一中时，偶然看到一排排女生蹲在宿舍楼前的院子里对着自来水龙头洗头，空地上有几个已经洗完头发的女孩子在对着太阳甩头发，颇有些佤族风情。一问才知，这已是常态，无论秋冬。学校里的浴室还在用着老式锅炉，远远满足不了需求。还有一些从大山里拼命学习考到县一中的学生，因为家庭困难，舍不得几块钱的公共洗浴浴资。这让我感到一阵心酸。女孩子不注意的话比较容易落下病根，有的孩子是知道的，却还是这么做。如果是我女儿这样子，我一定会训斥她不懂事。一位工作人员还告诉我十余年前他在这里上学时的一些情况，那时候就已经是这个样子。只是那时有的女同学懂，有的不懂。

我和有关干部、相关部门沟通，也时常会跟上海的老朋友讲起我在县一中看到的这道"亮丽风景线"，并以此来"化缘"。县里如此，乡村学校又会是一幅怎样的景象？我计划了一下行程，又驰往了乡村道路。

"上海大白兔又来了！"一个稚嫩的声音从身后传来。我一回头，那孩子就羞怯地跑开，躲到土墙后又探出头露着稀疏的牙齿止不住地笑着。我不记得她，看样子她是记得我了。我掏出随身携带的大白兔奶糖——这是我走村入户的必带装备，也是一次偶然，我发现不少农户家中没有太多给孩子的零食。村里的孩子与生人接触较少，很多孩子见到生人就躲到大人身后不敢说话，这时候糖果就成了我和孩子破冰的"秘密武器"。听到孩子说话，大人从家里出来，热情地邀请我们进家里坐坐。"还有工作"，我们也就笑着推辞掉。很多村民，根本没见过面，只是照面走来时向他问个路，他也会邀请你到家里坐。这是景东的民风，也是时常令我感动的一幕。

在走访中，有的农户家里没有太阳能热水器，孩子不论在学校还是周末回到家都无法及时洗个热水澡。有的孩子因家庭变故不得已辍学，本已能看到光明的未来，却又要再走回大山。有的家庭屋里灯光也是昏暗的。让我印象最深的是漫湾镇乖巧懂事的姐妹俩，虽然都还上小学，堂屋外的奖状已贴了小半面墙，但两个孩子都已经戴上了眼镜，这些奖状是用孩子的视力和努力换取的。为了走出大山，这样努力的孩子不在少数。欣慰的同时也让我担忧：没有基本的硬件保障，用健康换来的成绩还是那么重要吗？难道一定要经历更多风雨才能彰显成功的伟大？阻碍大山深处优秀贫寒学子健康成长的也许只是一盏台灯，在城市里这是想象不到的。

最终，在县里的协调、争取下，学校的基本设施不断完善，村里的小学按人数和用量水来算，平均每人每星期是能够在学校里洗上两次热水澡的。上海市青少年发展基金会、精灵家园、萤火虫公益助学团等在沪的众多公益团体、社会组织、爱心人士也通过捐资捐物、结对助学等方式加入到帮助景东学子的行列中，同时定期联系，给孩子一些心理疏导和生活指导。

在融入中学习文化，在磨合中发现问题，在解决中又了解"亟须"。如歌所唱"越过高峰另一峰却又见"，我在发现问题、解决问题这样循环往复的忧喜中实现自我价值，得到自我慰藉，也成了孤身在外的自娱自乐。

风雨兼程

扶贫的根本是发展，树木的参天蔽日是因为不断吸收养分、自我茁壮，而不是靠尘土的堆积而垒高根部。景东脱贫的硬件问题，一个是基础设施落后，一个是工业羸弱，产业带动不足。在帮扶项目侧重于实施基础设施建设、扶植龙头企业后，我来景东也已半年有余，对景东有了更全面的了解，对工作也有了更深的感悟。针对景东工业产业滞后的现状，我利用在金山工业区管理企业

◀ 协调落实 2019 年 12 月引进上海企业土地选址

的岗位优势以及积攒的企业资源，开始努力不断邀请企业到景东实地考察。有了企业的支撑，税收、就业、城乡建设等问题都能从一定程度上得到缓解。我以为，只要引进资金、技术，结合景东资源禀赋，发展景东第二产业带动本地经济，扶持特色农产业拓展深加工，就能一定程度上解决景东问题。后来发现是我想得太简单了。一年间，经过各方寻觅不断协调，我先后争取到近10批50余人次工商联、青创联等企业代表到景东实地考察核桃等支柱产业加工销售，但都无果。

出于地处三州市交界、与上级行政单位相距较远等地理历史原因，景东长期相对较为封闭，虽不满足于基本生活自给自足的境况，但自身又难以发展，长期缺乏竞争进步的刺激，合作意识也不那么强烈。景东的市场观念落后，遇到机会想要一口吃下，有资本的居奇以待。加之交通运输成本高、招商引资制度不健全、工业生产条件差等原因，来访的工业企业难以落地。不少企业家都认可景东优良的自然资源禀赋，但努力争取了那么多资源又都无果，我有深深的挫败感，这种感觉又促使我继续想办法。援滇是我努力争取的，还没有想尽办法用尽全力，如果辜负组织交托的使命，会让我留有遗憾。我放弃了对家人的陪伴，放下了对家庭的责任，我不能一事无成。既然选择了，便只顾风雨兼程。毕竟目标是明确的：只有产业支撑让群众增产创收充实了"钱袋子"，才能保证脱贫质量、稳固脱贫成效。脱贫攻坚不能只是不断投入资金，打造当地的"造血工厂"、实现良性循环才是真正的脱贫发展。在短暂的调整之后，我静心反思。景东虽然自然条件恶劣，交通基础设施差，但自然资源得到了良好保护，只要使用得当，劣势也可以转变为优势。一味地引进企业资源，契合度不高，龙头企业带动力不足，如果化整为零，针对最末端进行建设，能够降低风险，鸡蛋多放几个篮子，或许更加可行。

在之后的下乡调研、走村入户过程中，我更加事事留心、事事关心。我发现景东的农户家中除了种植核桃、玉米等农作物以外，几乎家家户户都有茶树，而且或多或少都有百年古树零星散落，不少村集体有成片的茶园处于半荒状态，这些都是不洒农药化肥的。普洱地区以茶产业闻名，多县都有名山名茶，景东的气候等自然条件与周边县相差不大，茶叶种植面积广，茶产资源丰

▶ 2019 年冬，帮助茶
农打理茶园

富，为什么市场上却几乎没有听到过"景东茶"？

我开始查阅资料并向有关单位部门咨询。唐朝时期，樊绰受命调查云南情况，写下《蛮书》，记载"茶出银生，城界诸山"，可见在唐南诏国时期景东茶产业曾盛极一时。我从景东农科局、茶特局等有关单位了解到，景东统计在册的茶地有 23.6 万亩。景东茶价低迷，茶叶采摘人工成本高，茶叶炒制加工技术差，加工设施设备缺乏，导致市场产品质量参差不齐，售价低廉利润率低，因此很多茶园都无人管理甚至无人采摘，自然荒废。那么，给懂技术、有销渠又缺资金的制茶人有偿提供基础的炒制设备，先把各乡镇茶地盘活，增加村落收入，季节性缓解乡村就业、增加村民收入，再请龙头企业给致富带头人提供技术、管理、经营经验，携手合作形成供应链，不是更好？

我开始和县领导汇报工作思路，得到认可后又把各乡镇跑了个遍，发现乡镇意愿反响强烈，有的乡镇干部都不用多想就兴奋地拉着我到合适建设的项目点实地察看，如数家珍一样给我介绍。我松了口气，我知道，这次能成。

高原的紫外线让我的皮肤变得黝黑。有一次回上海，吃饭时拿着手机处理工作事务，吃完饭开口说话，一位同桌人讶异地盯着我："你是上海人？"

对，我是上海人，我也是景东人，景东是我的第二故乡。

历史的接力棒：只有思想脱贫才能真正脱贫

张迪，1981 年 11 月生，现任上海市金山区文化和旅游局副局长。2019 年 7 月至今，担任中共云南省普洱市镇沅彝族哈尼族拉祜族自治县委常委、副县长。

口述：张　迪
采访：吴丁琳
整理：吴丁琳
时间：2020 年 3 月 20 日

2015 年 11 月，中央召开扶贫开发工作会议，明确到 2020 年中国现行标准下农村贫困人口实现脱贫，贫困县全部摘帽，解决区域性整体贫困。按照中央精准扶贫、精准脱贫基本方略和习近平总书记在东西部扶贫协作座谈会重要讲话精神，沪滇扶贫协作核心任务确定为助力打好脱贫攻坚战，重心下沉到贫困县、聚焦贫困村、绑定贫困户。2019 年 7 月，承蒙组织信任，作为上海市第十一批援滇干部，我从杭州湾畔的上海金山，跨越 2700 公里来到彩云之南，赴普洱市镇沅彝族哈尼族拉祜族自治县，担任县委常委、副县长。

临行前，市委组织部和市政府合作交流办在市委党校组织了培训班，内容很多，要求也很高，我心中既有对未来的兴奋和憧憬，也感到身上肩负的责任和压力。我向区里上一批的几位援滇干部讨教经验，他们是第一批沉到县里的，也是迈入精准扶贫阶段承上启下的一批挂职干部。通过交流，我有了不少感性认知，但他们对许多事物的判断又不尽相同，这让我明白，没有一条现成的路可走，事在人为，思路决定出路。我的前任是奚朝阳同志，一开始估计有近一周的交接时间，事实是 7 月 15 日上午从市委党校启程出发，下午飞抵昆明，16 日上午飞抵普洱，17 日驱车 4 个半小时山路终于抵达镇沅县，每到一地都有欢迎仪式和座谈会，仪式感很强，由于奚朝阳同志 18 日一早就要返程，所以我们俩在 17 日下午进行了两个小时的现场工作交接。就这样，我开始了三年的援滇挂职生涯。

历史的人做历史的事，找准自己的定位

金山区与普洱市的友好往来已有 30 多年历史，早在 1986 年，原金山县就与普洱县（现宁洱县）结为友好县，在农业、畜牧业等方面开展合作与交流。1996 年，配合国家"八七扶贫攻坚计划"的实施，中央确定上海和云南正式建立结对帮扶关系，金山区根据中央安排，对口帮扶宁洱县、江城县；2016 年底，金山区帮扶县调整为宁洱县、墨江县、景东县和镇沅县，帮扶内容调整为东西部扶贫协作。30 多年来，金山区从人力、物力、财力、智力等各方面给予了普洱市大力帮扶，有力促进了普洱市经济社会发展，加快了少数民族贫困地区群众脱贫致富进程。

镇沅彝族哈尼族拉祜族自治县位于云南省西南部、普洱市中北部，地处"两山一江"（哀牢山、无量山与澜沧江）之间。全县总人口 21 万，少数民族占总人口的 57%。国土面积 4223 平方公里，山区面积占 97.7%。2001 年认定为国家级扶贫开发重点县，历经多年披荆斩棘，2019 年 4 月，镇沅县实现脱贫摘帽。

东西部扶贫协作主要是围绕"两不愁三保障"目标，重点聚焦"6+1"，即组织领导、人才支援、资金支持、产业合作、劳务协作、携手奔小康，外加创新工作，这些都有文件要求、工作任务和考核指标，也是我们的主责主业。按部就班做好规定动作没问题，但要真正形成自己的工作思路，必须要有自己的理念和判断。初到镇沅，我深入基层，虚心求教，抓紧熟悉政情社情民情贫情，尊重规律，积累经验。在这个过程中，有四件事情给我留下了深刻印象。

第一件事是关于"做什么"。在基层考察产业发展，可以明显感觉到热点的调换变化。2017 年投资了很多蔬菜种植类项目，譬如荷兰豆、水晶豌豆、魔芋等，后期由于外运成本的制约，产业并没有做大。到了 2018 年，生猪养殖成为热点，但下半年受到非洲猪瘟影响，存栏规模迅速萎缩。从 2018 年

◀ 在九甲镇和平村查
看林下中药材种植

底开始，林下中药材种植受到热捧，但生长周期较长，市场前景不明朗，到
2019 年下半年热度明显减退。借助云南绝佳的光热资源，2019 年光伏发电大
量布点，到年底由于国家补贴取消，加上云南本身并不缺电，项目纷纷调整。
进入 2020 年，由于猪肉价格高企，生猪养殖、肉牛养殖重新获得青睐，同时
由于瓢鸡入沪的示范效应，瓢鸡养殖项目也明显增加，各地的屠宰加工厂也纷
纷兴起。分析个中规律，可以发现其实并无规律可言，产业发展过于追随热
点，抛开制定计划、项目实施、成果产出中间的时滞效应，对市场前景、消费
容量、运输成本、产品竞争、可持续性等问题缺乏科学深入的通盘考虑。此
外，产业投资较多关注前端，产业链的概念不强，深加工、包装、流通运输、
市场开拓等领域缺乏投入。

第二件事是关于"谁来做"。近年来随着普洱茶价格的重新抬头，各乡镇
纷纷建立茶叶初制所，用于整合原料资源，对外销售毛茶。在下乡走访合作社
时，我观察到两个现象：从产业前端来说，茶山茶树资源集中度较高，带贫机
制主要是每年向村集体的利益返还和一些劳务用工，建档立卡户直接参与不
多。同时普洱茶讲究越陈越香、越陈越贵，从最初鲜叶收购到最后消费者的手
中，中间环节较多，贫困户利益联结淡化。从产业后端来说，产业整合度低，

◀ 在和平镇麻阳村与
干部群众座谈交流

散布于各座茶山的合作社，几乎都有自己的茶叶品牌，自成一派。众多合作社在直接面对市场时，小散乱的弊端暴露无遗，渠道狭窄、销售不畅成为普遍问题。从茶叶初制所引申开来，有两个问题值得借鉴。一是经营主体的选择，一定要积极培育龙头企业。只有龙头企业才能解决产品标准化、物流运输、品牌打造、市场开拓等一系列问题，而这些问题对地处崇山峻岭的滇西南来说至关重要。二是脱贫攻坚的主要对象是建档立卡户，所以扶贫援建还是要尽可能选择利益联结机制多样化、关系直接且紧密的项目，广大贫困户的充分参与是评价帮扶项目质量高低的重要标准。

第三件事是关于"怎么做"。近年来，滇西南开始种植沃柑，得益于土壤、水分和气候，产品有一定优势和特色。3月，镇沅沃柑成熟，我们组织了一次消费扶贫。首先，委托县供销社和一家农特龙头企业作为经销商，同时找到县里几家比较大的沃柑合作社，谈产量、谈合作，核算各种田头成本、人工成本、礼盒包装成本、运输成本，加上适当利润，最后定价每箱60元，5公斤。其次，加强与宝武集团、金山有关企业联系，争取了一批订单，并约定首批4000箱以专车形式发往上海。然而，这次消费扶贫最终只做到了勉强保本。我们复盘整个过程，发现了三个问题：一是专车运输临时改成了某快递公司运输，直接导致在昆明中转换车多耽搁一天，可销售期相应变短，同时装卸作业也造成了不必要的损耗；二是包装经验不足，礼盒纸箱外只加套了快递包装袋，外面没有装箱子，导致压坏比例较高，后期补货和售后服务直接抬高了成本；三是镇沅沃柑成长期没有套袋，尽管汁多香甜，但果皮厚，品相一般，同时没有分拣，大小不一，价格上也没有，竞争力，加上西南地区大量出产，竞争激烈，所以大电商大平台对镇沅沃柑兴趣不高，线上销售规模不大。

第四件事是关于"不能为了做而做"。在下乡考察农村建设时，有两个项目引起了我的思考和比较：第一个是位于勐大镇白水村的串户路硬化，白水村是深度贫困村，道路等基础条件较差。金山投入帮扶资金135万，为5个小组135户硬化串户路。项目确实改善了每户人家门前的道路环境，但工程量分散难以呈现整体效果，不免有"撒芝麻"的感觉，百姓知晓度也不高。第二个是位于者东镇东洒村的大祠田人畜分离，大祠田组有农户156户，是20世纪90年代早期的易地扶贫搬迁集中安置点，建设标准低，环境卫生堪忧。金山投入帮扶资金160万，通过择地新建统一猪圈，实现人畜分离，同时巧妙依据地势改造组内排污沟。项目让大祠田人居面貌焕然一新，百姓认可度较高。这两个项目投资力度相近，却代表了两种不同思路，前者是补短板的思路，后者是出亮点的思路，项目本身很难比较孰优孰劣，但上海帮扶资金显然更应该侧重后者，只有提升显示度和示范性，才能显出东西部扶贫协作的真正价值，如果过多地投入到补短板上，则上海帮扶资金难免沦为一般的财政转移支付，这显然是有失偏颇的。

上述四件事情，看似风马牛不相及，却暗含了一个内在逻辑，即在全面实施精准扶贫、精准脱贫的今天，只有大力倡导尊重市场经济规律的办事准则，提升帮扶工作的影响力和引领性，才能真正体现东西部扶贫协作的历史价值。当前，镇沅正处于脱贫攻坚向乡村振兴的过渡阶段，在中央资金和政策的大力加持下，各种贫穷落后面貌正在迅速改善，在这个千载难逢的机遇期、窗口期，如何真正实现传统贫困地区的"惊人一跃"，关键还在于人的思想脱贫！思想脱贫相比物质脱贫，难上何止千倍，这是一个无比艰巨又不可规避的历史命题。想通了这点，我也明晰了自己挂职的职责使命，那就是要"见事见思想"，努力通过自己的各项帮扶工作，为镇沅这块土地及生活在这块土地上的人，带去一些思想和观念上的改变。

物质扶贫撬动思想脱贫，"一只鸡"引发的思想激荡

消费扶贫是东西部扶贫协作的重要组成部分，对援滇而言也就是"云品入沪"。消费扶贫的特点是工作链条长、流通环节广、利益主体多，如果真正能够把一个产品从田头到餐桌的消费扶贫做好做实，既能给当地贫困户和经营者带去经济实惠，更重要的是能在这一过程中让当地所有参与其中的人有所感悟、有所触动、有所改变，也就是通过工作本身的示范效应，让当地更新观念、解放思想。在这样的指导思想下，在市、县两级领导的共同关心支持下，我和宝武集团挂职镇沅副县长的洪德华同志一起，共同组织实施了"瓢鸡入沪"消费扶贫。经过半年的不懈努力，"瓢鸡入沪"不仅让濒临没落的瓢鸡产业重焕光彩，让鸡农喜笑颜开，不曾想，更是给全县上下带去了一次思想激荡。镇沅"瓢鸡入沪"的故事，要分三个问题来讲。

第一个问题：为什么选择瓢鸡？初到云南，会发现这里许多物产都很有特色，各种食用菌、豪猪、竹鼠，都不错。但作为产销对接，我们认为如果想要持续去做，就必须在认为好的产品里精挑细选。标准是什么？第一是有可能做大。如果只是一两个人或者合作社在经营，即使有一定规模，也难以发展成产业，因为没有民间基础，最后只能是为少数人服务。第二是带贫机制好。有时千方百计把东西从云南卖到了上海，但较少考虑这跟当地的贫困户到底有多少关系，我们的工作是扶贫，这就要求产品背后要有利益联结机制！考虑到茅台酒背后也有种高粱农民的身影，所以我们更强调的是直接、有力、广泛的利益联结机制！

基于这两点考虑，我们将目光投向了瓢鸡。瓢鸡是云南六大名鸡之一，它没有尾巴，像葫芦瓢，所以被形象地称为瓢鸡。准确地说，瓢鸡少了4样东西：尾椎骨、尾棕骨、尾脂腺、主尾羽。2014年瓢鸡被列入国家级畜禽遗传资源品种保护名录。瓢鸡肉质细嫩，远超一般土鸡，可与山鸡媲美，高粗蛋白、高胰岛素、低脂肪含量，炖煮出的鸡汤呈乳白色，特别浓郁。最主要的是

瓢鸡是镇沅独有、世界唯一，在全县大部分乡镇都有养殖基础，而且是家家户户自己养，几乎没有大型合作社。近年来，受到物流、销路等制约，规模、存栏量一直不断萎缩。工作启动后，普洱市领导高度关心，县主要领导也大力支持，县里专门成立了由农科局、工信局、供销社、扶贫办等组成的工作专班，全程参与、合力推进"瓢鸡入沪"。

第二个问题：瓢鸡如何"飞"出大山？许多到过镇沅的朋友都尝过瓢鸡的鲜美，但毕竟外界不了解，养在深闺人未识。究其原因，我们发现瓢鸡产业链在众多环节都存在短板，要让瓢鸡顺利"飞"出大山，必须一一予以解决。首先是存栏量，由于瓢鸡特性，养殖成本较一般山地土鸡要高，加上市场一直不振，农户养殖积极性逐年降低。所以第一步是请农科局开展全县摸底调查，包括总量、分布、鸡龄、养殖成本、出售意愿等，为后续工作奠定基础。调查结果让人大跌眼镜，全县有效存栏量非常低，一旦产销对接打通，后续养殖和采供周期会成为瓶颈。当然，这一步也为初期的采货和销售策略提供了依据。其次是经营主体，镇沅瓢鸡一般都是农户散养，从利益联结上来说是好事情，减少了中间环节，但真正面对市场必须依靠强有力的市场主体。考虑到传统合作社的地域性和个体经营性，我们选择了供销社作为全县瓢鸡采购的官方主体，这样既能尽量保证利益的广泛性和公正性，也有利于形成统一的供应体系和价格体系。另外，为了更好发挥企业的积极性和能动性，全县通过比选确定了本地农特龙头企业古茶坊作为经销主体，作为供销社的下游合作伙伴，负责产品包装、市场营销，积极开拓东部市场。再次是集中屠宰，镇沅工业基础薄弱，没有一家畜禽屠宰场，这也一度成为制约镇沅瓢鸡大规模交易的重要瓶颈。所以我们赴周边地区考察，积极开展区域产业链合作，通过多次实地调研及商洽，最后与大理州南涧县的秉炎农牧达成合作，委托其对镇沅瓢鸡进行产品检疫、屠宰加工、真空包装和急速冷冻。最后是物流运输，畜禽肉制品的冷链运输是流通环节的重要一环，它一头连着生产环节，另一头连着消费者，直接决定了消费者的购物体验。通过综合比较和实地对接，镇沅古茶坊和总部位于上海松江的九曳物流签订合作协议，由后者负责提供冷链运输、冷库收储和快递宅配。这样，从种源开始，历经养殖、收购、中转、屠宰、加工、包装、冷冻、运输、收储，到最后快递到消费者手中，一条瓢鸡全产业链终于顺利打通。

2019 年中秋前夕，首批 2000 只镇沅瓢鸡进入上海市场，直接带动建档立卡贫困户 168 户，消费者反响很好，这也正式打开了"瓢鸡入沪"的大门。在实现产销对接的同时，我们还积极补齐产业链短板。譬如在养殖环节，我们与镇沅云岭广大瓢鸡原种保种厂合作，加强配种育种技术指导，提高繁殖成活率，进一步降低鸡农养殖成本；在收鸡环节，要求供销社优先收购农户自家瓢鸡，提前跟农户签订包收协议，解决后顾之忧，其次才是合作社养殖的瓢鸡，从而尽可能带动更多贫困户直接增收。就这样，云岭广大保种育种、农科局规划布局、农户养殖瓢鸡、供销社收储鸡源并转场大理南涧、九曳物流全程冷链物流、古茶坊统筹渠道开拓和经营并收集市场反馈，一个较为完善的工作闭环搭建完成。目前，镇沅瓢鸡的收购价格在每公斤 60 元，而土鸡的价格在每公斤 40 元，每卖出一只瓢鸡比一般土鸡能多赚 50 元左右。在市场经济规律下，"瓢鸡入沪"犹如鲇鱼效应，一下子激发了农户的养殖积极性，瓢鸡存栏量稳步上升。

第三个问题：怎样让人们接受瓢鸡？传统消费扶贫多是团购，讲的是感情、讲的是奉献，所以往往对产品质量及性价比比较宽容。我们从一开始就确立了思路，要实实在在把产销对接做大做好，必须遵循市场经济普遍规律，让广大消费者真正喜欢上镇沅瓢鸡，觉得物有所值。首先是规格标准，上海市场最起码是全国性竞争市场，镇沅瓢鸡付出较高成本，跨越 2700 公里进入上海市场，必须要满足上海的标准和规范，不能是低端粗放式的。所以我们确保每只送到消费者手中的瓢鸡，净重都控制在 1.5 公斤左右，实现了统一规格。其次是卖相口感，东部市场传统还是喜欢活鸡现杀，退而求其次是冷鲜鸡，要接受冷冻瓢鸡，不是一件容易的事。我们在源头严格保证每一只瓢鸡都是纯天然谷物喂养，无饲料添加，确保了肉质细嫩香甜。同时在屠宰环节，从宰杀到真空包装、低温冷冻，时间不超过半小时，最大程度保留了现杀鸡的口感和营养。最后是价格定位，县里同志一再向我们强调要优质优价，优质优价本身没有错，但在产销对接的初期，应该是优质低价。因为生鲜市场现在是全球竞争，没有一样产品是不可替代的，不吃镇沅瓢鸡可以吃无量山乌骨鸡，只有用优质低价的产品去抢占市场，去俘获消费者的喜爱，产品才有可能逐步抬高价格。所以在充分考虑农户增收、消费者接受度以及各方利益下，我们把瓢鸡终端价格定为每只198元。一般认为云南很多物产不错，为什么质量好，那是因为量少，量一旦上去，质量很有可能要下来。为了打破这个规律，我们严控瓢鸡原生态养殖环境，绝不靠降低成本来换取产量和收益。

为进一步开拓镇沅瓢鸡市场，线下我们与各类餐饮企业、景区度假村、商超卖场进行合作，开展菜品创新和主题策划，逐步形成稳定订单；线上我们积极与盒马生鲜、本来生活、拼多多等电商平台洽谈，建立旗舰店或者专品专柜，开展引流促销。同时我们还推出了微信小程序，消费者只要动动手指，泡沫箱密封、内含说明书、用干冰和真空包装的镇沅瓢鸡，次日就能送达，真正做到了方便快捷。目前，几乎每个月瓢鸡都会集中发往云南昆明和上海松江的两个收储冷库，全国市场也在逐步扩大，镇沅瓢鸡的知名度越来越高。

"瓢鸡入沪"看似寻常，却给全县上下带来不小的思想触动，许多参与其中的人都在潜移默化中更新了观念，拓展了思路，也全面了解了一个产业链的设计和打造，以及贯穿其中的艰辛摸索和纷繁抉择。一个有意思的印证便是，在制定2020年的上海帮扶项目时，有关部门主动提出要在全县建立畜禽收储集散中心，以解决流通领域中发现的一些问题。可见，相比传统的养猪养牛盖圈舍，这无疑是一个不小的思想进步。对我而言，也开始真正明白，消费扶贫的一个最根本的目的，就是要在当地建立一个产业链，营造一个产业的生态系统，通过产销对接，倒逼生产端提质增效，推动当地传统产业转型升级。同时，要关注在整个产业链中把建档立卡贫困户纳入进来，让他们在各个环节里面增收，这也是我们做消费扶贫的初衷。

见事见思想，呼应时代的需求

今年恰逢脱贫攻坚决战决胜之年，既要交好卷、收好官，也要有机衔接乡村振兴和全面小康，作为东西部扶贫协作，还要保持政策的稳定性和连续性，扶上马、送一程，做到"四个不摘"。作为援滇干部，如何在践行见事见思想中，更好呼应时代的需求，体现上海金山帮扶工作的真正价值和长远意义，是我一直思考和实践的逻辑主线。

宝武集团作为央企定点扶贫对口镇沅县，为统筹整合全县沪滇扶贫协作和央企定点扶贫工作，我们从组织领导、人员配备、资源统筹、制度建设等多方面大胆探索、创新举措，在云南省率先组建县级"东西扶贫协作办公室"，为镇沅的高质量脱贫致富和乡村振兴发挥独特作用。在这一思路的指引下，为进一步提升金山区对口帮扶的影响力和显示度，彰显人道和关爱，保障爱心慈善资金的长期性和稳定性，金山区联合宝武集团，积极筹措专项帮扶资金，在镇沅县建立了"金沅宝助困基金"。基金具体交由县供销社所属全资公司进行独立运作，用于投资本地优势明显且效益稳定的特色产业，每年提取5%的收益增值费，专项用于助学助困及各类访贫问苦。"金沅宝助困基金"项目打破了体制壁垒和部门界限，地企联手，同时摆脱资金产权到村、收益多次分配的传统产业帮扶模式，更加精准、更加直接、更加长久，在全国首开先河。为更好践行思想脱贫的理念，激发当地建档立卡贫困户的内生动力，金山投入帮扶资金100万，对县深度贫困人口培训中心进行软硬件功能提升，并成立了"上海市金山区劳务协作镇沅技能培训基地"。在此基础上，在东部哀牢山地区和西

◀ 在者东镇新文村考察棕榈加工扶贫车间

部无量山地区，金山分别投入帮扶资金 50 万和 20 万，援建了两所新时代农民讲习所，推动"两山"贫困地区"懒汉"变"好汉"。在教师支教方面，我们率先提出"老师的老师"这一支教定位，不拘泥于具体班级教学，而是着重搭建平台，让支教老师在新课程改革、教科研引领、示范课推广、导师带徒等方面发挥作用。为更好实现这一目标，镇沅县为每位支教老师颁发聘书，统一挂职副校长（副园长），这在普洱市是第一家。在社会帮扶领域，在捐资捐物的背后，我们往往更看重捐赠单位的公益运作模式，因为后者带来的影响才更持久和深远。见事见思想，如此种种，不一而足。

世界没有远方，人间都是故乡！我会用一辈子的热情，做好这一时期的工作，以实干和实绩，在云岭大地砥砺磨炼，在彩云之南书写人生。然而毕竟援滇还不到一年，这次根据组织要求"口述历史"，心中不免惶恐，无论是经历经验，还是心情心态，都恐难胜任。长风破浪会有时，这次权当是一个阶段的工作感悟吧。

后 记

　　2020 年是全面建成小康社会之年，根据习近平总书记关于"脱贫攻坚不仅要做得好，而且要讲得好"和中央关于党史工作"一突出，两跟进"的要求，经中共上海市委同意，市委党史研究室组织全市各区党史部门，在各级党委领导下，编写的"上海助力打赢脱贫攻坚战口述系列丛书"，经过各方的通力合作，与大家见面了。

　　本书是"上海助力打赢脱贫攻坚战口述系列丛书"中的一本。本书的口述者都是金山对口援建工作的见证者、参与者，他们以对历史负责的态度，深情回望讲述，将他们参与对口援建工作过程中的重要事件、精彩细节以及难忘记忆娓娓道来，还原了许多鲜活的历史现场，让我们在感受他们攻坚克难、团结奋斗的援建经历的同时，也更加深刻地体会到在全面建成小康社会中他们付出的巨大牺牲以及做出的突出贡献。

　　口述工作得到援建干部及其派出单位的大力支持，上海人民出版社和学林出版社的编辑为本书的出版付出了辛勤劳动，在此一并致谢。

　　由于我们水平有限，不当之处在所难免，希望广大读者给予批评指正。

编者

2020 年 6 月

图书在版编目(CIP)数据

金山的责任/中共上海市金山区委党史研究室编
. —上海:学林出版社,2020
ISBN 978 - 7 - 5486 - 1685 - 6

Ⅰ.①金…　Ⅱ.①中…　Ⅲ.①经济援助-工作概况-
金山区　Ⅳ.①F127.513

中国版本图书馆 CIP 数据核字(2020)第 185269 号

责任编辑　汤丹磊
封面设计　范昊如

上海助力打赢脱贫攻坚战口述系列丛书

金山的责任
中共上海市金山区委党史研究室 编

出　　版　学林出版社
　　　　　　(200001　上海福建中路 193 号)
发　　行　上海人民出版社发行中心
　　　　　　(200001　上海福建中路 193 号)
印　　刷　商务印书馆上海印刷有限公司
开　　本　720×1000　1/16
印　　张　20.25
字　　数　31 万
版　　次　2020 年 10 月第 1 版
印　　次　2020 年 10 月第 1 次印刷
ISBN 978 - 7 - 5486 - 1685 - 6/K · 189
定　　价　138.00 元